全域增长

企业数智化营销与实战

朱晶裕 / 著

电子工业出版社
Publishing House of Electronics Industry
北京·BEIJING

内 容 简 介

在消费者注意力碎片化的时代，营销人员需要具备系统化思维，全面、辩证地看待未来的营销如何驱动企业的可持续增长。本书提出构建全域营销的思维和实战框架，点（产品）、线（渠道）、面（客户）、体（体验和决策）层层深入，诠释全域营销的本质，探讨全域营销与企业多维度增长的关系，并且创新性地提出"1+2+3+4"全域营销增长体系，深入讲解如何以提升客户体验为核心，通过数据、内容、工具、技术、组织等营销元素的高效组合，形成数据闭环、业务管理闭环和"公域—私域—公域"闭环，最终实现品牌价值的增长，增强企业核心竞争力，提升组织效能和盈利能力。

图书在版编目（CIP）数据

全域增长：企业数智化营销与实战 / 朱晶裕著. —北京：电子工业出版社，2023.5

ISBN 978-7-121-45363-2

Ⅰ．①全… Ⅱ．①朱… Ⅲ．①智能技术－应用－企业管理－市场营销 Ⅳ．①F274-39

中国国家版本馆 CIP 数据核字（2023）第 060330 号

责任编辑：石　悦　　　　　特约编辑：田学清
印　　刷：三河市良远印务有限公司
装　　订：三河市良远印务有限公司
出版发行：电子工业出版社
　　　　　北京市海淀区万寿路 173 信箱　　　邮编：100036
开　　本：720×1000　　1/16　　印张：16.75　　字数：269 千字
版　　次：2023 年 5 月第 1 版
印　　次：2023 年 5 月第 1 次印刷
定　　价：89.00 元

凡所购买电子工业出版社图书有缺损问题，请向购买书店调换。若书店售缺，请与本社发行部联系，联系及邮购电话：（010）88254888，88258888。
质量投诉请发邮件至 zlts@phei.com.cn，盗版侵权举报请发邮件至 dbqq@phei.com.cn。
本书咨询联系方式：（010）51260888-819，faq@phei.com.cn。

专家推荐语

我和朱晶裕相识于霍尼韦尔集团。她负责霍尼韦尔集团的数字营销工作。由于消费者行为的变化、商业模式的转型升级，触达消费者的手段呈现多元化趋势，传统的营销方式也经历着快速迭代。本书系统且细致地剖析了全域营销和增长的关系并提出了实战方法论与建议，是对现有市场营销经典理论和实践的有力补充。

——霍尼韦尔集团中国总裁、上海交通大学客座研究员、
上海外国语大学客座教授 余锋

本书为新时代的管理人员和营销人员提供了一个体系化战略与实操指南。

——明尼苏达大学卡尔森管理学院教授、国际副院长（全球管理博士
项目）、中国教育部长江学者讲座教授 崔海涛博士

在数字化时代，营销的思路越来越开阔，新技术和新方法越来越多，但是很多营销人员却因为玩不转新技术而越来越有挫折感，经常迷失在数据与技术的丛林中，投入巨大却事与愿违。这时，他们特别需要有一张既具体、详细，又易用的行程地图，以及一个系统、专业、清晰、实用的工作指南。本书基于作者丰富的经验与深入的思考，正是营销人员需要的地图与指南。

——北京大学光华管理学院市场营销学教授、中国高等院校市场学
研究会秘书长　彭泗清

朱晶裕用亲身经历告诉了我什么是真正的"学无止境"。作为领导者，她致力于不断地成为更好的自己。她将热情投入工作和写作中。我很高兴她的作品顺利出版，被更多的人看到，她的声音被更多的人听到。

——赛默飞世尔全球数字化副总裁　Lewis Choi

本书以消费者运营为核心，以全链路数据为基础，构建了全域智能营销方式，可以有效地指导企业的全域增长。

——上海外国语大学智能广告与传播科学研究所所长、教授、
博士生导师　姜智彬

教育家陶行知把自己的名字从"知行"（知而后行）改为"行知"（行而后知）。因为我们只有行动了，才能发现新知和真知。朱晶裕女士是一位"行知"，在营销这个瞬息万变的行业中，坚持实践、归纳、反思和演绎。本书不仅具有实践的指导性，而且有学术的专业度和前瞻性，值得数字时代的营销

实践者和研究者仔细阅读、实践。

> ——哈佛大学博士，特赞科技创始人兼 CEO，同济大学设计人工智能实
> 验室主任、教授、博士生导师 范凌

从《增长法则：巧用数字营销，突破企业困局》到《全域增长：企业数智化营销与实战》，朱晶裕提出了数智化营销的增长策略。数智化是数字化，但更是智能化，在人工智能技术喷涌发展的今日，营销进入了人工智能营销的快车道。

> ——人工智能和自然语言处理专家、西交利物浦大学博士生导师、
> 利物浦大学和塞浦路斯大学兼职教授 张霄军

形势之变：中国市场环境正在发生巨大的变化，正从"增量争夺"转入"存量竞争"，流量红利消失，获客成本不断增加。

营销之痛：随着时代变革，企业原有的营销方法无法适应新的形势，存在着套路不能复制、经营理念落后等问题。

破局之道：本书针对数字时代变化，揭出了从私域营销到全域营销的升级策略，并围绕"一个核心，两个抓手，三个闭环，四个落地"的"1+2+3+4"全域营销增长体系，形成了系统化的关于全域营销的理论和实践模型。

> ——上海交通大学安泰经济与管理学院 EMBA 项目主任、
> 市场营销系副教授 周颖

高质量发展是当下经济领域的大主题，数字时代正在向我们走来。我很欣慰地看到本书作者站在全域的视角，全面看待现在企业普遍面临的营销状

况和增长压力。对此，本书提出了切实可行的解决方案，可以为广大的营销相关行业从业者提供强有力的指导。

——中国商务广告协会会长 李西沙

"全域营销"在营销行业是高频词，更不用说"增长"了。品牌建设的环境与过去有了颠覆性改变，但是营销的本质不会改变，品牌需要更高的视角、更广的维度去构建价值观体系，全域营销的理念模式对品牌塑造及市场营销是立体手段，也因此品牌才会有更大的增长空间。本书来自实战一线的思考，值得一读！

——虎啸奖创始人、《国际品牌观察》杂志总编辑 陈徐彬

朱晶裕是世界 500 强企业的一线营销管理者，也是这个行业中善于借鉴前沿知识，系统性总结经验的思考者与行动者。她提出的全域营销"1+2+3+4"全域营销增长体系值得关注企业增长、致力于重塑营销价值的首席营销官与市场部同人在实战中应用和检验。

——闻远达诚管理咨询创始人、《品牌公关实战手册》作者 李国威

营销活动的本质目的是驱动企业高质量发展。发源于互联网流量思维的"全域营销"，从"玩消费者数据"来驱动销售增长，逐步演进到通过"多元化数据"洞察来驱动企业价值链的协同与高质量增长。本书很好地阐述了这个转变及全域营销与企业高质量增长的内在联系，并且创新性地提出了策略分解与可操作性的落地建议，力荐给大家！

——阿里云全球咨询合作业务总经理 裴辉

我对营销颇感兴趣的原因有两个：从 B 端的角度来看，如果懂营销，采购工作可以做得更好。从 C 端的角度来看，在个人品牌崛起的时代，营销已经变成了刚需。作为实战派专家，朱晶裕在本书中系统地阐述了"全域营销与增长"这个议题，并创新性地提出"1+2+3+4"全域营销增长体系，庖丁解牛般地讲解了如何以提升客户体验为核心，通过各营销元素的组合形成数据闭环、业务管理闭环和公域—私域—公域闭环，最终实现品牌价值的增长，增强企业核心竞争力，提升组织效能和盈利能力。这种基于长期主义的全局思考、闭环思维和精准输出对 B 端和 C 端都大有裨益。最后，用本书中这句话与大家共勉：只有从长期的视角来看短期面临的困境，才能真正地解决问题。

——当纳利前副总裁、资深供应链专家、《每句话都值钱：
优势谈判的 35 个沟通模型》的作者 卢山

品牌需要什么样的增长？是收入、利润、估值增长，还是品牌溢价增长？在 VUCA 时代，品牌人不仅需要回答这个问题，还需要在逆势之中寻找优质增长的实现之路。本书全面地回答了这个问题，为实战给出了具体建议。我们要围绕用户价值，实现公域—私域—公域闭环、营销运营化，用好内容和数据抓手，不断夯实增长的内功。

——集度汽车用户发展负责人、CMO 杨振

我和朱晶裕相识于艾菲奖的评审室，她是艾菲奖的终审评委。她写《增长法则：巧用数字营销，突破企业困局》《全域增长：企业数智化营销与实战》都是为了实现企业商业价值的提升。这一点和艾菲奖的实效营销的评奖标准和理念完全一致，这是市场营销的本质。

本书从品牌、用户、运营、产品、数字化、公域、私域的角度论述了全域营销的方法和实践，为企业创造增长的商业价值。我们正处在当下技术革新、用户迭代、品牌变迁的大浪潮中。如何实现品牌价值的持续增长，也是我每天都在思考的课题。通过本书，我吸取到了应用的方法和手段。

本书值得大家仔细阅读、借鉴并用以实践！

——艾菲大中华区董事总经理、全球副总裁　徐浩宇

在教授营销课程的过程中，我一直苦于没有一本系统性的教材。一是因为营销形态变化得太快，二是能整合业界和学界的视角的著作非常稀缺。本书值得力荐给所有营销人员。

——复旦大学 MBA 客座讲师、复歌科技创始人和 CEO　郭为

序言

我为什么要写这本书?

面对复杂多变的环境,我深深感受到,要做好营销以赋能企业增长,没有一种所谓的"绝密武器"可以满足营销人想要克服挑战的欲望,营销人的注意力在被碎片化的营销理论(如各种"增长秘籍"等)吸引。

流量增长的压力越来越大,流量不再成为增长的王牌,企业需要反思追求的增长到底是什么,在增量市场的流量红利消失时,营销的边界在被不断地拓宽,营销战略只有和企业顶层战略高度结合时,才能发挥更大的作用,我们首先要解决营销如何战略化和何为头等大事的问题。

站在投资回报的角度来看,当下营销人和营销服务公司的关键绩效指标(KPI)占了增长指标的一大半,在此导向下,整个营销组织的重心倾向于中短期的增长,因为结果是显而易见的,是可以被衡量的。相比之下,品牌的隐性效果不容易被识别、不容易被数据化,因而容易被忽视。在这个特殊的时期,认清现状、唤醒营销的初衷、回归本源、回归品牌、重新认识营销的职能及其战略地位是必须要做的事情。

在数字经济时代,每个行业、每家企业所面临的困局都不相同。大企业的执行力较强，商业模式和资源比较清晰，但大企业面临着数字化转型的问题，重点需要克服的是组织变革及管理的挑战。随着首席增长官（CGO）、首席数字官（CDO）等新职位的出现，即使一直在同一行业，甚至在同一家公司兢兢业业工作了很多年的首席营销官（CMO），其职权也面临着被首席执行官（CEO）削弱的风险。首席增长官、首席数字营销官、首席数字官等新的高管职位似乎逐渐在取代首席营销官的话语权。首席营销官及他带领的市场营销团队如何可以持续不断地发力，保持初心、持之以恒地为企业做出能够"被发现、被认可、被尊重"的贡献，创造核心价值，成为首席营销官面临的首要难题。

相比之下，对一些中小企业（如科技、新消费、新服务、品牌出海类企业）来说，它们是中国经济发展的未来，这些企业处在快速成长的过程中，组织架构可能没有那么完善，市场需求、商业模式、资源都处在快速变化之中。中小企业需要在资源、人员、资金等各方面受限时，思考如何以小博大，从而达到出乎意料的结果。

又比如，在服装、化妆品等行业适用的直播电商在 B2B（客户为企业客户）的模式下，可能便不再适用，同样，B2B 企业分为大企业、小企业，无论是从增长目标，还是从营销战略方面来说，通过营销创新驱动增长的方法各有差异。

无论在什么时候，将营销方法、理念应用于不同行业，以及处于不同发展周期的企业中，结合业务场景去解决实际问题都有意义。中国的许多中小企业面临的不是单一的问题，而是非常复杂的综合性问题，需求是全方位的，因为不是所有的企业都有很高的营销预算、完善的战略规划、充足的营销人才储备。我们要观察并思考的问题是：什么才是需要坚守的营销理念？什么样的营销顶层设计方法可以因时制宜、因地制宜，可以使不同企业应对增长挑战、构建营销体系以驱动需求的增长。

随着电商、内容、社交的边界越来越模糊，消费者触点分崩离析，越来越细碎，注意力稀缺时代到来，媒体即卖场，所见即所得。购买、娱乐、学习等消费者的核心需求正在不断地融合，在此基础上，需要形成对消费者全方位、深层次的立体洞察，这是营销下半场决胜的关键，而品牌的全域布局成为当务之急，这意味着品牌需要以消费者为中心，进行升级思考，围绕消费者在不同的触点，根据自身的品类及商业模式，打出营销组合拳。品牌、全域、增长将成为未来几年营销行业的关键词。

在营销人的思维中，全域意味着大预算、全方位、全渠道，如果没有这些及团队的支持，全域营销好像就无法开展工作；全域营销意味着要涉及很多岗位，包括与产品、系统建设相关的岗位。

我们换个角度来说，对用户的行为轨迹及物质、精神需求的全方位挖掘是全域营销的本质。全域营销正是将"用户为中心"作为营销的根本思想，同时顺应时代的变化，迎接数字化的机遇和私域时代的到来。两者结合在一起的时候，复杂性会增加，而我们需要用全新的方法论去应对时代变化带来的诸多挑战。

我曾经在很多企业负责营销管理工作，包括世界 500 强企业、本土创业企业，我的工作经历从乙方到甲方。同样，我是一位自媒体人，能够从独立的视角观察当前的各种营销现象。

面对眼花缭乱的营销现象和快速变化的商业市场环境，我们需要思考的是，在工作中应该坚守什么、放弃什么，冷静、客观地看待利弊，在尝试中达到一种动态平衡的状态。

在本书中，我提出了"全域营销与增长"这个议题。早在 2016 年，阿里巴巴就提出了"全域营销"这个概念，站在互联网的视角去诠释"全域营销"与"流量变现"的关系。今天，我仍然想重述"全域营销"的概念，但我想说的是，"全域营销"驱动的可持续、高质量的增长不仅限于流量的增长，它还是数字化时代营销的立足之本，更是坚持长期主义的营销方式。只有从长期的视角来看短期面临的困境，才能解决短期面临的困境。

我将"品牌的全域营销"与"企业的长期增长"结合在一起，思考营销行业发生的变化和应该坚持的方向，希望能对所有的营销人有所帮助。

增长依然是主旋律，但企业不仅要追求销售额的增长和利润的增长，还要追求品牌价值的增长和核心竞争力的增强，后者是让一家企业立于不败之地的根基。无数的优秀企业家都在奉行可持续发展战略，秉承长期主义的观点，踏实做产品，建立品牌力，所以"品牌营销"是"全域增长"的基础，如果没有品牌，就没有全域增长。

在本书中，我将从点（产品）、线（渠道）、面（用户）、体（体验和决策）层层深入，诠释全域营销的本质，探讨全域营销与企业多维度增长的关系，并且创新性地提出"1+2+3+4"全域营销增长体系，深入讲解如何以提升客户体验为核心，通过数据、内容、工具、技术、组织等营销元素的高效组合，形成数据闭环、业务管理闭环和"公域—私域—公域"闭环，最终实现品牌价值的增长，增强企业核心竞争力，提升组织效能和盈利能力。

希望本书能够像一幅图一样展开，帮助你看到事物的全貌，能够给你带来启发：健全的、完善的营销体系是如何构建的？这将给你的工作提供一种标准、一个方向。作为读者，你需要思考的是，为了达到这种标准，如何结合所在企业的性质、规模、客户属性、商业模式和场景等构建适合企业发展的营销体系。

我在写第一本书《增长法则：巧用数字营销，突破企业困局》的过程中，得到了电子工业出版社石悦编辑和行业内各位专家与学者的指导、帮助及推荐，在此表示衷心的感谢。这是我写的第二本书，依旧由电子工业出版社出版，我感到很荣幸，也受到了更多专家、学者、业内人士的关注和推荐，再次表示感谢。

目录

第 1 章

全域营销的底层逻辑

1.1　我们为何要关注全域营销

全域营销强调的是对数字经济时代的营销系统化的认知和思考。我们的注意力需要从客户的某一个时间点、某一种场合下的行为扩散到对他的全生命周期的关注和洞察。

古人云："不谋万世者，不足谋一时；不谋全局者，不足谋一域。"过去的 10 年被看作中国营销发展的黄金时代，很多互联网人和数字营销人见证了互联网时代的风云变幻，其个人的成长与时代、行业的成长并行。他们感受着数字化环境、新兴技术和客户需求的快速迭代，经历了营销行业的多个重要转变，收获了一波又一波红利。

时代的变迁让营销方式发生着急剧的变化，从之前的"付费流量增长""红利尚且存在"的时代到现在的客户"存量化"时代，过去的 3 年是私域营销蓬勃发展的 3 年，随着腾讯私域营销突破万亿元规模，私域经济的占比一直保持高速增长。以客户为中心，直达客户心智的私域营销方式不断发展并进入成熟期，化妆品、新零售、汽车、互联网，甚至 B2B 工业品，私域的营销模式在各行各业都得到了成熟的应用。

从私域到全域，营销的内核到底发生了什么样的变化呢？

在"全域"这个概念中，从客户洞察和运营到产品营销、大数据技术，都面临着快速的迭代和升级。全域营销这个概念得以立足的根本原因是"碎片化"客户触点和长尾用户流量的存在，让品牌与客户的距离更近，整合"碎片化"客户触点，以更高效的方式触达客户，和客户产生信任关系，以直接拉动销售增长的营销重点，让后疫情时代的全域营销成为营销界不可逆的趋势和主流，但是其方法论、有效的实践依据、数字化场景在不断地演变，也在发生着急速的变化。在数字化时代，唯一不变的只有变化。

首席营销官和他们的团队在花大量的时间调整以适应这个快速变化的商业世界时，可能会感到筋疲力尽，但是更重要的是，在异常忙碌的工作中，一定要对营销的全局进行系统化的思考和实践，同时，以有限的时间和精力对无限的营销事务进行重要性排序，将重点放在正确且重要的事务上。全域营销就是团队领导者应该着眼的一个正确的方向。

在后疫情时代，企业面临着各种困难，如生存难、现金流难、盈利难，我们看到各行各业都面临着巨大的挑战，行业需求的萎缩、不确定的大环境的影响、未知的市场风险、政策的变化都对商业生态造成了不小的冲击。

从客户中来，到客户中去。我们不能被动地等待业务机会的到来，而要从被动中寻找线索，并转变为主动挖掘生成线索，即抓住业务机会。以客户为中心，从客户的角度去思考和引导，思考他们想要什么，引导客户完成对公司品牌、产品的了解，从而形成购买行为，完成复购，提升客户的信任度成为眼下企业营销增长的当务之急。

我们看到一些新兴的、有突破性的商业模式（如直播电商、短视频营销）的带货能力不断地刷新着营销人员的认知。具有中国特色的社交产品和场景营销现象，正全面塑造着新的互联网产业生态和商业未来。

在这个时代，我们需要用一切可能的方式去和我们的客户沟通，全域营销增长需要利用新的和有效的手段，把产品、信息流、多渠道营销活动、和客户沟通的方式重新高效组合，用一切可能的方法去接触并打动消费者，最大化品牌力。更重要的是，这种全域营销的方式关乎着企业的顶层战略和商业模式的设计。

相关的数据表明，实施了完整、统一的全域营销战略的公司与几乎没有实施全域营销战略的公司相比，有以下 5 个方面的优势。

（1）前者实时或在 1 小时内对客户做出回应的可能性是后者的 2 倍。

（2）过去 1 年的收入显著增加。

（3）提供的客户体验值得给予 A 级的评价。

（4）对客户体验的投资将进一步增加。

（5）获得极度忠诚客户的可能性很大。

客户会通过很多种方式认知并了解你的品牌和产品，数字化平台有官方网站、门户网站、电商平台、社交媒体、自媒体，线下有热线电话、销售拜访、体验中心、平面媒体、户外广告等渠道。图 1-1 所示为客户旅程触点图。

客户决策需要经历认知、考虑、试用、购买、复购几个阶段。在每个阶段，哪种介质的传播力度更大、更有效？充当什么样的角色？体验中心以提升服务满意度为主，而电商平台是为了成交，官方网站仅仅是为了做客户教育吗？这些是值得我们深思的问题。

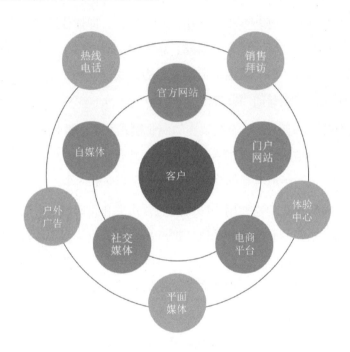

图 1-1   客户旅程触点图

如何整合产品、渠道、运营和客户资源，最大化地转化消费者体验效果和提升客户全生命周期价值，要根据业务形态、产品和用户属性进行定制，这是全域营销策略中迫切需要解决的问题。把这个问题搞清楚了，距离真正实现全域营销和促进业务增长就不远了。

营销的本质是"增长"。当今社会呈现出注意力稀缺的经济模式，这意味着抓取消费者的有限的注意力是企业抢占市场份额的关键。消费者注意力极其碎片化，但其实消费者注意力碎片化是表象，其背后有深层次的原因，本质是产品和内容的严重同质化。

第一，我们处在信息爆炸的时代，信息触达效率呈指数级增长，消费者不受时间、空间的限制，随时可以接收很多信息。第二，媒介平台的多样化，如抖音、快手、哔哩哔哩（B 站）、小红书、门户网站、新闻类 App 等，消费者可以在很多平台接收很多信息，他们在每一条信息上停留的时间越来越短，这是短视频以及其他形式的内容更受欢迎的原因。这也就需要品牌商在更短的时间内抓住客户需求并打动他们。第三，消费者需求的多样化和个性化，小到咖啡的口味，大到汽车品牌、教育培训机构等，也就是说，消费者的需求变得"长尾化"。所以，个性化的内容和产品成为营销的关键。

品牌商在消费者可以想到的渠道和触点，经过与消费者接触，会让消费者产生一定的印象，这种印象会决定他是否愿意与品牌商进行进一步交互。如果品牌商有一笔市场预算，那么可能会根据业务重点和管理层的期待，决定先把它投入什么地方。然后会产生一些营销数字，这里面可能会使人们产生一定的误解，那就是，营销可能都是关注数字的，从营销数字中可以看出你的工作是否卓有成效，其决定着你是否能够拿到进一步的市场预算。

但实际情况是，每一位消费者都是独立的个体，有着独特的身份和特点，在 B2B 模式中，他虽然代表企业采购，但是他依然是一位消费者，有情感需求。如果你只关注能够产生高投资回报的渠道，而忽略了其他有可能和消费者接触的机会，甚至忽略了产生深度交互的渠道建设和必要的营销投资，那么造成的结果可能就是，消费者感到失望，离你而去。这样，一个客户就流失了。

很显然，获取新客户的成本要比维系老客户的成本高得多。品牌商已经逐渐触达了流量增量的天花板。随着存量化时代的到来，增长变得存量化意味着很大一部分品牌增长来自老客户，通过付费流量增长获得新客户的成本越来越高，营销人员必须时刻关注对已有客户的维系，这样可以抵销获取新客户的成本，让你的营销投资回报维持在比较平衡的状态。

维系存量客户的关键是关注并观察客户在各个触点的行为，提升他们对品牌和产品的核心体验，以便获得想要的体验，从而打动他们，让他们找到为你的品牌买单的理由。

随之给品牌商带来的一个很大的挑战是，如果在任何一个你可以想到的渠道和触点进行营销投资，那么渠道太多了，你会不知道如何下手。

所以，全域营销的核心不是多渠道的布局，而是对消费者体验细节的把握，目的是提升品牌对用户的关键差异化价值。

通过全域营销进行渠道拓展的目的是填补客户体验的空缺，提供重要的利益点，以完善的售前服务和售后服务拉动首次销售和复购，全域营销是基于消费者旅程提升用户体验的机会点。因此，品牌商必须经过深思熟虑，让全域营销成为增长战略的一部分，而不仅是试图通过增大渠道的覆盖面和规模来降低获取客户的成本。

还有一种情况是，很多触点的营销价值其实是被低估的，乍一看，你可能觉得不值得投资，但是这个触点对于客户的留存及他们是否愿意进一步和你接触是至关重要的。比如，许多品牌商将电商看成一个数字销售平台，通过传统的销售模式，即经销商通过进货，把货卖给终端的模式赚取利润，电商旗舰店的设计有些是品牌商负责的，有些是运营商负责的，也就是经销商负责的，电商平台对它的定位可能是销售产品、提供售后服务，而营销属性会少一些，所以自然对围绕这个平台进行客户体验的设计，以增加客户的好感度展开工作是不够充分的。

在大型企业中的工作经历让我了解到，电商平台通常由渠道或销售部门负责，而不由市场团队管理，在这种情况下，这个平台的客户体验如何设计、品牌形象如何呈现、传递的信息是否可以保持品牌一直以来传承的思想等问题是容易被忽略的。

电商平台对于吸引客户的注意力、了解客户的需求和反馈的重要性不言而喻，因为它是距离产生交易、触发商机最近的一个渠道。

如果奉行全域营销以促进增长的理念，对全域营销的方式有一定的了解，那么这种问题就不会发生，客户的流失率会大大降低。

接下来的内容，我将从全域本质、增长来源、落地实施、营销运营、打造闭环这五大维度进行详尽阐述，诠释全域营销如何赋能企业可持续、高质量的增长，同时在落地实施层面独创"一个核心，两个抓手，三个闭环，四个落地"的"1+2+3+4"模式，形成系统化的关于全域营销的理论方法和实践模型。本书不仅可以供市场部门的人员参考，还可以供其他相关职能部门的人员、企业管理人员、任何接触市场和客户的人员参阅。

1.2　全域营销的全新定义

前面提到，全域营销增长就是利用新的和有效的手段把产品、信息流、多渠道营销活动、和客户沟通的方式重新高效组合，用一切可能的方法接触并打动客户，最大化品牌力。

产品或服务从前期研发到流入市场，信息流包括产品信息经过传递在客户心目中形成印象，客户形成对某种品牌及其旗下产品的独特认知，从而影响客户心智。随着电商平台的出现，在线上完成从认知到交易的闭环已成为非常常见的事情，企业可以选择自建交易平台，也可以选择第三方平台，比如选择在阿里巴巴、京东、拼多多完成交易，而同样线下的用户可以被主动引导到线上参与社群讨论、完成交易，线上和线下的边界越来越模糊，互相导流的方式变得异常多样化。

对此，我想从点、线、面、体层层深入，对全域营销的定义和本质进行进一步拆解。点是产品，线是渠道，面是运营，体是由于各系统的串联所提升的一体化消费体验。

1.2.1　产品层面：用户视角

无论是特斯拉公司还是苹果公司，都把产品研发和设计放在首位。特斯拉公司 CEO（首席执行官）埃隆·马斯克认为，CEO 们不仅应该花更少的时间专注于财务等事情，而且应该花更多的时间努力让产品尽可能地令人惊叹。可见产品设计对于增长的重要性，把产品设计好了，满足了客户需求，获得好的财务指标是必然结果，而不应该将财务指标作为刻意追求的目标。

我们关注生意的本源。生意的本源就是客户产生了某种需求，别人把握不住需求，而你把握住了，并且可以用你的产品去满足客户需求，这便产生了生意。所以，产品营销是由于客户的某种需求产生的对某种产品的购买欲望，通过产品满足客户基本需求和迭代需求的过程。

其中有两种消费场景。一种场景是客户并没有意识到有某种需求，而品牌被全新地创造出来了，如苹果公司创造了智能手机这个产品，其背后的原因是客户希望以某种更便捷的方式满足方方面面的需求，手机在此之前仅作为沟通工具存在，但是史蒂夫·乔布斯意识到了客户需求的存在，于是创造了一种全新的产品，其可以满足客户娱乐、社交、工作等全方位的需求。产品背后的价值是便捷性和效率。

还有一种场景是客户已经对某个产品有了初始需求，品牌根据初始需求制造了比竞品可以更好地满足客户需求的产品，随着客户对品牌、需求的升级，进行产品迭代。

产品是 1，营销是 0，有了 1 之后，其后面的 0 才有存在的意义，否则再多的 0 都没有意义。所以，对于我们关注的全域增长，重点要落到产品营销这个基本维度上。

什么是以客户为中心的营销思维？表 1-1 所示为以产品为中心与以客户为中心的思维的比较。

做营销需要有产品思维，但产品思维绝对不是产品导向型思维（以产品为中心的思维)。什么是产品导向型思维?产品导向型思维是指客户最喜欢质量好、性能佳、有特色的产品,那么只要产品质量好,客户自然就会上门并愿意为质量好的产品出更高的价钱。

产品导向型思维在营销过程中忽略了沟通这个环节,企业在生产时,只是生产自认为客户满意的产品,并没有与客户形成交互和联系。仅从企业层面出发,营销是不可能获得成功的。

成功的产品营销策略从本质上来说,贯彻的是以客户为中心的营销理念。

表 1-1 以产品为中心与以客户为中心的思维的比较

以产品为中心	以客户为中心
专注于创造最好的产品或服务,寻找适合自己的客户	专注于为客户需求和目标制定最佳的解决方案
围绕产品进行开发、制定流程和相应操作规则	围绕深入了解客户需求、改善客户体验,进行解决方案开发,制定实施流程和操作规则
评估产品组合的广度和深度	评估解决方案满足客户需求的程度
衡量短期利益,如收购带来的利益	衡量长期利益,如客户满意度、忠诚度和客户终身价值
做出内部驱动的决策	做出优先考虑客户的决策
实施可能由于业务和产品互相孤立的原因而发生冲突、竞争的战略	实施共享、协调的方法,使每个人在相同的战略和目标下保持一致
当客户有需求时,主动联系组织,组织采取反应性行动	采取主动行动,防止客户遇到痛点或及时消除差距

如表 1-1 所示,从产品创造的出发点到产品矩阵的评估、开发流程,以及产品营销成功与否的衡量、组织反馈等,以产品为中心的思维和以客户为中心的思维有本质上的不同,关键在于高管和营销人员思维的转换。

我们看到在数字化时代,客户注意力去中心化,呈散点状分布,为什么客户的注意力会如此分散呢?本质原因是产品同质化现象严重,所以,产品竞争力弱的品牌很难吸引客户的注意力,就算吸引了客户的注意力,也很难一直通过低价的方式留住客户。

全域营销不仅仅是指全域传播,产品线的布局是全域营销增长体系构建的起点,以客户思维和数据闭环思维测试并确定产品。关于数据闭环思维,在本书的第 3 章中有具体的阐述和举例。

按照菲利普·科特勒所说的，营销管理就是对产品的管理。营销要在早期的产品调研和研发阶段介入。在 4P（Product，Price，Place，Promotion）中排在最前面的是产品营销，产品是品牌与客户的桥梁。无论是首席营销官，还是数字营销总监，从产品选择到设计，他们都需要非常密切地和研发团队在一起探索重点产品、可改良的空间，从终端客户的需求反馈和调研开始，逐渐传递反馈到生产端。在产品生产出来投入市场后，他们还要密切关注市场的反馈，并对产品选择和设计进行优化，产品选择和设计的过程是对产品做减法的过程，减少带来低利润的产品 SKU 研发和生产、营销投入。如此往复，产品结构得以优化，产品利润越来越高，产品更贴近市场需求，从而满足客户的需求，这就是产品全生命周期管理。

在数字化时代，客户的需求是千变万化、十分个性化的，那么如何满足多样化的客户对于产品的不同需求关系到全域增长在产品层面的布局策略。

好的产品本身就能为品牌代言。在产品选择层面，全域增长的本质是企业生产设计的产品满足客户不同层次和多样化的需求，且重点关注并投入能够产生高利润的核心产品的生产，从而促进业务的增长。我们经常看到一个品牌下面可能会有很多种不同的品类，而一种品类下面可能又有很多不同的 SKU（Stock Keeping Unit，存货单位），给予客户更多的选择，这个出发点本身没有问题，但是我们不能忽略 2/8 法则，即企业 20% 的重点客户和产品 SKU 能够产生 80% 的销售收入和高利润，因此在选择重点客户和产品 SKU 时，我们要遵循 2/8 法则，即将资源和精力放在 20% 的重点客户和产品 SKU 上。

产品营销的本质是关注重点客户的需求，对产品选择进行简化、进行资源配置。对产品选择进行结构化调整，从而产生最优结果，这是基本点，需求可以是客户已有的需求，也可以是新的需求。史蒂夫·乔布斯在创立苹果公司时，就是预测到了在信息化时代，客户与客户之间需要更加充分连接的深层次的心理需求，从而让手机变得更加智能，而不仅仅是有打电话的功能。

对于一个普通的手机用户来说，其手机里平均装多少款 App 呢？据统计，中国网民人均安装 63 款 App，这些 App 满足了居民的衣食住行、阅读、娱乐、社交等多方面的需求。

这个时候，手机仅仅是产品吗？产品的背后是用户需求的满足，即用户对于社交、娱乐、自我提升等方面的需求的满足。所以，产品设计的出发点不在于你觉得需要设计什么样的产品，而在于用户的需要，或者说，未来用户需要什么样的产品，这些产品的来源可能是技术的创新、文化基因或原材料的升级等。

不懂产品营销的销售人员不是一个优秀的销售人员，不懂产品文案的运营人员不是一个优秀的运营人员。全域营销的魅力在于，让你的客户为你的产品尖叫、为之买单，全方位地满足他们的各种需求。

除了进行多产品线布局满足重点客户多样化的需求，还有一个概念就是，产品的交叉购买和向上购买，这是多产品线布局非常重要的组成部分，也是企业增加收入的主要来源。我们关注的需求不是客户在某个时间点、某个节点的具体需求，而是要将客户作为一个整体，看他在未来的场景下，背后更多的需求点和新产品满足未来需求的能力。

交叉购买是指客户向供应商继续购买从未购买过的产品或拓展业务范围后的产品的行为。比如，香奈儿的客户购买了手袋后，继续购买香奈儿的化妆品和香奈儿的服装，但其本质可能是满足同一种心理需求，即该奢侈品品牌带给这个客户的精神体验和提升生活品质的需求。

向上购买是指让客户花费更多的钱来购买某种更好的产品，或购买增加了功能（质保）的相关产品。再以化妆品举例，香奈儿的某种面霜会推出不同的系列，有些产品是针对生活比较拮据的大学生的，有些产品是针对比较有财力的中年妇女的，后者的经济实力更强，也更加倾向于购买价格更高的"贵妇面霜"等产品，所以香奈儿面霜这条产品线就对不同的产品进行定位区分，其根据不同客户群体的特征有针对性地推出不同价位的产品，以满足不同的空白市场的需求。

一种好的产品因为其出色的渠道布局，让更多的人知道并产生好感，既解决了客户的需求问题，又让品牌产生了很好的利润，这是最理想的情况。所以，好的产品依托于出色的营销，而不仅仅起到锦上添花的作用；好的产品会因为出色的营销而价值倍增，产生更大的影响力。相反，一种不好的产品，因为做了出色的营销被传播出去后，吸引了大量的新客户首次购买，但是客户用过之后，发现产品不如承诺的那样好，于是产生了负面情绪，结果导致客户流失、产品贬值，适得其反。

产品与全域营销的关系堪比鱼和水的关系，产品是营销的基本出发点，脱离了营销就没有了客户价值，而如果营销脱离了好的产品，就是虚有其表。

企业的市场部都有产品营销人员，他们的主要职责是和市场营销部承担其他职责的同事、研发团队、销售人员充分沟通，通过各种各样的方式帮助产品寻找典型的客户群体，寻找产品与市场的契合点，搜集市场对产品及服务的优化反馈。

优秀的产品营销人员不但懂产品，而且擅长整合各种各样的、有效的营销手段，将产品推给目标客户群体。所以，他们的工作非常重要，既要对接前端生产和研发部门、技术部门，又要对接数字营销部门、传播部门、销售部门，将产品推向市场并收集用户反馈，可以说他们的工作贯穿了整个企业的价值链路。PMM 的职责示意图如图 1-2 所示，产品、市场和销售交叉的部分是产品营销人员的核心职责。

正确的做法是将营销看成将产品推向市场的关键步骤，先从客户洞察开始，从客户视角出发，实现企业目标的关键是切实掌握目标客户的需求和愿望，并以客户需求为中心集中企业的一切资源和力量设计、生产适销的产品，进行适当的市场营销组合，采取比竞争者更有效的策略来满足客户的需求，获得利润。

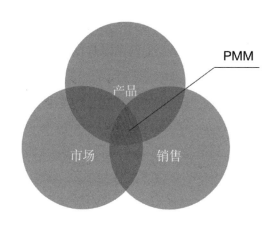

图 1-2　PMM 的职责示意图

1.2.2　渠道层面：从公域到私域无缝衔接

从渠道层面来说，全域营销是为了形成从公域到私域的无缝衔接，全面赋能增长。品牌需要和客户进行足够多的交流，向客户传递充分的信息，这样品牌才会成长。一款新产品的上市，品牌同样需要将这部分信息传递出去，告诉客户产品具有什么样的特点，核心竞争力是什么，这是说服客户最终购买产品必须要做的工作。在传递这些信息时，企业通常用的信息传递渠道有哪些呢？

企业通常用的信息传递渠道可以分为公域和私域。私域是非常热门的话题，我在这里强调的是，从公域到私域再到公域闭环的构建，而不是仅仅侧重于构建私域。

图 1-3 所示为不同流量来源的属性图。我们可以从图 1-3 中了解公域、私域的流量特点，针对不同来源的流量，从每个域的属性、作用等维度诠释它们的特点。

从字面意思上来看，公域指的是那些公开的信息传播渠道，比如，行业垂直类媒体、视频类媒体、自有的官方网站等公开渠道。通过这些渠道用户可以快速找到他们想要寻找的信息，因为是公开的平台，所以呈现的特点是流量大、信息可以自由流动。

流量来源	属性	信息传播渠道	作用
公域	公开的大流量（自由流动，可付费购买，也有免费的）	官方网站或活动网站、新闻传播	提升品牌整体知名度，客户需求挖掘
私域	品牌自有的精准客户	品牌自有的社群、App	口碑传播以达到销售目的

图 1-3　不同流量来源的属性图

私域指的是品牌自有的、自己经营的渠道，如 App、社群、直播平台，通过口碑传播达到销售目的。

值得注意的是，在商业实践中，我们通常会把微信生态圈看作私域的一部分，微信生态圈有微信公众号、企业微信、微信社群、朋友圈等与客户的交互渠道，目前国内的大部分企业都以微信生态圈作为私域的主要阵地，虽然微信公众号具有半公域的特性，但是因为它与外界关联，也可以被看作一个获取外界流量的渠道。所以，在我看来，这不能完全代表私域，这个阵地在第三方平台，也就是说，数据的归属权其实是属于第三方平台的，所以它不能算是纯粹的品牌私域。

对于企业来讲，公域和私域的全面利用缺一不可：公域帮助企业打开营销漏斗，汇集大流量，通过付费购买或发布新闻稿件等方式获得潜在客户的关注，然后向私域导流；而私域可以作为一个重要的自有阵地展开运营工作，运营的目的是形成正面的口碑，让客户向朋友积极地推荐自家的产品，提升客户对品牌的整体好感度，并且带动身边有需求的客户一起购买，形成口碑裂变效应。

同时，在私域中形成的群体是企业尤其要关注的核心群体，他们可能是具有高品牌黏性的群体，也是最忠实的粉丝，要充分地关注他们。因为他们是最有可能正面传播品牌口碑的群体，不仅愿意购买企业的产品，而且可能会将企业的产品和解决方案、服务推荐给身边的朋友、同行，让更多的人知道企业的品牌，形成口碑裂变效应。

很多营销人员将营销预算视作能够产生效果的关键因素。企业市场预算的制定一般有一个比例，这可能占整体业务销售额的 1%～5%。在目前的大环境下，业务量普遍下滑，导致的结果必然是市场预算缩减，企业 CEO 把预算用到更需要花钱的地方来降低客观因素导致的业务萎缩的影响，尽可能保住企业的现金流和利润，减少开支以维持业绩和股价。在这种情况下，缩减预算会让营销人员觉得无所适从，因为缩减预算大大地缩小了他们施展拳脚的空间。企业完全可以花更少的预算获得更好的营销效果。

为什么企业可以花更少的预算获得更好的营销效果呢？口碑的传播裂变非常重要。所以，这部分客户群体需要你用心对待，悉心经营，他们是最有可能帮助你获得收入的群体。

在私域中，弥足珍贵的流量从何而来？自然是公域，所以公域同样很重要，公域的重要作用体现在开源上，它可以帮助企业在私域运营遇到瓶颈的时候，去发掘在私域运营范围以外的更多珍贵而有重大价值的客户群体，这些客户群体通过品牌商进行一次次的广告营销，最终在私域流量中沉淀下来，成为你重点关注的客户群体。

公域和私域必须共同发力，互相加持，才可以形成赋能增长的闭环。私域在营销中充当的角色和公域截然不同。

因为私域客户代表最核心的粉丝群，所以这些粉丝或客户身上带有什么样的标签，是值得好好去研究的。对消费者洞察和商业智能部分的研究不仅可以帮助你了解现有核心群体的客户特征，还可以帮助你在公域中更精准地找到具有相似特征的客户。因为这些客户精准，所以转化率更高，也更容易为你的私域流量增光添彩，可以沉淀下来为你的私域流量注入更多的活力，这样企业就在"公域引流，私域沉淀，公域更精准引流，私域更高效转化"的正向反馈中不断降低营销成本，营销效率不知不觉就达到了最大化。

1.2.3 运营层面：用户的结网

前面说到，在数字化时代，公域和私域密不可分，缺一不可。公域和私域不是流量单向流动的关系，而是互相加持、互相赋能、取长补短、共存共生的关系。

图 1-4 所示为公域流量和私域流量的关系图。这种关系带来的必然结果是营销运营化。

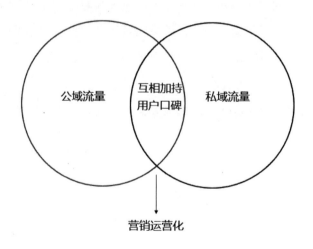

图 1-4 公域流量和私域流量的关系图

以围绕需求开发的产品为中心点，描绘出可能会购买产品的用户的画像，延展和潜在用户沟通的渠道矩阵，由此形成用户运营的"面"。

营销运营的本质是用户的结网，用户运营是全域营销的"面"，其背后是品牌与用户、用户与用户之间的有效连接。用户能够在品牌阵地结网的核心原因是用户的某一种需求可以被品牌商更好地满足，由此在各个平台上品牌与用户之间、用户与用户之间产生了黏性。这种黏性一旦产生，就难以被竞品所取代。

为什么用户运营可以构成全域营销的"面"？首先，千千万万的客户跟品牌通过一次次的活动进行充分的交互，人们对品牌的了解、交互层层深入，这是一个逐渐递进的过程，并且品牌与用户的交互轨迹呈现了复杂、难以预测的特点。其次，用户与用户连接，用户因为同一种需求而产生圈层，进而有了互动和互相探讨的欲望，这个连接分为两种情况：一种情况是用户形成的圈层在品牌搭建的平台上互相沟通，因为用户有共同的爱好，所以用户之间产生了黏性；另一种情况是用户可能在任何第三方平台上围绕品牌产生彼此之间的沟通和互动。无论哪种情况，对品牌来说，都是非常好的口碑传播行为。

以宝马品牌为例，它有自己的车主 App My BMW，在这个 App 上，新能源汽车的车主除了可以查看车辆的基本情况，如充电状态、车辆位置等，还可以在 App 上发表自己的声音。很多车主会在 App 上分享自己开车的感受、美好的旅行经历，自然就与其他用户形成了一种精神层面的交流。同时，针对上述第二种情况，如汽车之家是用户进行深度交流的阵地，在汽车之家的宝马车主论坛里，用户可以就产品性能、使用感受、同类车型比较、售后服务等展开交流，即使不在自己的平台上，相同品牌的用户之间也形成了强有力的联系，这就是在品牌和产品层面进行的"用户的结网"。

在这种情形下，营销运营趋势应运而生。关于什么是营销运营化，如何展开营销运营工作，我们先埋个伏笔，相关内容在第 5 章中会详细阐述。

1.2.4　消费者层面：用户体验和决策

在信息爆炸时代，用户很难处理庞杂的信息，很多品牌每天都在产生大量的内容，信息量如此之大和零碎，用户很难对这些信息进行相应的处理。此外，品牌中带有广告性质的内容容易被用户视为垃圾信息，被误认为是广告，所以用户会不自觉地过滤掉这些信息，甚至容易引起他们对品牌的反感。

比如你在刷抖音，如果刷到的都是广告，你对抖音的黏性还会那么强吗？你还会打开抖音并花那么多时间吗？你不需要判断，如果意识到这是广告，那么手指一划就过滤掉了。抖音的核心功能是它的算法。所以品牌要明白一点：你想要给用户推送信息来介绍你的产品多么好，想要极力向用户推销，这根本不重要。重要的是，用户想要看到什么样的信息，对什么样的信息感兴趣，什么样的信息会提升他们对你的好感度，以及你如何让平台识别你的品牌逻辑和定位，这样平台就可以根据它的算法把你想要给用户推荐的信息传达给潜在用户。

这里我们要引入心理学家丹尼尔·卡尼曼的观点，丹尼尔·卡尼曼写了《思考，快与慢》这本书。他认为，我们的大脑有快与慢两种做决定的方式。常用的无意识的"系统1"依赖情感、记忆和经验迅速做出判断，使我们能够迅速地对眼前的情况做出反应。但"系统1"很容易上当，固守眼见为实的原则，任由损失厌恶和乐观偏见之类的错觉引导我们做出错误的选择。有意识的"系统2"通过调动注意力来分析和解决问题并做出决定，比较慢，不容易出错，但经常走捷径而直接采纳"系统1"的直觉判断结果。

从商业角度来讲，品牌商要快速吸引用户的注意力，只要用户对某种产品的关注多一点，生产该产品的企业就能赚更多的钱。

在社交媒体时代，用户看一个短视频花的时间可能不会超过1分钟，调用了"系统1"的功能，迅速对看到的信息做出反应，因为这种反应可能是错误的，所以用户会对某种品牌或产品做出错误的判断。

我在实际工作中发现，不同渠道的用户的停留时间有明显不同。比如一个渠道是网站，另一个渠道是微信，前者以电脑浏览为主，后者以移动端浏览为主，一个用户通过两种方式浏览内容的多少有本质的差别。在相同的时间内，用户在电脑上可以浏览4页内容，而在微信上可以浏览1.5页内容，这说明什么？说明用户更愿意花时间使用电脑浏览品牌信息，而在移动端浏览内容时，则倾向于快速浏览，所以我们在设计用户体验时，尤其要注意这一点。不同渠道的用户体验在设计时可能会完全不同，上述例子中前者可能更加注重有深度而丰富的内容,而后者需要在第一时间就吸引用户的注意力,否则用户很可能会因为失去兴趣而转移注意力,从而导致用户流失。

任何一个渠道如果没有给用户足够好的体验,那么用户很可能会因为品牌自身一个小的失误或差池而让你以前为之付出的许多关于提升用户体验的努力付诸东流。

全域体验的重要性还有一点是关于流量的激烈竞争。每个品牌都有几个竞品很愿意在内容上投资,在任何一个能够接触用户的地方,尤其是在那些目标用户可能会停留很久的地方,如果竞品的投资很多,那么自然而然用户的注意力会被竞品抢去。这就要求品牌商开始时就要对用户渠道和触点进行自上而下的有效布局,而不能以偏概全,比如,侧重抖音平台而忽略了其他可能聚集了大量潜在用户的渠道。

这种布局策略取决于用户洞察,先了解你的目标用户的消费行为习惯、媒体浏览习惯,然后有的放矢、有重点、有步骤地布局他们常用的渠道。

用户的注意力在哪里,营销策略就要延伸到哪里。营销的本质是获取用户的稀缺注意力。在后疫情时代,供应链几乎决定着企业的生死存亡,通货膨胀、原材料物价上涨、供应链中断这些因素严重影响着企业的发展和盈利。如果说在几年前,供应链管理只是运营总监及他的团队重视的事情,那么如今供应链管理就是企业 CEO、整个营销部门,甚至其他职能部门应该了解的事情。

在实际工作中,我经常会遇到类似的挑战,由市场部门产生销售线索、销售部门进行最后一步的转化都很顺利,但在销售部门拿下客户订单之后却经常会发现产品库存不足,无法按时交付。出现这种情况,很大一部分原因是当时销售部门对预测的不准确及缺乏供应链知识。一门生意从前端营销开始,到后端供应链、客户交付,应该是一条完整的客户体验价值链,决定着客户对产品和品牌的体验,也决定着客户对该品牌的忠诚度、复购率。

供应链管理不到位不仅影响着企业的销售收入,还影响着客户对品牌的认知、体验。在这种情况下，就算前期的客户引流、培育、购买都很顺畅，但是到了供应链端，如果客户发现没有货，订单处理和物流需要的时间很长，需要等很久，那么客户可能会随时取消订单，造成客户流失，从而功亏一篑。

在数字化时代，随着智慧物流的崛起和市场空间变得越来越广阔。供应链管理面临着数字化的机遇，数字化是以"信息和大数据"为支撑的。

社会经济的高度数字化、企业的数字化转型趋势都要求供应链管理必须提升效率，以满足数字化时代下客户不断变化的需求。数字化时代呈现了两大特点。第一，长尾效应。客户的需求变化多端，需求繁杂并且十分多样化，"按需定制"似乎成为企业不得不做的事情。第二，唯快不破。根据客户需求进行原材料采购、产品和服务的定制，同时，非常快速地根据客户需求打造产品，并传递到供应链端，及时交付，灵活调整，这虽然提升了供应商生产过程的复杂度，但更重要的是它成了企业新的增长点。

从这个角度出发，全域营销和智慧供应链管理都是以大数据为基础的，前端的营销活动可以为后端供应链管理提供客户数据支撑，后端供应链的客户数据可以用于营销活动，通过信息、物流、资金的高效组合，加速客户决策。

电商平台的供应链管理就是一个很好的例子。网络购物成为客户购买各种商品的主要方式，客户在线上完成下单后，平台收到客户信息，通过高效的供应链管理快速地将商品送到客户手中。客户可以实时查看物流情况、退换货情况，获得平台的一站式体验。所有的客户数据都沉淀在平台上，形成了数据闭环。平台可以更好地预测客户的购买需求，从而为客户推荐更多的产品和提供更好的服务。

无论是客户体验的提升，还是利用大数据加快客户决策，在全域营销增长体系中，都不能忽略供应链的重要性。

所以，无论是售前体验还是售后体验，客户体验决定品牌力，品牌力决定产品的溢价能力，从而决定企业的销售收入。

同时，不同的产品线根据其属性和受众的差异，确定具有差异化的客户触达、转化渠道和运营方式，哪怕是一个企业或一个企业的某个事业部，也需要根据产品的特点和目标受众进行定制。通过产品、渠道、客户运营、客户服务、供应链管理这几个不同体系之间的串联，提升客户体验，这是全域营销的"体"，全域营销可以被看作一种提升维度的立体的营销方式。

1.3　打破公域—私域壁垒

1.3.1　什么是多渠道营销

全域营销的英文是 Omni-channel Marketing，多渠道营销的英文是 Multi-channel Marketing。要深刻理解什么是全域营销，我们就要先理解一个概念——多渠道营销。这两者是截然不同的概念，虽然听上去意思很接近，但是有着本质的区别。

什么是多渠道营销？多渠道营销是企业通过不同类型的营销渠道，分销其产品的营销方式。这种营销方式在实践中能充分发挥各种渠道之所长，有效地提高营销效率，扩大客户覆盖率，实现规模经济效益和降低营销成本。多渠道营销和 Hybrid Marketing（混合营销）的意思比较接近，是综合不同类型的渠道（线上渠道、线下渠道），从而达到提升营销效率、降低营销成本的目的，是从营销渠道的角度出发确定的一个营销概念。

线上渠道通常分为 3 类：自有平台、免费媒体、付费媒体。自有平台包括品牌的官方网站，出于业务目的建立的微网站，企业的微信公众号、视频号、微博账号、电商平台店铺（如天猫旗舰店）。自有平台是你能够控制的渠道，在经济不景气、营销预算缩减的情况下，自有平台能够发挥独一无二的作用，因为它具有长期可靠的和潜在客户进行持续沟通的能力，自有平台的特征是具有权威性，可信度高。

免费媒体是指一些可以获得扩散效应的社交媒体，如微博、论坛、垂直类社区等，但是在当下，它的含义已经发生了变化。现在的免费媒体是指客户自发形成的口碑传播，并不是指某一个具体的平台或渠道，而是指由客户自发传播产生的品牌增值效应。在企业里，最好的免费媒体可能是员工，他们是企业的忠实粉丝。每一个客户都可以是一个自媒体，而任何一家企业也可以是一个对外发声的自媒体。免费媒体的特点是扩散性强，具有病毒效应，此外它还具有不可控性。企业营销部和公关部的负责人需要积极聆听这些被扩散出去的消息，因为这些消息很有可能是负面的。免费媒体是一把双刃剑。

付费媒体很好理解，就是需要你购买流量的媒体。付费媒体的种类有传统意义上的大的门户网站，比如，网易、搜狐、新浪、腾讯，也有行业垂直类媒体，比如，移动类 App、视频类媒体等，一切可以花费预算去购买流量的媒体都属于付费媒体。

图 1-5 所示为不同流量来源占比示意图。在营销活动上线时，企业市场营销部的负责人通常要通过以上 3 种不同类型的媒体矩阵，多渠道触达客户，带动转化。多渠道触达客户的好处是覆盖范围广，能够利用已有的渠道进行全方位的触达，实现获取流量的规模化。

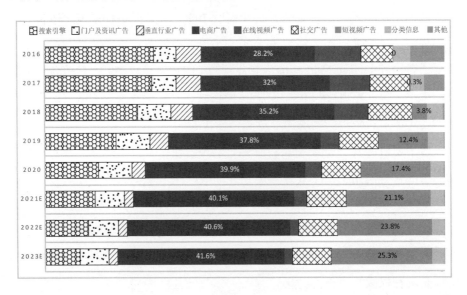

图 1-5　不同流量来源占比示意图

1.3.2　多渠道营销与全域营销的联系

多渠道营销在数字营销发展早期的时候，是相当成功的营销方式，因为在数字营销发展早期，流量红利比较显著，通过多渠道触达客户，在流量竞争还不激烈的时候，客户转化比较容易，因为成本低，所以转化的效率高。但是，随着营销越来越从流量转移到客户体验上，这个时候全域营销就出现了，全域营销强调的是客户体验，用一切方式打动客户，它在渠道营销的概念上进行了升级。多渠道营销和全域营销的联系体现在以下两个方面。

1. 渠道组成的复杂性，易变迁特点

品牌和客户沟通的渠道一直在发生着变化，从大众纸媒时代到电视时代，再到互联网时代、移动互联网时代，客户在不同的媒体上停留的时间发生了显著的变化。随着客户偏好的转移，营销渠道也发生了巨大的变化，所以全域营销和多渠道营销的共同点之一就是随着时代的变化，营销渠道的变化越来越多样化。

2. 全域营销和多渠道营销给予客户选择权和自主性

客户可以选择喜欢的渠道和品牌商进行沟通，或者选择喜欢的渠道进行购买，从这点上来说，全域营销和多渠道营销都是非常好的营销策略，客户需求具有个性化和独特性。尊重客户的实际需求，给予他们在与品牌进行互动时和在购物时的时间选择、渠道选择是坚持长期主义的做法。

1.3.3　多渠道营销与全域营销的区别

全域营销的目的是促进企业的营销增长。那么为什么多渠道营销不能，而全域营销可以，其根本原因在于全域营销对渠道与渠道之间的相互关系的重视。

全域营销是对多渠道营销的提升和完善，由于客户路径的复杂性，他们

随时可能会在各个渠道之间进行转换，今天进入门店进行体验，明天可能会就某个产品问题拨打电话进行咨询，后天可能会被某个品牌商的营销活动吸引。由于客户的行为有不可预测性，因此在不可预测性的背后需要品牌商对客户的特性和需求进行了解，这就要求品牌商在客户有可能接触的渠道中进行排兵布阵，最终目的是帮助客户完成无缝体验，进行采购。

渠道与渠道之间的关联体现的另一层意思是客户体验的一致性，传达一致的品牌体验非常重要，而它往往容易被忽略。在一些企业的业务不景气的时候，往往容易引发管理层的动荡，管理层在履新时，品牌的战略体系容易发生变更，而组织变更的行为带来的后果是品牌的基因、一致性得不到传承，这对品牌营销是一种伤害。

全域营销奉行的"客户体验一致性"的原则核心塑造的是品牌与客户之间的信任感，品牌的基因不会变，它始终传递着具有鲜明特色的体验，在客户心目中树立了良好的形象，从而增强品牌与客户之间的情感连接。信任是驱动企业成长的利器。所以，多渠道营销与全域营销的区别主要体现在以下4个方面。

（1）多渠道营销侧重渠道，而全域营销侧重客户体验。

（2）多渠道营销的出发点是广泛地覆盖客户，而全域营销的出发点是在广泛地覆盖客户的同时深度覆盖客户，与客户建立信任关系。

（3）全域营销的设计要求考虑客户触达渠道之间的联系，即从线上向线下导流还是从线下向线上导流，从公域向私域的流量如何引导？多渠道营销从本质上来说，不考虑流量之间的衔接关系。

（4）多渠道营销考虑的是，某个阶段由多个渠道产生的品牌知名度指标的聚集或订单总量。全域营销考虑的是，同一个客户在不同的渠道之间转换的可能性。因此，前者更加注重总量性指标，而后者更加注重对单个客户的特征洞察。

1.3.4　公域"不可缺席"

我们在前面提到，全域营销要打造从公域到私域的流量增长闭环，同时它强调客户从公域到私域、从私域返回公域的场景和流量的转移。公域流量的主要作用是打开漏斗的过程，除了本章已经提到的与公域相关的一些平台，我认为，公域还应呈现出以下特点。

（1）流量大。

（2）品牌商获得门槛低。

（3）客户黏性较差。

（4）难以将客户进行分类达到有效运营的目的。

（5）衡量指标很难涉及潜在客户，曝光量、互动量、点击量是主要的营销指标。

（6）公域流量的成本越来越高。

之所以公域在全域营销流量增长闭环中不可或缺，是因为流量有"出圈"的可能性。企业成长的瓶颈通常在客户增长到达天花板、不再有新的客户进来时产生，企业的客户圈层缺乏活力，品牌自然就少了很多想象空间。这时候，品牌要想突破客户增长的天花板必须"出圈"，以获得在当下圈层以外的潜在客户。公域是帮助企业获得新客户的唯一渠道，能够打开营销漏斗，让更多的客户汇集到流量池中。

同时，公域是客户在品牌认知阶段做市场教育的最好渠道，在客户对品牌还没有形成正确认知的时候，品牌需要在公域流量池内做客户教育，为后面的私域客户运营打好品牌认知的基础。而前期客户形成的对品牌的正确认知和好感度的培养是私域长期有效运营的必要条件。

在进行公域引流时，品牌商和广告公司要允许由于公域引流的成本而导致的一些事件的发生。比如，一些营销费用可能会被浪费，由于品牌在触达客户的过程中，不十分精准，一些被触达的客户是无效的，他们并不会关注品牌，与品牌没有进一步互动，这太正常了。当有内部的销售同事询问你的营销预算都用到哪里时，你要准备好回答这个问题。

我们明明知道营销预算可能会被浪费，也明明知道进行私域运营的营销成本更低，效果更好，但是对公域的预算和精力投入依然不可或缺，公域在全域营销时代不能缺席，除非你的品牌已经不需要吸纳新客户和引进流量。

1.3.5　判断什么是真私域

私域是当下的热门话题，甚至很多人觉得私域是企业突破瓶颈的最有效的手段，很多人会陷入"假私域"的误区。

我分析了以下几种情况。

（1）公域中的用户流入私域流量池，如微信公众号的会员、微信群中的成员是不是你的私域用户？不一定。

（2）你的公众号有 10 万个粉丝，这 10 万个粉丝是不是你的私域用户？不一定。

（3）你的网站每年有 100 万个独立访客，他们是不是你的私域用户？不一定。

（4）在网上或微信小程序上留资的用户算不算你的私域用户，不要求立即联系的算不算私域用户？算。

（5）具有微信 ID，经常在微信公众号上和你互动的算不算你的私域用户？算。

（6）愿意自发地传播你的品牌大事件，跟朋友介绍你的产品的用户，而你没有他的个人信息，算不算私域用户？算。

（7）这个用户流入了你的私域流量池，但是他不怎么发声，你很难判断他跟品牌是否有交互，他算不算私域用户？算。

我认为判断私域用户的标准不在于用户沉淀的渠道，而在于用户对品牌的黏性和交互的深度。假设你有了用户信息，但他进群就是为了获得品牌商赠送的礼品，这就是"假私域"。

所以，如果用户是冲着优惠券等福利进了品牌的私域流量池，那么所谓的私域流量并不具有持久性，从严格意义上讲，这个用户只是进入了私域流量池，而不是你的私域用户。

假设用户在私域流量池里，但是他和你互动的频率不高，你很难判断他是否在别的地方和你的品牌有过交互行为，他可以算是私域用户，因为有品牌与他进一步交互、培育的可能性，他没有从你的私域流量池里退出，就说明进一步转化的可能性是存在的。对这样的用户，我们进行私域运营的目的是进一步挖掘用户需求，增加转化的可能性。

判断是否为真私域用户对品牌商在定义私域工作重点时很重要，它会帮助品牌商避免在无效的"假私域"里浪费时间，而把有限的时间和资源放在更值得投入的真私域用户经营上。

1.3.6　私域不是救命稻草

随着私域及相关生意的火爆，私域营销服务的竞争非常激烈，人人都想参与，但是参与之后才发现举步维艰。

一位咨询公司的 CEO 跟我说，他的客户主要以 B2C 为主，尤其像化妆品行业，私域是必定要做的，但是考核的 KPI（关键绩效指标）非常严格，要求直接看到效果。也就是说，运营私域流量一段时间后，在这个私域中会产生多高的销售额，要能看到切实的销售结果。

不得不说，这些品牌已经做得很好了，所有的品牌广告都是为了维持它的品牌形象或品牌在市场中所处的地位。营销部实际上追求的不是"品"，而是"效"，就是采取的营销举措应转化为可量化的数字，比如提高的销售额、新客户的增长数、老客户的复购率等，即一切可以帮助品牌变现、获得利润的数字指标。

这些品牌对于私域运营的定位包括两点：第一，帮助企业持续不断地生存下去；第二，帮助企业生存得更好。

第一条很好理解，就是私域流量通过某种手段可以转化为销售收入；第二条中"企业生存得更好"的意思是通过私域让企业的营销投入产出比更高。

对于企业来说，是否应该做私域呢？答案是应该做，但是要调整预期，不要把它当成"救命稻草""包治百病的神药"。同一种商业模式下的营销底层逻辑是不会变的，踏踏实实地去了解用户、服务用户，然后品牌力自然就提高了，品牌壁垒就构建起来了。

首先，摆正预期，弄明白做私域的目的是什么。

要搞清楚为什么做私域，刚开始别想着通过私域运营就能改变营销局面，质变是由量变引起的。如果没有运营经验的积累，没有一次次的尝试、失败、调整、证实、升级，就没有质的飞跃。所以，做私域的目的是更好地服务用户，使用户和品牌、用户和用户、用户和意见领袖之间有一个充分的交流平台，扩大第一时间得到行业最新信息的渠道，让做私域发挥的作用更加长效。

大家大概都听说过"增长黑客"，它好像给营销者打了一针强心剂，好像有捷径或灵丹妙药可以快速解决营销增长的瓶颈问题，可以在短时间内快速获得流量的增长、用户的增长。可是哪有这么简单，我认为营销的本质之一是可持续，如果说增长黑客是在短时间内爆发的，那么营销包括私域运营就是长效的、讲究品效协同的。

有人问我：私域社群里每天都不活跃，找了几个意见领袖在群里做了"领头羊"，互动效果很差，这个问题怎么解决？我说：先看看你在社群里发的是什么内容，发的是不是用户想看的内容，你是通过哪种方式把用户吸引过来的？

如果是通过发优惠券、直播来吸引用户的，那么用户不想跟你互动一点儿都不稀奇。在信息碎片化的时代，每个人都会被无数的社群、游戏、新闻大事件等吸引，而在每件事上的关注度都不断降低，能吸引他们的唯一方式是你了解他们的需求，踩准他们的"痛点"和"爽点"。

其次，要意识到在不同的商业模式下，私域运营的方式有显著的差异。

在 B2B 商业模式中，决策群体复杂、决策因素多样化（尤其是人为因素可能会占很大比重）、决策周期较长等因素影响着私域运营的难度。并不是你每次推送的内容正确了、用对了互动的方式就可以获得收入，可能你运营了很久，最终都不及销售人员积极"拜访"一次，直接得到了一个大单。

B2B 企业监测销售结果归功非常复杂，表面上，私域运营可以拿到 90% 的归功，实际上，没有任何归功，就算私域运营做出了实际效果，也是没有归功的，这样会大大打击营销人员对它的可信度和对效果的评估及信心。

所以我不太同意将 B2B 企业的私域运营 KPI 归功于投资回报率，我更倾向于将其归功于活跃度、营销人员的响应速度、用户的留存率这些非直接经济利益指标。私域运营对 B2B 企业是长效的，是极其考验耐性的工作，长期运营一定会获得意想不到的效果，用"一分耕耘，一分收获"描述私域运营的特性再贴切不过了。

在 B2C 商业模式中，私域运营的效果可能会更加立竿见影一些。然而经过一段时间，我们会发现私域运营的即时效果是不可持续的，最终不得不回归品牌的基础建设，进行日复一日，年复一年的品牌体系的多维度构建才能成就一个百年品牌，巩固市场地位。

最后，私域运营的第一步是从培养大数据意识做起的。

私域运营看上去是内容营销和用户运营的结合，但可以被提炼出来的支撑所有运营行为调整的底层逻辑是数据，什么样的内容可以吸引用户的关注，哪些用户是 KOC（Key Opinion Customer，关键意见消费者），互动的频率怎么可以达到最佳等都是由大数据驱动的。当然这些只是大数据营销的一部分，首先得形成对数据营销的认知，然后开始实践，积累更多的数据，最后学会利用这些数据，结合业务特性理解数据背后的意义及对于决策的启示。数据逻辑、如何运用大数据及运营的逻辑在后面的章节中会具体介绍。

在实际工作中，我发现在从事营销工作或数字营销工作的人员中，真正具备大数据意识的人员太少了，他们可能会看财务报表，会使用 GA（Google Analytics，谷歌分析）这样的监测工具，但是真正具备大数据意识的人必须具有根据不同的业务场景拆解这些数据的能力，尽可能真实地还原数据背后的业务场景，分析营销行为所带来的结果。

以平常心看待私域就好，营销行业需要注入越来越多的新鲜元素和概念，但是其底层逻辑是不会变的，为了"以客户为中心"倾尽全力。只有基础建设优秀、自身造血能力强的企业才有可能享受时代的红利。

1.4 全域营销时代加速到来

1.4.1 数字营销进化

我写的第一本书《增长法则：巧用数字营销，突破企业困局》主要介绍的是如何通过数字营销驱动企业的增长，时隔一年，企业的兴衰、营销现象变化之快超出我们的想象，身处百年难得一遇的急速变革的时代，在不确定的经济环境中，营销具有依据复杂的经济环境变化而进行自我迭代和变革的能力是让它魅力无穷的原因。

什么是数字营销？在数字经济时代，数字营销成为营销行业中当之无愧的热门话题，很多营销人员都在讨论数字营销和增长的关系。

很多人对数字营销有误解，将数字营销等同于营销数字化，或者将数字营销等同于数字传播，其实不然，数字营销的本质是数字世界的营销管理。在数字化时代，我们每个人都被一个个不同的数字标签所标记，在个性化的背后，有无数个数字符号来描述我们的特征，淘宝网站的"千人千面"本质上是将人物用不同的符号标记，根据这些符号的特征，淘宝会为不同的用户推送不同的符合他们需求和匹配他们消费能力的商品，以提升触达的准确率。

图 1-6 所示为个体被标记的过程示意图。

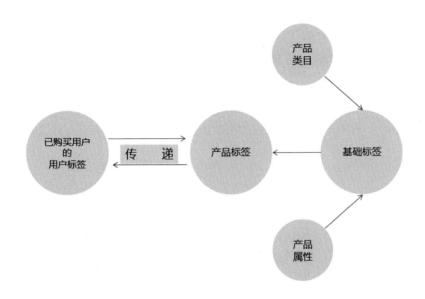

图 1-6　个体被标记的过程示意图

数字世界中的营销管理究竟是什么？

数字营销在数字化交易中产生了巨大的价值，随着数字世界的构建而产生。

我将数字营销的定义进一步升级，并分为以下 4 个层面。

第一，从用户角度来说，数字化营销转型是用户体验的数字化，从以前传统的通过线下门店（如百货商场）的体验转移到线上，典型的场景如看直播、短视频，看着直播产生兴趣，从而直接购买。数字营销是企业在用户注意力碎片化的时代，通过内容抓住用户的长尾需求，以数字化工具为底盘，精细化运营留量，以达到品效协同的一种营销方式。数字营销由用户、内容、工具组成，通过大数据洞察及运营达到品效协同的效果。它并不以渠道为中心，而是以用户为中心。

第二，从企业市场部门的角度来说，数字营销就是营销转型，它的意义是将市场部门从运营、支持部门转变为创收部门，转变其他的业务部门（如销售部门）对市场部门的认知，使其意识到市场部门对于销售增长的实质性贡献，以市场营销驱动增长引擎。

第三，从企业组织层面来说，数字营销转型的意义不仅体现在它通过营销战略驱动企业增长上，还可以带动企业商业模式维度的提升和组织结构的数字化转型。这是数字营销向内延伸，激发企业活力，带动企业长期发展的一大优势。它提升的是组织内部的活跃度，可以激发创新活力，促进组织结构转型、新的工作方式转变及部门协作。数字营销直面用户，以更加高效的方式触达潜在用户，数字营销的现象和营销战术变化多端，从它开始蓬勃发展就注定了它的动态变化性。

第四，从社会发展层面来说，数字营销是数字世界的营销管理。随着我们生活方式的数字化，比如网络游戏、抖音上的短视频社交、网购、网络直播教育、电子支付、数字货币、AR 沉浸式体验，我们在数字世界投入的时间和精力越来越多。数字营销就是在这个数字世界催生的创新式的营销管理，它的本质不是营销形式的数字化，而是营销管理。

数字世界呈现出以下几个典型特征。

1. 无边界、开放、更多自由

无边界和开放都是相对的，没有绝对的开放，但是与现实世界相比，数字世界超越了现实世界的束缚和边界，有更多的可能性和自由，它撕掉现实生活的种种标签，让自由、平等的精神找到栖息地。

根据西格蒙德·弗洛伊德的心理学理论可知，"本我""自我""超我"都属于人格的一部分。"本我"是由一切与生俱来的本能组成的，是人格最难接近而又极其原始的部分；"自我"是人格中意识部分负责处理现实世界、平衡现实世界与"本我"的欲望；"超我"是道德化的自我，是人格中最后形成的、最文明的部分。

西格蒙德·弗洛伊德的大部分观点与思想都被现代心理学摒弃了，"本我""自我""超我"几乎是沿用至今的理论，这个模型放在数字世界的讨论中，我认为是很有意义的。

数字世界的到来意味着人类可以通过这个世界实现充分的精神自由和自我重塑，由"本我"向"超我"迈进，就像理想国一样实现真正的蜕变，现实世界的身份、血统、地位都不重要，而精神的自由是终极的自由。

2. 信息爆发式增长，效率极高

随着 5G、AI 等飞速发展，数字化浪潮席卷全社会，社会形态全面数字化。

一方面，人与人之间信息交互的方式全面数字化、内容数字化，用户线上线下一体化的全域体验效率显著提升。工业 4.0、人工智能、区块链技术、大数据算法正在深刻地改变着企业与人、人与人的沟通方式。

另一方面，企业和个人的表现形式发生了变化，企业和个人的创新能力在数字世界里获得了前所未有的发展，创造了无限的想象空间。

未来，所有的营销都将围绕数字世界中人类更高层次的精神需求展开，在信息交互方式全面被颠覆、信息爆发式增长的数字化时代，将人的精神需求置入营销场景中，通过数字化内容的表达和数字化创新技术去满足人类的个性化需求将成为数字营销的发展方向。

首先，品效协同是数字营销的绝佳诠释。

我在自己的第一本书《增长法则：巧用数字营销，突破企业困局》中提到的"品效协同"本能的要求是将品牌置入效果营销的底层操作系统中，作为底层操作系统支撑起营销效果。品牌是用户情感的表达，认同某个品牌代表用户能与品牌基因、品牌精神产生共鸣，所以，这是品牌营销和效果营销的基础。

其次，营销形式的数字化始终要将品牌营销作为底层逻辑。

各种营销形式的数字化是当今数字营销的主流表达方式，品牌营销是数字世界营销体系的底层逻辑，无论人们的需求发生什么样的变化，他们在精神层面的终极需求都不会变。营销是研究人性的学科，与心理学是相通的，营销形式的数字化不能以短期的营销效果作为主要的衡量标准，而应该去关注品牌的长期健康发展，满足用户的精神需求。

最后，数字世界将每个个体的个性化需求放在营销首位。

人类的精神世界丰富多彩，"Z 世代"的年轻人热衷于进行自我表达、个性化的释放，他们无拘无束、向往自由，时代给予他们充分享受自由和表达自我的机会。个性化营销是数字营销的主要话题，在数字世界中没有大而全、满足用户普遍需求、让品牌脱颖而出的环境。相反，在数字世界中，小而美、满足部分群体、找准某个赛道的品牌，不仅可以在自有圈层站稳脚跟，而且有快速破圈的可能性。在尊重用户的个性化需求，激发他们更高层次的需求，用品牌和产品去满足他们需求的同时，实现精神层面的提升，这大概就是社会发展的进步力量吧。

1.4.2　数字营销和全域营销的关系

数字营销和全域营销到底有何不同？我认为二者的营销本质是一样的，都是以客户为中心，通过一体化的营销方式，也就是通过各种营销要素的高效组合，最终达到品效协同，推动企业的长期增长或发展。

为何要提出一个全域营销的概念？大量的企业在数字营销方面有着成熟的做法，有数字化系统工具的支撑，有先进的区块链、算法、人工智能技术，也有对数字世界的畅想，但是这些对于诠释品牌所能达到的"域"显然是不够充分的。如何回归本源是值得思考的问题。

我希望在本书里面提供的是一个更完整、更全面的营销框架，同时对产品、渠道、客户之间的关系做进一步的深入阐述。

全域体现在品牌的域上，即品牌传播到客户心智的广度和深度。

全域体现在产品的域上，即产品组合的宽度和层次满足客户个性化需求的能力。

全域体现在营销渠道的域上，即在信息碎片化、消费者注意力碎片化的今天，品牌触达客户的方式具有多样性、变化性的特点。

全域体现在客户增长的域上，即增长的维度呈现出复杂性、综合性、非单一性等特点。

"域"的意思是某个范围，全域的字面意思是全范围、全方位，今天我们要强调全域带来的规模和纵深效应，从产品的组合到品牌的深度，再到渠道的广度、渠道与渠道之间的联系，形成营销的体，本质遵循"客户价值创造为上"的原则。

1.4.3　增量从哪里来

毫无疑问，全域营销策略必须赋能企业长期增长，而成功的企业从创立之初到成为某个行业的龙头都经历了商业的跌宕起伏和艰难的成长过程，最终达到一种平稳增长的状态。可以说，成功的全域营销就是企业的长期增长。

企业的长期增长要解决的是增量问题，那么增量从哪里来呢？通过媒体大规模做广告收割短期流量红利的时代已经一去不复返了，未来的增量来自商业模式的创新、良好的客户体验、优秀的品牌口碑，来自客户存量市场，留存客户，提升客户的复购率、忠诚度，最大化生命周期价值等这些不可见的、不容易衡量的因素，它们正是构成企业长期增长，助力企业获得结构化竞争优势的原动力。

这里强调的增长是多维度的增长，而不是一味地追求财务指标。在第 2 章中，我们来谈一谈企业需要什么样的增长，以及这些增长的原动力来自哪里，必要条件是什么。

企业的增长来自商业模式的创新。没有一个好的商业模式就无法创造别人不能创造的价值；没有一个好的商业模式就无法招聘到合适的人才，发挥人才的作用。要想有一个好的商业模式，可以先问自己 3 个问题：第一，从哪里找客户？第二，我的什么价值是其他品牌没有的？第三，我是否能从这个市场上找到合适的人才并持续不断地盈利？这 3 个问题分别是关于渠道、产品、组织的问题。

　　将全域营销和商业模式充分挂钩，商业模式体现的是产品、渠道、组织和在全域营销背后的各个维度的域，即产品的域、渠道的域、客户的域是一脉相承的。

　　只有有了好的商业模式，才有后面围绕客户需求展开的产品研发和生产、全方位的客户体验的塑造、品牌口碑的打造和客户服务提升，企业的增长不是追求的目标，而是必然结果。

第 2 章

企业需要什么样的增长

自新型冠状病毒感染疫情发生以来，企业的生存成为主要问题。企业再大，现金流再好，市场发展已经很成熟的企业也一直都在追求增长，不追求增长的企业不是一家好的企业，不追求增长就会被市场淘汰，但是企业到底需要追求什么样的增长是所有企业的高管都应该思考的问题。企业的 CEO 和 CFO（首席财务官）有硬性的销售、财务、供应链等指标，对于 CMO（首席营销官）而言，除了追求这些指标，还需要兼顾品牌建设和长期价值。

事实上，增长不仅体现在指标上，还体现在增长的思维模式上，不仅 CMO 应该追求长期价值，其他的企业高管，如 CEO、CFO、COO（首席运营官）等同样应该追求长期价值。

2.1　品牌价值增长

Nike 的总裁兼首席执行官 John Donahoe 说过：我们知道，正是在这样的特殊时期，强大的品牌会变得更加强大，我们看到中国市场开始复苏，没有人比 Nike 更能适应当前的环境。

新型冠状病毒感染疫情的发生使企业的管理者们将品牌价值的重视度提升到战略地位。

2.1.1　品牌价值维度：如何去衡量一个品牌的价值

品牌价值是品牌管理要素中最核心的部分，也是区别于同类竞争品牌的重要标志。"竞争战略之父"迈克尔·波特在其品牌竞争优势中曾提到，品牌的资产主要体现在品牌的核心价值上，或者说品牌的核心价值是品牌的精髓所在。

品牌价值的关键在于价值，它源于经济学上"价值"的概念。品牌价值的概念表明，品牌具有使用价值和价值。仅从价值来看，品牌价值的核心内涵是品牌具有用货币表示的财务价值，以便商品用于市场交换。

在数字化时代，企业在面临生存的挑战时，注重用户增长、流量变现似乎是企业的生存之道，但最终用户增长、流量变现应不以损害品牌价值为前提。

对于中小企业来说，构建品牌体系、提升品牌价值成为首要任务。

对于大型企业来说，维系品牌资产、进行品牌表达、加深品牌好感刻不容缓。

品牌的本质是向用户讲故事，即我是谁？我来自哪里？我的品牌内核是什么？品牌商现在面临的主要挑战不是不清楚这些问题，而是如何向用户，尤其是向目标用户将问题传达清楚。如果这些代表品牌体系的重要因素仅仅停留在企业的品牌战略方案里而没有被传播出去，那么品牌价值就无法增长。

品牌价值既可以是功能性的利益，也可以是情感性和自我表现性的利益，对于某一个具体品牌而言，它的核心价值是根据和企业的相关竞争者比较得出来的结论而确定的，所以在设计调研问卷时，首先通过和竞争对手进行统一的用户问答，然后得出相应的分数，品牌价值的本质在于获得竞争性的优势。

所以，在企业提升品牌价值时，有以下几个步骤。

（1）清楚地定义品牌定位、品牌精神和希望在用户心目中留下的品牌形象。

（2）根据新古典主义价值理论得出：品牌价值是人们是否继续购买某一种品牌的意愿，可由用户忠诚度及细分市场等指标衡量，这个定义侧重于通过用户的效用感受来评价品牌价值。所以，品牌价值的核心感知对象是用户，他们对品牌传播的手段和效果直接决定对品牌价值的评估。这一步至关重要的是制定品牌策略、确定有效的渠道和手段，以增加用户对品牌的好感度，提升对品牌的正面评价。

（3）品牌价值增长指标必须同时量化和定性。量化指标主要包括品牌知名度、熟悉度、考虑度、购买意愿、推荐意愿等。企业要精准地定义品牌价值提升的指标，每年对这些定义的指标进行追踪以确认是否达到指标，常见的手段是对用户进行品牌调研，监测品牌的健康度，调研的对象必须是行业内的决策者。

我们以工业软件行业为例，调研问题的清单可以参考以下内容。

品牌知名度：

（1）在工业行业中，你第一时间想到的能够提供软件和技术解决方案的公司是哪些？

（2）除上述公司外，你还能想到的其他公司有哪些？

品牌好感度：

（1）请你根据对公司的好感度进行打分。

（2）如果你所服务的组织需要同以下公司进行合作，可能性有多大？

购买意愿：

如果你所服务的组织需要同以下公司进行合作，你购买它们的产品和服务的可能性有多大？

推荐意愿：

（1）如果要为以下企业服务，那么你将其推荐给你的朋友或同事的可能性有多大？

（2）你是否愿意向同行的企业推荐你的企业生产的产品？

在进行品牌价值定性时，主要考量的是品牌传达的品牌形象是否和用户感知的品牌形象一致，如果用户对品牌的某些属性印象特别深刻，那么说明企业在传播这方面的品牌价值时做得非常出色，但是这和企业的战略是否一致不是一回事。总体来说，如果企业的品牌战略方向和用户的调研结果越接近，那么企业的品牌塑造就越理想。

2.1.2 "网红"现象：个人品牌影响力时代的到来

2022 年 4 月，演员刘畊宏因为在抖音上带领大家一起跳健身操而走红。

刘畊宏到底有多火？2022 年 4 月的某一天早上，刘畊宏结束健身直播，其抖音粉丝达到惊人的 4500 万个。

我们讨论的不是他带领大家跳的健身操，而是这背后折射的商业和营销现象之一——个人品牌影响力时代的到来。

这里我们要引入两个营销概念：一个是 PGC，另一个是 UGC。

PGC 是什么？PGC 的英文全称为 Profession Generated Contents，是由一些专业机构、权威人士产生的内容。

UGC 是什么？UGC 的英文全称为 User Generated Contents，是由大众产生的内容。在全民营销时代，PGC 和 UGC 的边界已经变得非常模糊。随着个人品牌影响力时代的到来，个人品牌产生的影响力可能会超过一些专业机构和媒体，这是由于短视频媒体的出现吸引了大众的注意力。品牌商越来越喜欢用"素人"来作为品牌代言人，这里的"素人"也叫 KOC，运用他们的影响力来影响更多的与这些 KOC 一样的用户喜好和购买决策。

以娱乐行业为例，以前的明星通过某一个经纪公司或公关公司接业务，获得名气，从而实现商业价值。然而在当今，这些经纪公司对流量明星的影响力变弱了，因为在明星和普通人之间出现了一个新词——"网红"，即网络红人。

"网红"是指在现实或网络生活中，因某个事件、某种行为被网民关注从而走红的人或因长期持续输出专业知识而走红的人。

刘畊宏之前是一个普通明星，捧红他的不是传统意义上的经纪公司。在当下，与其说他是明星，不如说他是"网红"更合适。

从商业价值层面来说，因为"网红"具有强大的内容输出能力，同时能引起网友的强烈关注，所以具有极大的商业价值。

从社会影响力层面来说，他们所输出的内容能够被广大的粉丝所看到，甚至模仿，比如刘畊宏直播的居家健身操，你每天晚上打开朋友圈，可能一半的女性好友都变身为"刘畊宏女孩"。

对于品牌商来说，这个营销启示是什么？品牌商可以考虑推出自己的大咖，大咖是指在某个领域具有话语权的专业人士，可以是企业的员工，可以是特聘顾问，也可以是深度合作的消费者或用户。企业可以通过自有的平台去提升大咖的影响力，让大咖为品牌现身说法，以大咖的专业能力让品牌更有专业性，最终达到提升品牌力的目的。

2.1.3　企业品牌 IP 化

品牌自工业时代开始就有，而 IP 是互联网时代的产物。当这两个词结合在一起的时候，就会变得非常有意思。

以前品牌需要以具体的实物作为载体，这些实物属于不同的品类，如化妆品、服装、汽车等在生活中与吃、穿、住、行、娱乐、精神消费相关的实物。随着互联网时代的到来，一个人也可以成为一个独立的品牌。打造个人品牌成为一种独有的现象活跃在消费者的视野中，比如特斯拉的马斯克就是一个独立的创始人品牌 IP。特斯拉如此畅销，卓越的产品是一方面，另一方面在于创始人本身的 IP 价值。

将品牌 IP 化是新营销时代的产物，品牌 IP 化更多折射的是价值观、人生观、世界观或哲学层面的含义，它最终要和人们产生文化与情感上的共鸣。

为什么要将品牌 IP 化？人们最早对 IP 的理解是知识产权，后来逐步扩展至更宽泛的、无形的知识产权领域。

消费者在做出购买决策之前，先会形成对产品的情绪，情绪是没有思考能力的，只有正负之分、强弱之分。如果将品牌 IP 化了，那么品牌就具有了鲜明的、独树一帜的魅力人格体，它产生的前提是有品牌基因，在品牌基因的基础上，我们可以进一步将品牌人格化，赋予品牌生命，拉近品牌和消费者的距离，引导消费者参与和自发传播，与消费者产生深层次的精神共鸣。从这个角度来说，将品牌 IP 化不仅是营销界的进步，还是在这个以人工智能、元宇宙为代表的数字化时代的进步。

同时，随着消费升级时代的到来，消费者对于生活的品质要求随之提高，品质不仅代表产品的质量，还代表品牌内化的精神价值，与消费者进行情感的连接是品牌进化的高级方式。比如新能源汽车阿维塔，将其 IP 打造成"懂你的智慧化身——情感智能电动汽车"，令人印象深刻。阿维塔致力于探索面向未来的人性化出行科技，为消费者打造充满温度的智能出行体验。"人性和温度"是其品牌的关键词，贴近消费者，温暖人心。

在 IP 时代，品牌占据了一个 IP 就相当于占据了流量入口，它可以持续地赋能品牌消费，在线上、线下流量都非常稀缺和昂贵的背景下，IP 对品牌具有重要意义。

在中国市场，以喜茶、元气森林等为代表的"网红"品牌是这几年涌现的不可忽视的新兴势力。同时，如何将这些"网红"品牌真正 IP 化成为"网红"品牌长久发展的重大课题。以喜茶为例，它的替代市场是新式茶饮市场，它还有可能成为星巴克咖啡饮品的强大竞争对手。有别于欧美市场对咖啡的喜爱，中国的消费者对茶的喜爱是欧美市场所不具备的优势，喜茶的售价、定位、提供的客户体验和星巴克相似，在客户的争夺上非常直接，而喜茶品牌 IP 的打造无疑是它在这些非直接替代市场进行竞争的重要支撑。

品牌 IP 化在全域营销增长时代有极大的现实意义。

首先，将品牌 IP 化是很多有流量、有销量，但无品牌的中国企业走出国门谋得长期发展必须要补的一课。构建具有自身特色的品牌 IP，推进品牌的长效发展决定着企业的寿命。

其次，品牌 IP 化对于降低企业的营销成本，强化企业与客户的黏性有积极的作用。依靠做大流量的粗放式增长时代已经一去不复返了，品牌 IP 化的构建助力企业自带传播势能，降低传播成本，品牌 IP 有极强的内容属性，而内容是打动客户、抢占客户心智的有效手段。以持续地产出品牌内容来增强客户黏性，最终这些品牌 IP 积累的势能将转变成持续的商业变现能力。

迪士尼就是一个很好的例子，拥有众多的 IP，每一个 IP 都被赋予了生动有趣的形象，比如玲娜贝儿并不是真实存在的人物，却有无数粉丝为之疯狂，网友亲切地称呼其为"川沙妲己"。

在品牌 IP 的打造上，要注重"利他"，这里的"他"是客户，企业专注的不只是通过提供更胜一筹的产品满足客户需求，而是回归本源，提供价值服务。无论是精神价值还是物质利益，都应该围绕价值营销展开，这是营销增长的机会之一，这些由不同的元素组成的"利他"价值体系构成了品牌 IP 特色。

从整体来说，品牌 IP 化就是先找到品牌的原型，然后不断地进化、强化，让客户对你的品牌产生辨识度，并形成强烈的感觉。善于提供情绪价值的品牌加上优秀的产品就会有超一流的表现。

2.1.4　新时代的品牌营销

这是一个追求流量极速增长和变现的时代，生存问题困扰着无数的企业，但是没有一家企业的营销可以脱离品牌营销而获得长期的成功。企业在效果营销方面付出了很大的努力，投入了很高的成本，也取得了很好的短期效果，但是因为没有品牌影响力的长期加持，导致许多营销费用被浪费，让人感到非常惋惜。

将全域营销和品牌营销结合起来看，没有一个全域营销策略可以脱离品牌而真正落到实处。营销的本质不是将你生产的产品卖给用户，从而实现销售增长，它的本质是为用户创造价值，实现共赢。所以，新时代的品牌营销应该回归本源，具体应做好以下几个方面的工作。

1. 建立清晰的品牌定位

菲利普·科特勒在《营销管理》一书中写过，所有的营销战略都建立在 STP 的基础上，即建立在市场细分（Segmentation）、目标市场选择（Targeting）和定位（Positioning）的基础上。营销策略的本质在数字化时代依然没有变，企业在构建品牌体系框架时，应该先进行清晰的品牌定位，品牌定位的目标是让企业和产品在用户的心目中占据一个独特的位置，这个独特的位置是相对于其他的竞争者而言的。

我在世界 500 强企业工作多年，遇到过一些企业高管，他们在销售管理、技术方面是精英，为企业的销售做出了杰出的贡献，但是当面对品牌定位的问题时，却总是存在疑惑，不是每个人都有清晰的认知。要回答品牌定位是什么，就要回答以下几个问题：（1）我们是谁？（2）我们的企业是干什么的？（3）企业的核心价值是什么？

一个好的企业定位既要能够总结企业过去的成就、核心优势，又要立足当下，展望未来，所以，在以上问题的基础上还要增加一个问题：企业未来的价值主张是什么？

以宝马品牌为例，它通过什么方式去强调它的定位呢？

首先，它的标识是最独特的，也是被全球公认的标识之一。其次，它一直在各种广告渠道（如电视、互联网媒体）强调它的价值主张 "Sheer Driving Pleasure"（纯粹的驾驶乐趣）。虽然同属于豪华车，但是它强调的价值主张和其他的竞争品牌的价值主张不同，从而在用户心中形成独一无二的印象，这便是定位的底层逻辑。

有了这个基础，通过所有的营销渠道去加深品牌在用户心中的印象，无论是户外广告牌、电视广告内容，还是短视频，底层逻辑都不会变，带来的结果必然就是它的这种定位不断地在用户心目中产生越来越深刻的印象，从而形成强烈的记忆，占领用户心智。

品牌定位有 3 个关键点。（1）一致性。所有的传播渠道包括 4S 店、体验店都要为这个定位服务，呈现内容和体验的一致性。（2）长期性。用户的印象不是通过一个爆品广告就可以加深的，而是通过一次次广告触达才可以加深记忆。（3）定位要反映品牌基因和传承，定位并非无中生有，一开始想要做什么样的品牌、能做到什么程度、如何满足用户的预期，体现在日复一日、年复一年的品牌积累上，这便是品牌基因。

2. 形成产品的差异化优势

在品牌定位中，品牌基因和价值的独特性可以帮助品牌形成差异化优势，品牌差异化优势是精神层面的。同样，精神层面的差异化优势需要和产品的差异化优势一起赋能品牌价值的增长，产品的差异化优势是物理性的，是看得见、摸得着的。以汽车行业为例，用户进入汽车展厅，看一眼、摸一下、试驾一下，花半天的时间就可以感知它的优势，并通过和同类车型进行比较，最后做出决策。

产品的差异化优势不仅体现在产品的功能和特点上，比如沃尔沃汽车以安全性著称，新能源汽车的优势是日常消耗成本低、环保，同时，产品的差异化优势还体现在整个品牌家族的产品矩阵优势上，比如汽车行业，在一个品牌下面通常会有很多款轿车供用户选择，包括三厢轿车、两厢轿车、SUV轿车，还包括 A 级车、B 级车、C 级车，针对不同预算的用户推出不同档次的轿车。一个品牌覆盖的群体越多，它的市场受众面越广，这时候新的问题就出现了，在这么多款产品中，哪一款产品是最被市场广泛接受的呢？

理想是现在新能源汽车中月销量较高的新能源品牌。2020 年，理想 ONE取得中国新能源 SUV 市场的销量冠军，它以理想 ONE 切入市场，目标用户是家庭人口较多的二孩家庭，品牌定位鲜明，其核心价值观为"创造移动的家，创造幸福的家"。理想汽车凭借其单一车型攀升到销量巅峰而成为新能源汽车界的奇迹。

在产品的差异化优势上，可以将产品"做深"（将产品的品质做到极致），可以将产品"做广"（推出多种产品矩阵策略），这是构建产品差异化的两个主要发力点。

3. 测量品牌资产价值

提升品牌价值是新的 CMO 上任后要做的第一件事情，品牌价值的提升体现在对品牌资产价值的衡量上。2021 年 Interbrand Top 20 品牌价值排行榜如表 2-1 所示。

表 2-1　2021 年 Interbrand Top 20 品牌价值排行榜

排行	品牌	品牌价值（亿美元）	品牌价值同比
1	苹果	4082.51	26%
2	亚马逊	2492.49	24%
3	微软	2101.91	27%
4	谷歌	1968.11	19%
5	三星	746.35	20%
6	可口可乐	574.88	1%
7	丰田	541.07	5%
8	梅赛德斯—奔驰	508.66	3%
9	麦当劳	458.65	7%
10	迪斯尼	441.83	8%
11	耐克	425.38	24%
12	宝马	416.31	5%
13	路易威登	367.66	16%
14	特斯拉	362.7	184%
15	脸书	362.48	3%
16	思科	362.28	6%
17	英特尔	357.61	-3%
18	IBM	332.57	-5%
19	Instagram	320.07	23%
20	SAP	300.9	7%

（数据来源：Interbrand）

许多高管深知品牌营销的重要性，于是给营销经理提了几个问题：如何衡量品牌价值？我如何知道在过去的一年中，一些品牌营销举措产生了什么样的效果？这些举措是行之有效的吗？

这是非常普遍的问题，Interbrand（品牌管理公司）每年都会发布全球Top100 品牌价值排行榜。该公司开发了一种模型，可以规范地评估一个品牌的货币价值。

在优秀的企业中，比如苹果、谷歌、可口可乐等，品牌价值通常会超过整个公司市值的一半，可见品牌对于企业的长期发展起着举足轻重的作用。

Interbrand 在评估一个品牌的货币价值时，通常以单独品牌创造的未来预期收益的净现值为标准，具体包含以下 5 个步骤。

（1）市场细分：在这一步中，需要确定的是不同细分市场的不同用户群体之间的差异。

（2）财务分析：Interbrand 评估购买价格、数量和频率，计算品牌化业务带来的利润，扣除所有相关的运营成本和资本费用。

（3）品牌化角色：在这一步中，很重要的是确认用户需求的驱动因素，接着确定品牌在各个因素中的直接影响程度，从而进行品牌归因，目的是计算在每个细分市场中归功于品牌的利润所占的比例。

（4）品牌强度：这个指标衡量的是品牌实现预期利润的可能性，会涉及品牌风险溢价，品牌风险溢价决定品牌贴现率。品牌实力越强，品牌贴现率越低。

（5）品牌价值计算：这是最后一步，通过以上分析得到的预测是品牌利润的净现值，以品牌贴现率折算，反映的是品牌持续产生收益的能力。

以上是 Interbrand 对品牌价值测算的复杂的方法论。一般来讲，企业在进行品牌价值的阶段性评估时，通过评估品牌知识对用户不同方面的实际影响就足够了，并不需要得出一个具体的品牌价值数值。更具有实践意义的是，评估企业在进行了相关的品牌营销活动后带来的结果变化，同时与竞争对手的品牌表现进行对比，以衡量该品牌在某个时间点、某个领域的品牌价值。

2.2　核心竞争力增强

2.2.1　核心竞争力的定义

我在外企工作多年，很多同事跟我说"本土企业的竞争力越来越强了"。

确实，百年老牌的外资企业的竞争力在逐渐减弱，不断地被本土企业抢占市场份额，比如在工业品领域，以前外企有明显的优势，品牌力、产品力、技术壁垒、渠道和服务优势明显，但是现在的本土企业有了一定程度的优势来满足用户的基本需求，同时价格更加低廉，对用户需求的反应更加敏捷，价格优势和敏捷性成为本土企业的巨大优势。如何形成企业的核心竞争力成为很多企业不得不去面对的战略性问题。

什么是企业的核心竞争力？

华为公司的 CEO 任正非说："什么是核心竞争力？客户选择我而没有选择你，就是核心竞争力。"

核心竞争力是指能够为企业带来比较有竞争优势的资源，以及资源的配置与整合方式。随着企业资源的变化及配置、整合效率的提高，企业的核心竞争力会随之发生变化。凭借核心竞争力产生的动力，一个企业可能会在激烈的市场竞争中脱颖而出，使产品和服务的价值在一定时期内得到提升。

核心竞争力有 3 个特点：（1）它是企业竞争优势的来源，能够被顾客感知，并且能够让顾客受益；（2）它能够应用到各个市场上，而非单一的细分市场所具备的竞争优势；（3）它有竞争对手难以模仿的特点。

2.2.2　核心竞争力的来源：差异化

企业增强核心竞争力的必要条件是差异化，差异化的来源有品牌定位的差异化、产品的差异化，这在前面阐述品牌体系的构建时已经提到。差异化的来源还包括企业竞争战略的差异化、渠道的差异化、供应链的差异化，总之要具有独特性。

在电商领域，京东和淘宝是互相竞争的两大巨头，现在拼多多加入，形成了三足鼎立的局面。京东成立之初，迅速抢占战略高地的差异化来源是它的自建物流体系形成的独特的仓储配送体系，大多数的 B2C 网站都是通过第三方物流合作完成配送的，在今天看来，自建物流体系是多么正确的决策，在物流体系获得快速发展的时代，"最后一公里"的用户体验几乎决定着用户选择的理由。拼多多的差异化战略是使用多种场景的趣味式的模式，即领取优惠券、分享和拼单团购的模式，让老用户把亲戚、朋友变为新用户，它的社团营销策略和口碑营销策略形成了独一无二的优势，完成了从"人找货"到"货找人"的转变。传统的模式是"人找货"，用户首先产生购买需求，然后去电商平台搜索，购买需要的产品；拼多多颠覆了"搜索—购买—再购买"的消费模式，形成了"拼团—优惠券秒杀—推荐朋友—低价购得产品"的新消费模式。同时，拼多多降低了平台的入驻费用，降低了平台商家的销售成本，也降低了平台上产品的销售价格。所以，无论是在供应端还是在需求端，拼多多都进行了新的战略布局，形成了从上至下的势能，快速地稳固了它的市场地位。

再以新能源汽车市场为例，这是汽车行业新的细分赛道，势头无比强劲，新能源汽车的竞争差异化优势很大一部分来自渠道差异化优势。传统的燃油车的市场渠道主要是 4S 店，由汽车厂家将车销售给 4S 店，再由 4S 店将汽车卖给用户，4S 店具有销售给终端市场的职能。

新能源汽车的销售模式发生了新的变化，即厂商直接选址，在各大繁华的、人流量大的商场开体验店，用户先进店体验，看好车后直接在网上下单，然后订单被传递到生产端，新能源汽车厂商负责生产，最终将新能源汽车直接交付到用户手中。

4S 店的职能从销售转为服务，销售的主体变成了厂商，而电商平台是销售的渠道和载体。

同时，传统的电商性质发生了变化，新时代的电商除了在天猫、京东等第三方平台开店，还通过小红书、知乎、抖音等平台"种草"，直接引流到电商平台进行销售，形成了新的销售趋势。社交营销和电商的职能进一步融合，两者的边界变得越来越模糊。

2.2.3   "隐形"冠军：集中优势资源

确定了差异化竞争战略之后，企业接下来要做的事情就是集中一切力量和资源将差异化战略落地，发挥最大的优势。集中优势资源应该成为企业发展的重心，在营销活动中的集中优势资源可以起到"四两拨千斤"的作用。

首先，集中优势资源把握重点用户和重点市场。

优质用户是企业的生命线，20%的重要用户可以完成80%的产品销量。在企业初创期，有了优质用户代表企业得到了用户的初步认可。在企业发展到一定阶段时，优质用户仍然是企业销售的保证、品牌的拥护者。

企业要集中最优质的营销资源，给予优质用户充分的服务支持，并将他们纳入与企业一同宣传品牌的阵营中。

其次，企业的市场预算通常在年初就已经确定了，在预算资源紧缺的情况下，营销活动可以先集中从一个区域开始。在取得明显的效果后，企业可以将营销活动扩散到其他的重点区域，这样可以保证在一个地区集中发力，迸发出最大的能量。同时在这个过程中，企业要不断地验证营销的方式，对策略和战术进行调整，做深、做透后扩散到其他区域。

再次，企业要集中优质资源在某一个品类中创造独特优势。德国企业诞生了许多"隐形"冠军，它们几乎不被人所知，但是在各自的领域保持着领导地位、高额的利润，最重要的是，它们具有超强的生存能力。它们的平均"年龄"为66岁，38%的企业"年龄"超过100岁。

这和传统的欧美大型跨国公司快速扩张，在全世界范围内攫取高额利润似乎有着完全不一样的发展战略和模式。前者小而美、稳扎稳打，后者大而猛、野心勃勃。

"隐形"冠军们专注于每一个价值链环节的打磨，从根本上聚焦于自己的核心业务。它们提供一流的细分领域的产品和服务，领导市场。市场领导力不仅来自具有压倒性优势的市场份额，还来自它在细分领域建立的在用户心目中的绝对领导地位。

分众传媒创始人江南春说，你要用最好、最快速的饱和攻击把钉子迅速打进用户心智中。

占领用户心智取决于以下几个方面。

（1）你的产品和专业服务是否能够持续满足用户需求、创造价值，帮助用户生产更好的产品。

（2）强大的品牌影响力。

（3）对一个领域专注和持续优化，建立在短时间内竞品无法模仿的组织和渠道优势。同时，在这个领域具有杰出的创新能力。

几乎所有的"隐形"企业都在持之以恒地做一件事情，它们是糊涂吗？为什么要错过发展良机不去做业务拓展呢？这是极大的"智慧"。因为对一件事情的执着和热爱，并坚定不移地传递着它所在领域的价值，这是最大的勇气，也是极致的生存方式。

在中国，这样的"隐形"冠军不少，他们是中国品牌的新兴势力，一进入市场便先声夺人，比如太二酸菜鱼只做酸菜鱼，企业最终上市了。这种专注地把一件事做到极致的商业模式被大家认可。

2.3　组织效能提升

组织效能提升往往是企业核心竞争力的来源，也是增长的原动力。公司卖什么产品，品牌形象如何、销售如何都取决于企业的人才，企业文化决定着人才之间如何协作、是否能够人尽其才，所以，企业的增长核心体现在组织效能的提升上。

2.3.1　组织效能的核心指标

组织效能是指组织实现目标的程度，主要体现在能力、效率、质量和效益4个方面。

能力的首要条件是企业招聘到优秀人才并且能够留住人才，降低人才流失率。除了人才，企业的能力还包括土地、资本、资源、工具、技术等各个能代表企业核心能力的要素。

效率是任何一个组织的基本要求，组织需要不断地提升效率。效率包括管理效率和运营效率，有效的市场营销活动、市场和销售的密切配合可以有效地提升企业的营销管理效率和运营效率，提高投资回报率。

质量是指企业所提供的产品（服务）的品质或功能可以满足目标客户的需求，真正地体现组织存在的价值。企业要以客户需求为出发点，有效地提供产品，使其功能能够满足客户的需求，这和营销的本质一致。

效益是指增加值或附加价值，是组织运行的产出，也是组织存在的基础。

无论企业的发展战略如何变化，提升组织效能都是企业的铁律。提升组织效能是企业管理的目的。

提升组织效能围绕人、产品、经营效率和结果展开。首先，人才是基石，其次是优秀人才之间的合作问题，即组织管理问题。下面我们就来谈一谈直面客户的两个比较重要的部门——市场部与销售部之间的协同问题。市场部与销售部之间的协同是当今组织管理的一项大挑战，作为对客户来说比较重要的部门，两个部门会因为彼此的利益、立场、观点等不同而产生较大的分歧，威胁部门之间的有效协作，从而降低组织效能。企业管理者对组织成员之间的协作起主要作用。

2.3.2　市场向左，销售向右

在全域营销时代，市场部和销售部的关系发生了什么样的变化？

在一个大型企业内部，市场部和销售部都是直面客户的部门。这两个部门通过最直观的方式有效地获得客户信息，获取客户对公司、品牌和产品的反馈。

客户是企业最重要的资产，是企业收入和利润的来源，营销人员和销售人员承担着直接服务好客户的重要职责。

所以，市场部和销售部能否互相配合和支持、共同服务好客户、为企业创造效益成为企业成败的关键因素。市场部和销售部的职能及关系的进化成为企业在数字化转型过程中最核心的组织变革环节，直接决定着组织效能能否提升。

首先是市场部和销售部的边界越来越模糊，以服务好客户、共同促进增长为目标。

市场部不再是花钱部门，而是赚钱部门。为什么营销行业这几年从以"创意"为核心转变为以"效果"为核心？表面上看是甲方向乙方传达效果营销的压力，归根结底，在于高管对于市场部的考核方式发生了变化，以前的考核内容是品牌、市场渗透、客户触达率，现在是 KPI 考核，如有效线索的数量、获得新客户的成本，以及单个客户产生的生命周期价值。

其次是市场部和销售部是取长补短、相互补充、相互促进的关系。

随着市场部的数字化，越来越多的市场部以数字营销和电商营销作为重点战略，这让许多以传统渠道和以销售为主导的企业产生危机感，它们认为以线上为代表的电商部和以线下为代表的销售部是有一定冲突的，线下业务的稳定性会受到日益增长的线上业务的冲击，其实则不然。

市场部的工作是为了业务的增长，所以，市场部与销售部的愿景及目标是相同的。无非是目标的拆分不同，这是企业管理的问题。如何把目标有效地拆分到不同部门，并让两个部门共同承担相应的责任，这是组织管理的问题。从这个意义上来说，未来的营销将更多回归战略和管理本身，而流量的获取和转化只是做好战略和管理之后的必然结果。

数字化时代重新定义了市场部和销售部的关系，但是这种关系不是互相排斥的，而是整个企业面临的商业生态发生了重大变化，即市场、销售、渠道、经销商、客户组成一个全新的"互联"生态，市场部在这个过程中发挥着重要的连接作用。

在数字化时代，数据和技术是市场部的两大法宝，赋予了市场部更多的责任和权利。由于大数据和数字化技术的快速发展，更多的营销人员可以利用海量数据作为有力武器来制定以客户为中心的数字化战略，比如 C2M（Customer-to-Manufacturer）的商业模式多被 B2B 品牌客户所用，又如跨境电商 SHEIN、Manner 咖啡等互联网和快消品牌都是应用大数据的一些成功的营销案例。

市场部以研究整个市场环境趋势、提供市场情报、建立市场战略为主要目标，并为销售部提供有效的销售线索，以维护客户忠诚度为主要职责；而销售部则以直面客户、转化大客户、与经销商共同服务好客户为主要目标，产生最直接的销售结果。

2.4　盈利能力增长

企业的本质是追求利润，生存成为很多企业的头等大事。首先，企业要生存下来。其次，企业要考虑长期发展，在遇到大环境不好或面临危机的时候，依然可以保持顽强的生命力。企业的所有活动应始终围绕长期的盈利目标进行，盈利能力是指企业获取利润的能力，也被称为企业资金或资本增值的能力，通常表现为在一定时期内，企业收益数额的多少及其水平的高低。

2.4.1　盈利能力的指标

盈利能力是指公司在一定时期内赚取利润的能力，这种能力越强，说明企业的盈利能力越强。那么企业的利润从何而来？首先，企业的利润来自销售收入。其次，企业产生这些销售收入会有一定的成本，可以用简单的公式表示：企业的利润=销售收入-成本。

企业的目标是尽可能多地增加销售收入，同时，降低成本使企业的利润最大化。其中，成本包括原材料成本、营销费用、管理成本、企业运营成本、利息成本等。

一般来说，企业销售管理层看简单的财务表现是看一个漏斗，即销售收入是漏斗的顶端，销售人员通过尽可能多地增加销售收入打开上半部分漏斗，减掉各种成本后获得净利润。

那么，影响企业盈利能力的主要因素是什么呢？营销能力是很重要的一个因素，它决定了企业可以吸引多少个新客户、维系多少个老客户，新客户产生的收入和老客户产生的复购收入构成了全部的销售收入。良好的营销是指在成本比较低的情况下获得较高的收益，其本质是能够通过正确的营销战略最大化挖掘客户需求。所以，挖掘客户需求成为全域营销重点关注的内容，品牌进入客户心智越深入，企业的销售收入越高。

一般来说，企业在经济环境不太好的情况下，很难通过进一步拓展市场创造更多收入，此时企业就会通过各种方式降低成本，比如裁员降薪。自发生新型冠状病毒感染疫情以来，一些企业选择缩减员工规模，优化组织结构，提高供应链效率，减少物流成本和采购原材料成本。

提升营销能力和控制成本是企业提升盈利能力的两种截然不同的手段，前者通过扩张、创造的方式进行，后者通过缩小、优化的方式进行，但是达到的目的是一样的。

2.4.2　盈利是企业增长的必然结果

盈利是企业增长的必然结果，而不是首要目的。尽管上市公司的 CEO 总是面对股东在股票价格及各种财务指标方面施加的压力，但是从本质上来说，CEO 作为企业的领导者，要推动企业发展，首先要做的不是追求利润，而是追求与客户共赢，为客户创造价值，提升客户体验，在这个基础上盈利是必然结果。

如果我们遇到一家企业不是把客户放在首位，而是把做更多的生意，在短期内创造更多的收入放在首位，那么这家企业的增长终究是不持久的。

我是做营销工作的，平时会遇到各种各样的供应商，他们的业务有与内容营销相关的、有与营销技术相关的，也有许多 4A 广告公司。如果大家只想着能从合作中获得多少利润，而不重视客户的需求，那么就无法与客户一起成长，无法从相互信任、相互合作中获得价值，因此，这种合作注定是短暂的。

企业在盈利的过程中，首先要尊重市场规律、顺应市场规律，根据客户需求的变化专注做产品，快速迭代产品。

近几年，营销行业大谈 SaaS（软件即服务）如何驱动增长，下面我就简单介绍一下。5 年前，随着微信的出现，SCRM（社交客户管理）软件如雨后春笋般出现，作为连接微信和传统 CRM 软件的桥梁，3 年前，是可以很好地满足客户对社交营销、收集线索及进行数据分析、线索管理的需求的。

随着营销数字化的不断发展和线上线下各种渠道流量不断整合的需求的增多，"以客户为中心"的营销模式成为主流。这时，只关注 SCRM 领域已经不能满足客户对于全域营销的需求。CDP（Customer Data Platform，客户数据平台）成为企业层面执行大数据营销的关键技术支撑，尤其是在大型企业内部，可以根据服务的客户对象和行业的不同设立多个事业部，各个事业部的数据通常是一个个"孤岛"，彼此不连通。作为数字化基建的一部分，企业将各个事业部之间的数据进行连通，进一步提升客户体验，CDP 的构建成为重要的数字化营销任务，很显然这时候的 SCRM 产品就必须快速更新到 CDP。

CDP 及大数据营销竞争的赛道已经非常拥挤，SaaS 软件公司开发系统的敏捷性和快速响应客户的能力成为其脱颖而出、实现最大化盈利的关键。

成功的企业之所以能盈利，不是因为它们从开始就追求从客户那里赚钱，而是因为它们能洞察未来数字化营销的发展趋势，尊重市场规律，站在为客户创造价值的角度，根据客户需求快速地开发和迭代产品。

2.4.3　盈利应遵循长期主义原则

什么是长期主义？

沃伦·巴菲特99%的财富都是他在50岁之后赚的，这就是长期主义和价值投资的重要性。

全球一些杰出的企业家几乎被媒体贴上了"长期主义者"的标签。霍尼韦尔公司前任CEO高德威写了一本名为《长期主义》的书，开门见山地提出，每家企业的管理者每天都要面临一个看似十分棘手的难题：是应该不惜牺牲公司的长远发展追求短期业绩，还是应该优先考虑长期战略，将季度或年度业绩抛在一边？

高德威强调，成功的领导者总是能够同时完成两件看似相互矛盾或相互冲突的事。也就是说，在充满挑战的时代，企业的领导者或管理者要秉持"长期主义"的理念，当组织中出现各种紧张的态势时，他们的职责就是从根本上解决问题，从而为企业创造更佳的业绩。

亚马逊的创始人杰夫·贝索斯是坚定的长期主义者，对长期主义的理解体现在"把用户放在首位，即使亏损也要进行扩张"。1995年，亚马逊成立之初只是一家售卖书籍的网站，1997年，亚马逊在美国纳斯达克上市，直到2015年的第四季度，亚马逊一直处于零利润的状态。其最大的原因是亚马逊主张在扩张前期应该给消费者更多的优惠，提供更加完善的服务，这种为了让利用户而降低企业利润的做法让亚马逊一度受到外界媒体和股东的非议，但是此后它高歌猛进，坚持20年零利润后终于在2019年，快速地占领美国电商市场，市场份额高达52.4%。这种坚持"客户优先，盈利在后"的理念树立了长期主义的良好典范。

我们看到，在国内，很多"后来者居上"的互联网企业走在长期主义的道路上，比如跨境电商平台SHEIN。

2.4.4　SHEIN 的突围之路

像 SHEIN 这样的跨境的 DTC（Direct To Consumer，直面消费者）快时尚服装品牌是电商领域最大的黑马，2020 年融资 30 多亿美元。DTC 是品牌在初创阶段，通过去经销商，借助社交媒体获客、私域流量运营等方式实现低成本从 0 到 1 迅速扩张市场的模式。

2021 年 5 月 10 日，全球最大的传播集团 WPP 联合 Google 正式发布《2021 年 BRANDZ™ 中国全球化品牌 50 强》报告。该报告显示，SHEIN、Anker、Zaful、Gearbest 和 Aukey 等跨境电商卖家均位列其中，其中跨境快时尚服装品牌 SHEIN 位居第 11。图 2-1 所示为 2021 年 BRANDZ™ 中国全球化品牌 50 强图。

图 2-1　2021 年 BRANDZ™ 中国全球化品牌 50 强图

在图 2-1 中，名列前茅的是阿里巴巴、字节跳动、小米、华为、联想等让人耳熟能详的互联网企业和中国制造企业，SHEIN 独树一帜，可见其在国外深远的品牌影响力。

SHEIN 是一家成立于 2008 年，总部位于江苏省南京市的跨境快时尚服装品牌，深耕快时尚女装垂直领域，产品主要销往海外（北美用户占 50% 以上），不提供国内物流服务。2019 年，SHEIN 的销售额为 28 亿美元，2020 年，其销售额突破百亿美元，无论是交易体量，还是增长速度，SHEIN 的表现都在中国品牌和电商领域中一枝独秀。

SHEIN 无论是在商业模式的创新实践方面，还是在中国品牌走出国门迅速崛起并成为全球品牌方面，在短时间内获得巨大成功是在多变的数字化时代的特殊现象。但是，特殊的背后有同样的底层逻辑，SHEIN 的成功因素无外乎以下几点。

1. 商业模式定位垂直聚焦

在跨境快时尚女装电商领域，任何平台或商业模式的走红一定是先做到专注，聚焦某个领域成为这个领域的领头羊之后进行扩展的，这和特劳特的"定位"理论是不谋而合的。

在某个领域内占领客户心智，才会有后来的故事。

"定位就是让企业的产品或服务在客户心智中占据最有利的位置，并获得客户的优先选择，从而代表某个类别或某种特性。"

SHEIN 在客户心目中留下的印象是在跨境时尚女装电商领域中除了 SHEIN，客户大概不会想到其他与其有类似定位的品牌。

SHEIN 的愿景是"创立世界级快时尚品牌平台"，产品方面侧重于"聚焦快时尚，为年轻人打造时尚优品"。"时尚优品"这个产品定位显然已经让 SHEIN 在扩大规模的过程中，把品类限制取消了。从女装到全品类、从聚焦到全面，在扩大规模的过程中容易出现失去重心的风险，如何避免出现风险是 SHEIN 在品类扩张中需要审慎思考的问题。

2．产品维度宽，价格低廉

商品的本质属性是价值，而非价格。SHEIN 的产品价格非常低，一件设计新颖的连衣裙的价格为 10 美元，几乎其所有连衣裙的价格都不会超过 20 美元，这个价格不要说对于发达国家的女性客户来说，对于国内女性目标客户来说都是非常低的，同品类连衣裙的价格为 40～50 美元，它们在价格上有非常大的差距。但商品能卖得好，核心在于其价值，SHEIN 的产品卖得好，同样不是因为其价格低，否则不可能有回头客。

虽然 SHEIN 的产品质量和同竞品类似的设计一直饱受诟病，但是在这个价格区间内，能生产设计时尚、满足国外女性客户需求的产品是因为其把握住了客户的痛点。以较低的价格买到设计感很好的衣服，这已经完全可以满足大部分目标客户的需求。SHEIN 网站的页面如图 2-2 所示。

图 2-2　SHEIN 网站的页面

3. DTC 模式实践，打造柔性供应链

DTC 模式是直面客户的商业模式，本质是"去中间商，去差价"，少了渠道，节省商品的流转成本，压缩渠道的利润空间，同时通过收集一线客户的反馈直接反映供货需求，形成更快、更强的柔性供应链。

SHEIN 采用 DTC 模式，将库存压力留给自己以减轻供应商的压力，但对供应商提出了更高的要求，如"现货 40 小时内发货，备货 5 天内发货（业内备货的平均交货周期通常为 15～20 天）"等。DTC 模式的特点是快、成本低，这让 SHEIN 具有了优于其他线下快时尚品牌的核心竞争力。

SHEIN 的电商运营模式是自营，不像天猫这样的开放交易平台，所以有库存压力和现金流压力，但正是这样一种重供应链模式，让它对品牌的各个环节拥有了完全的掌控权。同时，这种自营模式带来的另一个问题是，随着品类的拓展，对其减轻库存压力、现金周转能力和销售能力的要求进一步提高。

4. SHEIN 是社交营销鼻祖

SHEIN 利用了"网红"流量的红利，成为第一个"吃螃蟹"的跨境电商品牌。2012 年，SHEIN 成立之初就同各种类型的"网红"KOL（关键意见领袖）合作，主要包括 fashion、style、beauty、makeup 类型，粉丝多的有几百万个到上千万个，形成了小"网红"做流量和外链、中部"网红"带货、头部大"网红"做品牌传播。

SHEIN 有非常清晰的"网红"策略，在进行流量收割的同时，注重品牌传播，这大概是国内"网红"营销和国外"网红"营销的显著差异。在国内，头部"网红"是用来收割流量、做效果的；在国外，头部"网红"和品牌的合作模式主要以品牌植入、突出品牌形象为主。在传播内容上，有真人试穿解说、真实点评，而不是赤裸裸地以强调产品卖点为主，这时候的传播就有了真实性，流量就有了长期性，产品测评、推荐环节带来的真实流量源源不断地涌入，为平台注入了活力，对品牌塑造起到了潜移默化的作用。

　　SHEIN 的成功不是偶然的，成功的商业模式定位、高性价比的产品、敏捷的供应链，加上成功的 DTC 营销实践、注重长期品牌发展的思维造就了在几年内快速崛起的价值百亿元的品牌，其品牌价值大有赶超互联网巨头之势。作为走出国门的互联网品牌，SHEIN 凭借勇夺海外市场的经验成为实现全球化的国内品牌的成功案例，值得学习。

第 3 章

全域营销增长方法论

3.1　"1+2+3+4"模式

"1+2+3+4"的金字塔模型构成了全域营销增长体系。全域营销增长体系适用于各行各业、不同类型的企业和商业模式。

"1+2+3+4"模式指的是一个核心，两个抓手，三个闭环，四个落地。全域营销增长体系如图 3-1 所示。

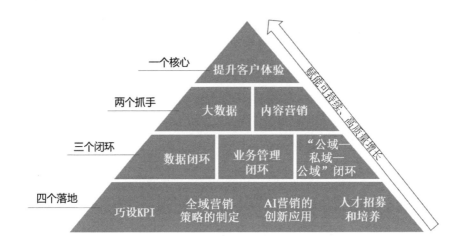

图 3-1　全域营销增长体系

如果开展与全域营销相关的工作，那么只有一个重点，就是提升客户体验。提升客户体验是成功的全域营销的核心。无论是进行公域引流、私域用户运营，还是进行全渠道、全数据、全流量的整合，这些举措的根本目的都是提升客户体验。

全域营销策略的制定需要遵循"一个核心，两个抓手，三个闭环，四个落地"的中心思想。"一个核心"是提升客户体验，"两个抓手"分别是大数据和内容营销，"三个闭环"分别是数据闭环、业务管理闭环和"公域—私域—公域"闭环，"四个落地"分别是巧设 KPI、全域营销策略的制定、AI营销的创新应用、人才招募和培养。

除了提升客户体验是可以感知的，在全域营销增长体系中，几乎所有的营销因素都像"看不见的手"，决定着前端可感知的客户体验，进而决定着客户对产品的好感度、如何看待品牌和是否愿意购买产品。

前端客户能看到的品牌所呈现的营销内容、营销活动，以及在营销活动中产生的客户权益等都只是全域营销中的一部分内容。营销人员为了打造近乎完美的客户体验可能需要在背后付出许多努力，如制定内容营销战略、大数据营销战略，以及数据的应用、营销工具的实施、高效组织的构建和营销人才的培养等，这些是营销背后"看不见的手"，它们直接主导着前端客户感受到的客户体验和看得到的营销结果。只有对外提升看得见的体验，对内修炼看不见的内功，并按照"小步快跑，快速迭代"的操作模式，才有可能取得短期和长期的成功。

3.2　客户体验是核心

詹姆斯·麦肯锡指出，将客户体验做到业内顶尖的企业往往具有更出色的客户洞察力、客户黏性、员工满意度，其增速与财务表现均略胜一筹。

HubSpot 的一项调查显示，提升客户体验将使客户忠诚度提高 92%，销售收入增长 84%，运营成本降低 79%。这是重视客户体验带来的好处。

研究表明，如果不重视客户体验，那么只要遇到一次糟糕的服务体验，25%的客户就会流失。这个数字是很惊人的，在客户流失之后想要重新赢得他们的芳心几乎不太可能，或者说要付出比平时高太多的代价。

银行、汽车、快餐、电信、茶饮等多个行业的研究都表明，客户体验和企业增速之间的正相关关系愈发明显，愉悦的客户体验不仅有利于开拓新客户，还能从老客户那里收获更多的价值。

企业"增长至上"的原则似乎包含着对客户体验的牺牲。尽管各个行业的情况各不相同，增长方式千差万别，但是客户体验越来越成为企业保持高速增长，并走向卓越的关键因素。

客户体验到底是什么？

詹·卡尔森在 38 岁时担任巨额亏损的北欧航空公司的 CEO，在一年之内使北欧航空公司成为全球利润最高的航空公司之一。他在 48 岁时撰写《关键时刻 MOT》一书，让 MOT（关键时刻）理念风靡全球管理界和企业界。他在这本畅销书里这样定义"关键时刻"：在任何时候，当一个顾客和商业的任何一个层面发生联系时，无论多么微小的联系，都是一个形成印象的机会；对航空业而言，"关键时刻"包括当你打电话预订一个航班的时候、当你抵达机场检查行李的时候、当你下飞机受到航空公司工作人员热烈欢迎的时候……

我认为，客户体验就是无数个这样的"关键时刻"带给客户的对品牌的整体感受和认知。

3.2.1 对客户体验的误区

在中国，营销人员对于客户体验的重视程度是远远不够的。90%的客户认为，在提供良好的体验方面，大多数品牌都未能达到他们期待的结果。

客户体验是一种客户在使用产品的过程中建立起来的纯主观感受。良好的客户体验有助于公司不断地完善产品或服务。所有的客户接触感受的差异构成了客户对一家企业独特的体验认知。

正因为如此，客户体验是容易被品牌所忽视的指标，不像一些硬性的指标，比如网站浏览量、跳出率、停留时间、线索数量、线索转化率、客单价，可以用数字来衡量，但是它对于是否可以获得新客户的好感从而促进新客户的转化，对于是否可以增强客户的忠诚度、长期留存老客户有非同寻常的意义。

这个 90%的数字可能会让很多营销人员感到费解和震惊，同时对营销人员敲响了警钟，即到底哪里才是营销人员应该重点发力的地方。

对于客户体验来说，营销人员不要陷入以下误区，或者说在提升客户体验的过程中，或多或少会遇到以下一些挑战。

（1）客户体验就是要面面俱到，让客户对各方面都满意。

（2）客户的口味千变万化，在短时间内无法全部满足。

（3）在短期内提升客户体验并不能为营销指标带来增长，性价比不高。

（4）高管只会拨出某些项目的营销预算，对于提升客户体验的预算从哪里来并不清楚。

（5）客户体验的有效性太难衡量了，不应该作为评价营销人员的硬性指标。

（6）如果为提升客户体验付出努力，那么营销人员就无法看到市场部的价值了。

对于以上这些客户体验，营销人员所面临的挑战是不言而喻的，同时因为这些实际情况所带来的挑战让许多营销人员在以提升客户体验为目的，做出营销努力时会感到很沮丧。

从客户视角来看，我们可以描绘出理想的客户体验应该有什么样的呈现。经过对上面客户体验误区的分析，我们可以描绘出理想的以客户视角切入的客户体验框架图，如图 3-2 所示。

金字塔的底部是满足客户的基本需求的体验，预期达到以时效性为主的衡量目标，以调研客户满意度为主，这时候客户对品牌的情绪体验和感知是"这个品牌值得我信赖"。而在客户体验属性的上一层级则更进一步，客户希望品牌能够提供简单、方便的体验，付出更少的努力获得同样的结果，这时候提升的是服务客户的效率，降低了服务客户的成本。金字塔顶部要提供非常出色的体验，让客户感觉到与众不同、出类拔萃，从而成为品牌的拥护者，感到愉悦。

客户体验的设计从金字塔底层开始，企业不是一开始就主动给客户传递超出他们期望的体验，而是从满足基本需求开始，让客户感觉很方便。体验设计层级逐步提升的过程是客户对品牌忠诚度不断提升的过程，最终卓越的客户体验让其成为品牌的超级客户，不仅可以自己购买产品，还能积极推荐、自发推广产品。

图 3-2　客户体验框架图

3.2.2　客户体验不等同于客户满意度

客户满意度是衡量客户体验的一个重要指标，但它并不等同于客户体验。客户体验不要面面俱到，让客户觉得各方面都满意，这样的话营销人员根本做不到。客户体验没有绝对的定义标准，客户体验的定义应更加符合企业的发展需求，企业的发展需求完全取决于企业发展战略和客户洞察。

对一些企业来说，比如京东，它自建物流的策略反映了它把"客户购物的基本需求和便利性"放在第一位，满足客户快速、便利地取得所购商品的体验。又如淘宝，在电商平台发展的早期，很多人对于资金的安全性有很大的顾虑，后来淘宝推出了支付宝，首创了通过第三方保管资金的交易模式，以保证交易的顺利进行和买方资金的安全性。这反映了淘宝以"提供安全性为先"的基本客户体验属性，从而为客户消除了网络购物的后顾之忧。

对于不同类型的企业，根据其愿景和使命的不同，以及其所处发展阶段的不同，企业可以进一步对"出色的客户体验"及"提升哪些方面的个性化客户体验"进行充分的定义，并且可以随着时代的发展和客户需求的变化，对客户体验的定义进行调整。

对于客户需求的多样化确实没有办法全部满足，其中的核心是抓住客户最本质的需求，首先要形成正确的认知。很多管理者认为，客户体验的提升等同于客户满意度的提升。其实不然，客户体验需要经过系统化的思考、有计划的落地，是长期沉淀和优化的结果，并不是一蹴而就的，而客户满意度是指在某个时间点，客户对品牌的主观感受。也许一个客服中心的电话回访就帮助他解决问题，品牌满意度立刻就提升了，所以这里有很大的变化可能性。但是对于客户体验来讲，经过系统性的规划、部署之后，得到的客户对于全渠道、全周期的过程中的感受应该是一致的。

3.2.3　重视个性化体验

客户体验的最高衡量标准是个性化。在客户充分追求个性化体验的时代，是否真的可以做到全方位地满足客户对于良好体验的期待？客户体验到底进行到什么程度才是好的客户体验？

虽然无法全部满足客户在当下某个时间点、某个场合的特殊需求是很正常的事情，但是应该看到客户需求的多样化和个性化，这是大趋势。本着尊重客户个性化体验的需求，品牌商应该针对不同的客户设计不同的体验方式，给予客户多样化选择的可能性。下面用一组 Movable Ink 调查了 1000 个客户之后得到的数据来说明客户个性化体验的重要性。

26%的客户表示，当某个品牌的个性化设置错误或不准确时，他们会推送电子邮件。

68%的客户表示，如果品牌能够吸引人并与他们建立个人关系，他们很可能成为忠诚的客户。

客户最有可能在时尚（44%）、媒体和娱乐（42%）、健康和美容（38%）

行业中注意到个性化沟通。

56%的客户被品牌的大量信息所包围，个性化信息的推送迫在眉睫。

61%的客户表示，当一家企业在其品牌内容或沟通中为他们创造个性化体验时，他们可能会购买该企业的产品或服务。

33%的客户表示，曾收到不符合他们需求的产品推荐。

客户表示，在购买或评估企业、产品或服务时，来自品牌或企业的信息对他们的决定有帮助的权重占比为：最初研究阶段占 23%，最终决定阶段占 18%，初次接触后占 17%，购买后或继续接触后占 17%。

36%的客户表示，在过去的一年里，他们从品牌那里得到的沟通变得更加个性化。

47%的客户表示，在所有的渠道中，品牌提供相同的体验对他们来说很重要。

品牌没有跟上全域体验的步伐。37%的客户表示，与他们互动的品牌或企业只是偶尔在所有的渠道中提供相同的体验。

在当今数据驱动的消费环境中，保护客户数据是企业的一项重要任务，也是重视个性化体验、提升客户信任度的重要指标。

一方面，企业需要掌握客户数据以了解客户，提供个性化的客户体验；另一方面，个人信息和隐私保护成为衡量每家企业数据合规性的重要标准。

有数据表明，重视个性化体验的企业，将时间、精力和资源投入创造定制体验，其投资回报率（ROI）正在增长。客户表示，与 2017 年相比，他们有可能购买更多的产品并向朋友和同事推荐，把更多的费用花在持续提升个性化体验的产品中。

这个现象无疑给当今产品严重同质化的市场和正在进行价格战的企业注入了一支强心剂。尊重客户的个性化需求，帮助客户针对自身实际情况以获得良好的体验，并且在提供良好体验的过程中，始终保持高质量的一致性，是客户体验规划师的当务之急。

"熊猫不走"是中国这两年崛起的"网红"品牌，在烘焙行业整体下行的大背景下，做到了逆势增长，在短短 3 年里，年营业额突破 8 亿元，在北京、广州、杭州、成都等一二线城市都可以看到它的身影。

在很多情况下，一个品牌崛起的很大一部分原因是时代的红利，比如先占优势，但是"熊猫不走"是如何做到在没有占据先入者红利优势的情况下势如破竹的？其背后的营销理念其实是很别出心裁的，尤其体现在注重个性化的客户体验方面。

订过"熊猫不走"蛋糕的人可能对它的送货环节印象十分深刻，因为它的送货环节非常特别。"熊猫不走"选择让"熊猫人"送货上门并根据不同的场景表演不同的节目。比如，如果小朋友过生日，那么它会给小朋友变出一些棒棒糖；如果是给职场的员工庆生，那么它会邀请员工参与一些好玩的游戏来活跃氛围，让紧张的工作得到片刻的放松，以便更好地投入工作中。

"熊猫不走"抓住的是客户订购蛋糕是为了获得生日仪式感的需求，在蛋糕口味、品质以外通过创新个性化的体验，将客户摆在至高无上的位置，满足客户的情绪价值。它跳出烘焙行业"产品第一"的理念范畴，创造更多的增值服务并以此作为核心牢牢抓住客户，形成口碑扩散效应，让更多的客户为之买单并且创造更多复购可能性。

3.2.4 客户体验的有效性可以衡量吗

很多营销人员认为，客户体验的有效性太难衡量了，不应该作为营销人员的硬性指标，它更像一个虚无的指标，所以围绕客户体验展开的营销活动似乎变得可有可无。正因为如此，营销人员围绕客户体验做出的努力似乎很难让其他的业务部门看见其价值。优化客户体验价值的衡量问题再次受到关注，这是摆在营销人员面前的很大的挑战。

事实情况是，如果无法证明其价值，那么营销人员很可能就会拿不到相关的预算，没有相关的预算，客户体验的可优化空间就会大大缩小，这似乎就陷入了一个负面循环中。

缺乏一致的衡量指标和持续的"数据孤岛"是制订客户体验提升计划所面临的很大的难题。另外一个挑战是，客户从一个渠道跳转到另一个渠道是很常见的。在企业层面开通并维护的渠道很多，比如，官网、微信公众号、视频号、抖音号、各种付费媒体等。客户可能主动或被动地被某个营销活动吸引，从而由一个渠道跳转到另一个渠道。在此过程中，缺乏有效的客户轨迹监测工具会导致客户的背景信息收集不足，从而无法对客户体验的全部轨迹和行为做出全面、客观、正确的评估与判断。

麦肯锡的客户体验监测金字塔模型如图 3-3 所示。在理想的客户体验监测体系中，客户旅程处于核心位置，并与其他的关键因素彼此相连。

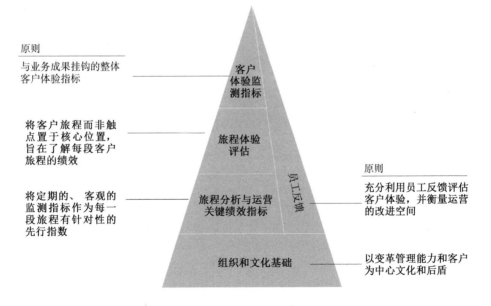

图 3-3　麦肯锡的客户体验监测金字塔模型

客户体验监测指标是金字塔顶尖的指标，中间部分是旅程体验评估、旅程分析与运营关键绩效指标，底层是组织和文化基础，这是支撑客户体验设计改进的坚实后盾，同时员工反馈在客户体验监测的过程中起着重要的推动作用。

由于提升客户体验的需求在不断增加，企业 CMO 将提升客户体验作为重点任务势不可当，对客户体验有效性的衡量迫在眉睫。而客户旅程的设计和对关键指标的衡量是对客户体验进行整体衡量的重要组成部分。

企业可以从定量和定性两个维度制定衡量客户体验的 KPI。客户满意度是最重要的衡量客户体验的指标之一，其他的关键指标包括客户忠诚度，客户全生命周期价值和新客户的获取、复购率、互动次数等。

定性指标是指客户定期的满意度，以及对品牌的主观感受等，比如品牌宣传的内容是否与客户的主观感受保持一致，客户在不同的渠道感受到的品牌体验是否一致。这些定性指标可以从调研中经过分析后得出结论。

定量指标包括以下几个方面。

（1）网站流量指标：网页浏览量、独立访客数量、访问次数、平均每一位访客浏览页面的数量。

（2）网站互动指标：网站停留时间、跳出率。

（3）社交媒体互动指标：点击数量、评论数量、转发数量。

（4）客户的忠诚度体现在客户留存率上，等于老客户数/总客户数，比值越高，说明客户留存率越高，客户越有长期性。

（5）客户终身价值：客户从接触产品开始到退出，其间所产生的价值贡献总量。

（6）新客户获取：在一段时间内获得的新客户有多少，其数量占总客户数量的比例是多少。

（7）客户流失率：客户流失率越高，越需要提升客户体验来留住老客户。

（8）运营成本：提升客户体验以降低运营成本。

在衡量这些指标的背后，更重要的是看到衡量值的意义，以及这些衡量

值对接下来制订客户体验计划的启示。这些衡量指标可以帮助营销人员明确
优化客户体验的目的，制定合理的优化指标并付诸行动。

在实际执行的过程中，我们无法掌控潜在客户在不同触点之间不断跳跃
的行为，但是企业面临的"数据孤岛"局面可以被打破，通过优化组织构建
数据中台，建立有效的 KPI 衡量和数据监测机制，可以尽可能地将客户在客
户旅程中不同触点的行为进行捕捉和处理，从而以上述指标反映客户体验到
底如何。

3.2.5　客户体验设计由谁负责

客户体验设计属于企业顶层设计战略的一部分。随着数字经济时代的到
来，企业需要以差异化的思路聚焦核心客户旅程，对客户旅程进行数字化改
造。越来越多的高管需要肩负起推动整个组织开展客户体验数字化转型的任
务。那么客户体验设计究竟应该由谁来负责？

Adobe 公司的一项调查显示，2022 年，亚太地区的大多数企业开始加
大对客户体验管理的投资（占比为 59%），领先于北美（占比为 57%）与欧
洲（占比为 53%）的同行。无论在哪个地区，占比高达 50%以上的调研结
果，足以说明客户体验对全世界各个地区的营销工作而言，投入必要的资源
和人力来推动此项工作非常必要。同时，亚太地区的大多数企业希望加快对
客户数据技术的投资（占比为 60%）。实际上，对数据技术的投资有助于进
一步提升客户体验，两者息息相关，我在后面的内容中会具体分析两者之间
的关系。

那么，客户体验设计该由谁负责？是不是应该由市场营销部负责？

新型冠状病毒感染疫情的发生进一步推动了以客户为中心的体验提升策
略的实施。提供出色的客户体验需要各部门齐心协力，其中营销部承担着更
大的责任。

图 3-4 所示为数字化转型职责调研图，无论是在北美地区，还是在欧洲、中东和非洲，以及在亚太地区，关于客户体验策略，大家一致认为应该由营销部负责，三者的占比分别为 45%、41%、36%。客户体验策略排在数字可用性、数字化转型策略这两项工作的前面。

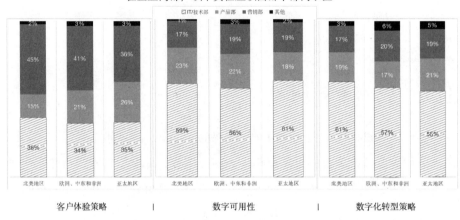

图 3-4　数字化转型职责调研图

在亚太地区，35%的客户认为客户体验策略应该由IT/技术部负责，这个占比几乎与营销部的占比 36%不相上下。与亚太地区相比，在北美和欧洲、中东、非洲地区，大家似乎认为营销部的职责更大一些。

除客户体验策略以外，和数字化相关的其他两项工作，数字可用性和数字化转型策略在全世界所有的地区都被认为应该是由 IT/技术部领导完成的。

客户体验设计部门在很多企业的营销部中是很新的职能部门，这个职能部门的一半人员都为品牌营销人员或数字营销人员，而没有专门设立客户体验设计部。从服务商的角度来看，专门的客户体验设计部很少，它们不只是创意部门，既要肩负顶层战略设计的工作，又要深入了解客户需求和营销场景，协助甲方人员和乙方营销人员完成将体验设计路线图落地并推向市场的工作，最终接受市场的检验。但是这个职能部门的重要性往往被许多市场营销的领导忽略。

客户体验提升不只是在从事市场营销活动时完成的工作，也不只是一项营销目标，而是应该专门作为一个营销模块被重视起来，在后面的章节中我会提到如何进行客户体验设计。

3.2.6　培养客户体验思维

提升客户体验要从培养营销人员、IT 人员、数字化转型人员的思维模式做起。不是只有营销人员需要培养客户体验为上的思维模式，其他相关的职能部门也需要培养这种思维模式。

提升客户体验已经不再只是营销人员的义务。调查显示，58% 的公司认为客户体验部门应该首先向执行董事会 CEO 汇报，其次是向运营部、销售部汇报，最后是向市场部汇报。所以，优化客户体验从企业战略层面来说是一个重要因素。

以官网这个重要的营销渠道为例，一般情况下，市场执行人员或 IT 人员对某个网站进行功能优化时，要多问为什么这么做，而不只是执行，这关系到思维模式的培养。

如果你具备了客户体验的思维模式，网站功能是不是合理、有没有必要花费这么长的时间进行沟通，完成功能的升级优化比执行这项工作可能更重要。首先一定要问"为什么"，其次是问"怎么样"。

我曾经就职的一家世界 500 强公司在全球一共有 600 多个网站在运行，除了项目上线的一次性成本，还需要花费很多预算，并且需要大量营销人员去维护这些网站。基于此，公司从上到下进行改革，在 3 年内成功地将全球的网站从 600 多个减少到 150 个，这是一项非常了不起的营销成就。为什么？从客户体验的角度来说，如果客户登录不同的网站，看到的是类似的内容，但是它们是不完全一致的信息，那么对于客户体验的一致性表达显然是不利的。同时，从内部运营效率的角度来说，有限的客户被很多网站分流，不利于网站团队的统一管理，反而会消耗大量的精力和资源。

所以，企业市场部从开始推行这个项目以来，遵循优化客户体验的思维模式，对网站的功能、内容框架结构设计、品牌标识统一化、信息的一致性传达、网站与社交媒体的连接等方面做出改变。从客户调研开始，在调研的过程中，我们不仅要去调研客户，还采纳了企业内部各个部门（工程部、销售部、产品部）的核心人员对网站建设的不同意见，对他们进行了一对一的采访，他们是网站的用户。同时，公司引进了专业的数字营销供应商来提供相应的创意设计、内容规划和开发服务，进行反复的客户体验，并进行内容、功能等多维度的测试。最终在网站上线后的一次民意调研显示，网站的用户反馈满意度提升了 20%以上，无论是网站的加载速度体验，还是信息传达的体验、找到想要了解的内容、展现品牌形象等各维度的客户体验都得到了大幅度提升。

网站上线后，网站的优化工作没有停止，后期继续通过搜索引擎优化（SEO）、批量下载等功能不断改进、完善基础工作。在网站上线后的第一季度，我们对网站的留资情况和去年同期做了对比，留资转化从网站流量转化到线索收集的比例提升了 30%，前期的客户调研、内容和创意规划、技术开发和测试工作没有白费，客户体验做好了，后面取得好的结果就是理所当然的了。

同时，在大公司中，在从事这样的工作时会面临很大的挑战。在跨国企业内部，官方网站通常由全部门统一管辖，用的后台制作工具和系统是全球标准化的。这个时候，任何一项功能的定制都需要经过和总部进行漫长的沟通，先理解需求，然后分派 IT 资源完成工作。如果营销人员或 IT 人员能进行有效的判断，可以判断哪些功能升级是值得做的，哪些功能升级是没必要花费精力的，那么就会有事半功倍的效果。所以，在进行这样的沟通时，先要具备客户体验至上的思维，如果确实是对提升客户体验有帮助的，就要整合各种可以整合的资源，全力推进；如果对客户体验优化没有太明显的帮助，就跳过这些流程，费力地去完成一件事情没有太大的必要，这样做可以帮助你把有限的资源和精力放在最需要优先完成且最重要的事上。

战略营销专家小马宋说："营销，不是一下干一件大事，而是做对一系列小事。"这句话非常适用于客户体验优化这项工作。对于一个小品牌而言，无论如何，它的资源、品牌影响力都无法与成熟的大品牌抗衡。在这种情况下，你只能从小事中去寻找突破口，去做很多微小的改变，比如从产品包装、Logo、网站设计、宣传物料等方面去想办法。

具备客户体验为上的思维模式，可以起到部门之间有效沟通的作用。用客户体验的思路可以有效地解决很多冲突。不同部门之间的专业领域有所不同，因此对于不同事物的审视角度各不相同。正因如此，在工作中常会有彼此互不理解，甚至产生冲突的现象。比如，私域营销人员对某个术语非常熟悉，但是销售部可能并不理解，如果从客户体验的角度去解释可能就很容易理解了。私域的背后是客户的信任、有温度的连接，它们可以创造品牌与客户、客户与客户之间进行连接的机会。

营销人员的成功不取决于对销售机会的发掘，而取决于对客户关系维护做出的综合性贡献。改变衡量标准是发展营销团队及提升他们在更大的组织中发挥作用的最有效的途径。营销人员与其把 KPI 限制在绩效指标上，不如把客户的长期成功（客户生命周期价值）列为重点，从而保证将人员和资源投入到服务客户上，从而为客户提供更好的体验。

3.2.7　数字技术重塑客户体验：营销自动化

随着客户体验设计成为营销的重点战略，利用数字化技术可以加速客户体验设计的升级改造，营销自动化是营销领域中重要且普通的一项数字应用技术。

营销自动化的意义体现在两个方面：一方面提升了营销效率；另一方面

切实优化了客户体验，通过应用营销自动化技术直接给企业带来营销效益。

一般情况下，讲到营销自动化，我们自动地就会和 SaaS 软件服务商联系起来。市场上耳熟能详的软件有 Adobe 系统公司的 Marketo、Adobe Campaign，Oracle 的 Eloqua，Salesforce 的 Pardot，还有本土的一些软件，如 SINObase、Convertlab 等，但与其说它们是一种软件，不如说它们是一种基于软件的新型精细化的数字营销方式。这些软件解决的是营销目标、营销受众和营销效率的问题。

营销自动化工作分成营销自动化的软件选择、部署应用及营销自动化的流程管理。为什么营销自动化对提升客户体验如此重要？主要原因有以下几点。

（1）营销自动化可以突破时间的限制，第一时间回答客户的问题，从而提升客户满意度。在传统场景下，客户出现问题后，拨打品牌的热线电话，但是通常大部分的热线电话都有时间限制，客户需要在工作时间拨打，如果在非工作时间出现问题，那么只能通过留言的方式解决，第二天客服人员看到客户提出的问题会进行回答。所以，客服人员可能并不能即时满足客户的紧急需求。

如果企业部署了营销自动化软件，比如在品牌的官网上或微信公众号上设置了基于人工智能技术的智能机器人客服，那么对于客户来说，无论何时看到品牌产生兴趣之后和品牌互动，企业都能第一时间响应，而无须等到第二天。时间要素对于全域营销的重要性不言而喻，如果企业回应时间长、回复不及时，就容易造成客户流失。

（2）营销自动化可以突破空间的限制全方位地服务客户，提升客户体验。举个例子，客户对某个品牌产生兴趣，客服通过客户在官网上留下的个人信息进行回电，但是在这个时候，客户可能在开会，无法接听电话。客服人员在打了两个电话后无果，就会判定其为无效线索。这样其实是不合理的，客户不能接听电话是因为在当时的场景中无法接听电话，但并不代表他没有兴趣，这种情况属于对线索的误判。有了营销自动化流程，通过后台的设置，营销自动化软件可以自动发送关于服务和产品的邮件（EDM），通过这种方式企业和客户可实现进一步的互动，这个过程对于品牌商来讲是线索孵化和培育的过程。

技术的创新和突破在客户体验的提升上起到了不可忽视的作用，从而解决了客户在品牌体验过程中的部分痛点。在未来，营销技术的进一步创新将继续推动客户服务效率的提升。为什么这么说呢？

营销效率的提升体现在省钱、省时、省力上。我们以智能机器人客服的营销自动化方式为例，从省钱方面来说，企业可以算一笔账，假设雇用一个传统客服一个月的工资是 5000 元，一年的工资是 60 000 元，10 个客服一年的工资就是 600 000 元。假设企业使用智能机器人客服，技术人员一年的开发和部署费用、私有云的费用加起来不到 500 000 元，那么，在一年内就可以抵销雇用客服人员的成本。

从省时方面来说，客服人员需要花费 10 分钟解释清楚一个问题，而通过智能化机器人客服即时弹出客观答案，客户通过搜索或在微信公众号输入相关的关键词，立即就能获取想要的答案，解决同一个问题花费的时间可能会更少。

从省力方面来说，在传统营销中，传统的人工客服对于客户的需求没有提前预判，一个客户和另一个客户问的可能是同一个问题，客服人员需要对同一个问题反复回答，而这些问题很可能是大部分客户关注的重点问题。通过以智能化技术为支撑的数据积累和算法优化可以对常见的问题和答案不断地优化，从而大大提升服务效率。

3.2.8　客户体验设计三步法

客户体验关系着客户旅程的管理，在前期，必须经过精心的设计。以下是关于客户体验设计的一些具体的步骤。

第一步，建立对业务的深刻理解。

如果脱离实际的业务场景，那么客户体验设计就等于纸上谈兵。客户体验设计人员需要站在客户的角度，体验从了解品牌开始到最终购买的整个过程。在一般情况下，客户体验设计人员需要先了解客户旅程是什么样的、驱动客户购买的主要因素有哪些，然后建立业务模型。比如，在零售行业中，新客户转化量的计算公式为：新客户转化量=新客户流量×到店量×转化率。

客户体验设计人员需要和门店的销售人员进行沟通，先了解目前门店的情况、客户到店和转化的情况，然后根据对一线业务的了解，改善客户体验设计，最终的目的是提升对新客户的吸引力，以及客户到店后的转化率。

第二步，围绕客户旅程建立和客户交互的触点与方式。

选择什么样的渠道和客户沟通、沟通的内容是什么，这是客户体验设计第二步要做的事。渠道有线上平台，也有线下零售店。沟通的方式可以是产品的陈列、客服的话术，也可以是广告内容为客户提供的综合体验。

比如在某品牌的实体店内，客户到店后，服务人员从来不主动地推销，客户根据自己的偏好可以试穿任何衣服，不喜欢可以不买，买之后在一个月之内可以免费退货，并且客户在线上旗舰店购买的服饰，可以选择通过任意渠道退货。它的优势是，客户购物的便利性和自由选择性。

无论是渠道的设计、客户互动方式的设计，还是内容的开发都是一个大课题，关于此内容后面会展开描述。

第三步，量化分析不同触点客户的转化率和满意度，为提升转化率进行计划的调整。

完成前两步之后就可以利用数据分析每个阶段、每个触点、不同交互方式的实际转化结果，一旦发现低于目标值，比如进店转化率比较低，市场部和渠道部就要调整吸引客户到店的策略。

我曾经在一家工业公司负责进博会的数字化营销工作，我当时的主要职责是负责前期进博会的报名、客户招募，以及为进博会现场的客户交互活动做出规划并执行，本来企业对进博会的定位是更多体现大企业在政府和媒体公关层面的良好形象，以宣传为目的，弱化通过这种全国性的活动进行销售线索收集的目的。在整个活动中，进博会的人流量大大减少，因为各种原因，很多客户不能亲临现场，但是通过我们一系列的细节设计，最后的线索收集成果出乎意料，大大超越去年同期的线索收集成果。

在该活动预算几乎可以忽略不计的情况下，我们是怎么做到的呢？首先，我们在现场摆出了非常精美的小礼品，设计了几枚非常精美的小勋章代表我们企业的品牌及 4 个不同的业务，比如，用工业安全帽小勋章代表安防业务，用温度计代表测量业务，因此很多客户被吸引过来，这就是第一步，通过对业务的了解精心设计环节吸引客户到店。

客户被吸引过来后，我们安排礼仪小姐引导客户参与现场的地图打卡活动。一共有 6 个打卡点，我们在每一个打卡点都安排了现场互动体验。在参与有趣的活动的过程中，客户进一步加深了对我们的核心业务的了解，并产生了强烈的兴趣。这是第二步，建立和客户交互的触点和方式。

客户完成地图打卡后，在最后的环节，我们邀请客户参与现场小游戏，穿梭车是我们现场展示的大亮点。我们将穿梭车的现场展示和抽奖环节联系起来，客户首先通过 App 开始游戏，然后停止游戏，那么随机抽中的小礼品就会被我们的穿梭车自动完成分拣、运送，直至送到客户手上。这个环节吸引了大量的客户，他们在现场排起了长队，相关部门的各级领导莅临我们的展台时，对这样具有趣味性的游戏赞不绝口。这一步不仅让客户感受到带有趣味性的参与感，还提升了客户和媒体人员对企业在智能仓储业务领域创新产品的好感度，对该业务在中国市场的推出打下良好的基础。

第四步，我们在活动结束后对这些营销设计环节进行了客户调研。数据证明，我们现场的穿梭车活动预约可以做得更好，以方便客户更灵活地安排时间，不用排队等候。当然这是在进博会结束后进行的调研，在实际情形中没有办法做出及时调整，但是这个反馈完全可以用于第二年进博会活动的改进工作中，而其他转化率高的环节完全可以继续下去。这就是运用数据思维来分析不同触点客户的转化率和满意度。

麦肯锡全球资深董事合伙人 Ewan Duncan 表示，大多数企业向客户体验达到一流的企业转变通常要付出 2~4 年的努力。这个过程之所以如此漫长，常常是因为企业需要在多个职能部门、地理区域和细分客群中开展工作，而这需要一些时间。企业领导者应该从能够迅速取得成效的方面入手，逐步扩大规模。不过，一旦取得成功，你就将拥有一个让竞争对手难以匹敌的差异化优势。

客户体验设计不是一蹴而就的，依赖于对业务场景的深刻理解和强大的数据分析能力。无论是业务场景还是客户旅程、客户反馈，都是动态变化的，相关的体验设计和执行人员需要在这种不确定的动态变化中找到规律，不断迭代，找到提升客户体验的方法并快速执行、产出结果，周而复始。因为以上这些举措都需要花费时间、精力和耐心去实践才有可能获得成功，所以这正是让企业可以真正获得竞争优势、建立竞争壁垒的重点领域。

3.3 两个抓手

大数据和内容营销是全域营销增长体系的两个抓手，这两者之间并不是孤立的，而是相互联系、相互影响、相辅相成的。图 3-5 所示为大数据和内容营销的关系图。

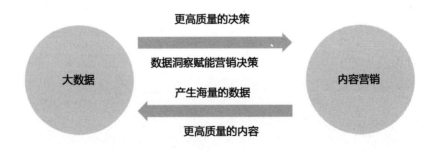

图 3-5 大数据和内容营销的关系图

内容营销能够产生海量的数据，而这些数据洞察可以帮助营销人员做出决策，从而产生更高质量的内容。更高质量的内容帮助我们获得海量的数据，从而带来更高质量的决策，更高质量的决策带来更高质量的内容，如此循环。企业的内容营销就在这种正循环中不断地升级，从而支撑金字塔顶端的客户体验，提升目标的达成率。

3.3.1　大数据是抓手

数据即服务。什么是大数据？大数据不等于数据。研究机构 Gartner 给出了这样的定义：大数据需要新处理模式才能具有更强的决策力、洞察发现力和流程优化力来适应海量、高增长率和多样化的信息资产。

IBM 提出大数据的 5V 特点：Volume（大量）、Velocity（高速）、Variety（多样）、Value（低价值密度）、Veracity（真实性）。

图 3-6 所示为大数据层级模式图，其展示了客户数据从初始收集到最终完善形成大数据的几个层级。

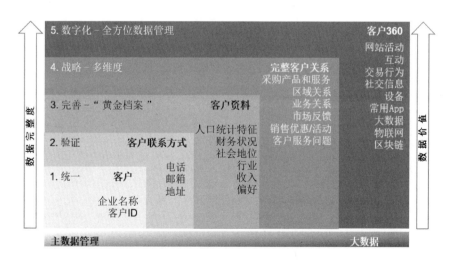

图 3-6　大数据层级模式图

大数据在于"大"，为了形成客观、真实的决策，数据不是随机抽样调查的数据，而是分析处理的数据。从这点来说，它和全域营销的观点是不谋而合的，大数据可以被看作全域数据。在营销的应用上，对客户数据要进行全方位的捕捉和全面、客观、真实的分析，并且这些数据是动态的，是不断进化和快速演变的。

以 B2B 企业为例，一家企业从构建数据库开始，会经历以下 5 个阶段。

第一阶段，客户基础数据的统一标识。企业名称对应一个客户 ID，可以标记客户的基本信息和规模大小，对单个客户进行基本标记。

第二阶段，数据的验证。这个阶段需要明确某个具体的企业联系人是谁，其电话和邮箱、地址分别是什么，这个阶段的数据收集是为了更好地履行客户订单服务，还没有进入创建客户档案的阶段。

第三阶段，进一步丰富并完善客户资料。这个阶段也被称为获得"黄金档案"的阶段，进一步完善客户资料，包括人口统计特征、财务状况、社会地位、行业、收入、偏好等，这个阶段是企业开始形成对客户洞察的理解，从而升级到大数据应用的关键阶段。

第四阶段与前面 3 个阶段不同，这个阶段形成的数据不是客户在某个时间节点的数据，而是其所有的历史行为数据。企业通过一次次与客户沟通、营销活动获得核心洞察，达到对客户战略层面的理解，让客户需求与业务目标、企业战略挂钩。

第五阶段，企业的客户数据库完成数字化转型，实现了客户数据全方位的管理，形成了全景用户画像和深度洞察，并且形成了对客户未来购买需求和交互行为的预测，从而帮助企业获得向上购买和交叉购买的机会，大数据赋能增长释放最大价值。

大数据的特点不仅在于"大"，还在于"有用"。大数据在营销中的应用可以大致分为两类：一类是总量数据，另一类是个体数据。前者起的作用是对单个或连续性的营销活动进行有效性和关联性分析，后者则构成对用户进行洞察的关键因素。

图 3-7 所示为用户行为分析示意图。用户行为分析可以分为流量分析、转化分析和用户分析。流量分析是行为的总量分析，表示在一段时间内，与品牌交互过的用户的整体行为轨迹呈什么分布状态，他们的点击轨迹如何分布。转化分析是指这些交互行为形成什么样的转化结果、如何归因、用户是否有留存。一般情况下，我们在衡量一次营销活动的有效性时会采用总量分析，它更多用来衡量营销的效果，对如何改进活动的设计环节具有指导意义。

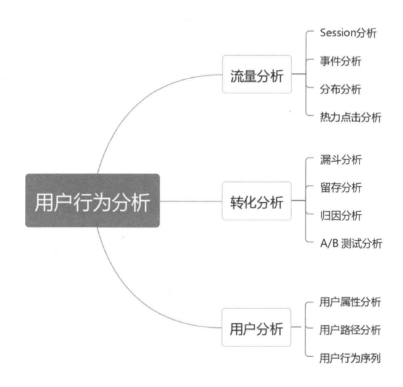

图 3-7　用户行为分析示意图

比如采用 A/B 测试分析，同样的营销目标和信息传达，采用 A 和 B 两套内容设计去触达两批具有相似画像的用户，最后点击转化率高的 A 内容胜出，那么说明 A 内容设计在吸引用户注意力上有优势，未来触达这类用户时，内容设计就要遵循 A 内容的设计规则。

又如归因分析是分析流量和线索的来源，要和漏斗分析结合起来使用才有意义。哪种渠道的流量更大、质量更高，就可以判定哪种渠道在这次营销活动中的引流和流量转化更加有效，那么在下一次活动中要考虑增加投资。对于线索转化表现不佳的渠道，在下一次活动中要减少投资，甚至放弃投资。

用户分析是更加个性化的分析维度，涵盖从用户的浏览路径分析到行为序列分析的指标。

针对后一种个体数据，从线索的定义开始。线索是我们常用的营销术语，我们把一个有意向的、已经取得其他部分信息的用户称为一条线索。在线索阶段，用户还没有完全转化成我们的客户，只是潜在客户，这时对潜在客户关注个体数据的分析和洞察是决定我们今后是否能赢单、业务能否成交的关键。

数据和技术是紧密相连的，数据以技术为依托，技术让数据的监测、收集、利用成为可能。同时，数据又是使技术得以应用的前提。

2021 年，Facebook 的创始人马克·艾略特·扎克伯格宣布公司改名为"Meta"（意为元宇宙的元），并把公司股票交易代码改为"MVRS"。随着"元宇宙"这个概念的横空出世，在营销领域，"技术"作为数字化营销的重要元素再次引起了人们的重视。

在数字经济时代，互联网、人工智能、云计算、大数据已经深入营销的各个环节和层面。这就让技术赋予了营销更大的能力，营销人员应该充分把握技术带来的红利，因此 Martech 应运而生。Martech 是英文单词 marketing 和 technology 的融合，在数字化营销时代，营销和技术是充分结合的，技术为营销目标和结果赋能并且高效驱动营销全流程管理。同样，如果营销脱离客户洞察和营销需求，那么技术将无用武之地。

我在自己的第一本书《增长法则：巧用数字营销，突破企业困局》中提出，Martech 不只是 marketing 和 technology 的融合，还包括 management，当营销、技术、管理充分融合的时候，就构成了 Martech 的全部要义。Martech 对全域营销的有效驱动至关重要。在前面客户体验的内容中，我们已经提到了部分营销技术，如营销自动化工具的应用，本节我们将对营销技术的全局、营销技术与增长的关系进行探讨。营销技术本质上解决的是效率的问题，更快、更好、更省地提升营销投资回报率。

为什么数字化技术对于现代化营销有着不可忽视的影响呢？我先总结几个营销现象。

首先，营销进入存量化时代。全生命周期价值是这两年营销人员重点研究的领域，企业在这方面已经有一些成熟的实践。从前期客户的导入、深入了解产品，到购买、复购产品，直至最终淡出，企业和客户的关系终止，这可以理解为客户全生命周期。在这个周期中，客户对于企业的价值贡献为客户全生命周期价值。

以前，在存在流量红利的时候，大规模的硬广告投放、节目赞助、KOL 植入获得流量是营销主流。如今，随着流量红利的消失和媒介成本的不断攀升，营销人员想要通过渠道投放购买流量已经变得越来越困难，所以，盘点现有客户或潜在客户的需求（就是我们通常所说的私域），成为营销人员在存量化时代比较现实且投入产出率比较高的工作重点。如果将经典的营销漏斗分为两部分，上半部分是关于引流的，下半部分是关于营销转化的，将新客户转化成有交易行为的客户，同时针对已经存在交易行为的客户，要考虑如何提升他们的复购率，提升订单金额，以使客户生命周期价值最大化。

营销进入存量化时代，营销人员的工作重心发生转移，数字化营销告别了纯流量增量时代。营销人员应盘活并运营已经有潜在意向的客户，或拓展已有客户对新产品的需求，提升品牌全生命周期价值。

其次，由于客户行为的不确定性及组织内部的复杂性，用户数据呈分散、断点、割裂等特点。

客户从前期了解品牌和产品到开始考虑购买，最后真正购买，并且和品牌建立持久、稳定的关系，不亚于一场"恋爱长跑"，尤其在 B2B 场景下，这个过程可能长达几年之久。在此过程中，客户的行为具有不确定性、长期性、多样化等特点，尤其是随着各类社交媒体的涌现，信息碎片化，客户接触信息的渠道呈分散且多样化的特点，在较长的转化过程中，客户旅程是不可预测的。

我们可以用经典的营销漏斗模型管理客户决策旅程。营销漏斗模型如图 3-8 所示。在实际场景中，今天客户接到你的一条广告，并不一定按照你设计好的客户旅程到你的网页进行留资，相反，他可能会关闭网页，几天后通过百度搜索进入你的官网，看到了咨询电话，拨打电话咨询产品。根据我的实际工作经验，无论是在有媒体投放还是在没有媒体投放的情况下，来自客服热线的有效留资占比都超过 50%。

在实际场景中，客户旅程可能有无数种排列组合构成其全生命周期的客户体验，市场部需要做的工作就是对这些杂乱无序、不确定、不可预测的客户旅程进行管理。随之而来的问题就是这种客户体验的管理从何而来，如何开始。

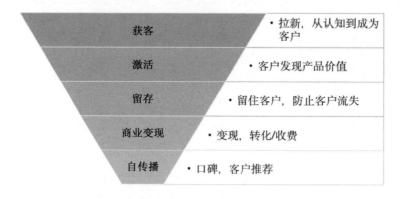

图 3-8　营销漏斗模型

营销人员面对的挑战是数据散落在各个触点，比如广告投放的数据由第三方监测工具收集、网站数据由网站监测平台收集、微信数据由 SCRM（社交客户关系管理）工具收集，销售转化数据由传统的 CRM（客户关系管理）

工具收集，各种工具彼此没有关联，尤其是在大企业内部，不同的工具是由不同的部门掌管的，要完成各种工具的对接可谓难上加难。

在这种情况下，将数据资产转变成对企业真正有价值的客户资产有很大的难度。企业容易以偏概全，挖掘不到真实、客观、全面的客户痛点，无法形成深刻的洞察。

这时，不同系统之间将被打通，同一个客户标签被关联，互相增补，完善用户画像对于数字化基建来说尤为关键。

从长期来看，有效的客户资产管理将成为企业的差异化竞争优势。客户资产是企业差异化竞争优势的来源，是践行长期主义的体现。客户资产管理不仅体现在通过对客户的管理实现营收和利润的增长，也体现在以客户为中心，尊重客户，为全面满足客户需求不断地提升产品和服务品质，以更好地服务客户。

在传统的销售模式下，客户资产主要被单个销售人员或经销渠道掌握，随着销售人员的离职和渠道的更变，客户流失风险增加。如何改变依赖单个销售人员或核心渠道的局面，以维持企业长期的核心竞争力，巩固和终端客户的关系成为企业发展的重中之重。

Martech 概念的出现及与其相关的数字化技术、工具、平台、服务的推出为企业营销带来了福音，它可以很好地满足企业在进行数字化营销时提升其竞争力的需求。

现阶段，国内的 Martech 典型业务场景主要包含两种，即目前市场上主流的 Martech 产品和营销公司，它们各有优势，能够同时满足这两种业务场景的产品比较少。我比较看好的是，能全面满足企业进行客户触点、旅程和体验管理、客户资产管理和营销自动化这 3 类需求的产品和具有一定营销服务能力的公司。

1. 客户数据平台

客户数据平台（Customer Data Platform，CDP）也就是我们常说的数据中台。它解决的是关于客户全生命周期管理和客户资产管理的问题，如有一种工具可以将客户的所有数字化轨迹以一种比较形象的方式记录下来，客户在什么时间看了什么广告，他感兴趣的内容是什么，何时浏览了什么网页或短视频，受到了什么样的影响，从而促使他做出了什么样的购买决策。

随着 AI（人工智能）和算法技术的发展，营销人员可以预测客户未来的购买行为，从而提前给他推送可能会影响其消费行为的营销内容。支撑这些的是大数据背后的客户洞察和行业洞察。

客户数据平台是企业数字化转型的基础，如果没有构建落地业务场景的客户数据平台，那么企业全域营销的成功就无从谈起。

2. 数据管理平台

数据管理平台和客户数据平台是有差别的，其英文缩写为 DMP（Data Management Platform）。它是用来收集、管理和分析第一方、第二方、第三方客户数据的平台，帮助营销人员更好地洞察客户数据，目的是获取短时信息，用于目标广告投放。这个平台在 B2C 企业中更常用。在需要进行大量的广告投放时，利用这个平台进行客户洞察，可以更精准地触达客户，此时这个平台就很重要了。在 B2B 企业中，因为广告投放量不是很大，所以企业一般不会自建这个平台。同时，随着流量红利逐渐消失，在广告投放带来的流量增长和投入产出比较小的情况下，企业传统的粗放式的广告投放亟待升级，随着 CDP 的出现，DMP 的意义与之前相比已经大为弱化。

3. 营销自动化平台

营销自动化平台解决的是在营销存量化时代，对客户进行精耕细作和精细化运营的问题。新营销时代的营销工具是指以营销自动化为代表的数字化交互工具。

首先，营销自动化工具可以协助营销人员在短时间内广泛地触达大量的存量客户，这种触达和交互不受时间和空间的限制，可以拉动存量客户需求，这就满足了营销规模化的需求。

其次，我们前面提到了个性化的客户体验的重要性，随着时代的发展，消费者或客户对产品的品质需求不断升级，提升个性化的客户体验以满足个性化的客户需求成为营销主流。

前面我们反复提到营销自动化的重要性，它的重要性体现在客户体验设计中，以及以大数据营销为底层逻辑的线索孵化和培育上。同时，营销自动化工具对于触达后再次精准触达有出色的技术能力。如何增强客户的黏性？对同一个客户来说，处在不同阶段的客户需求是不同的，通过对客户行为的分析、所处阶段的分析，主动推送与他相关的信息，邀请他参与感兴趣的活动，这是营销人员通过营销自动化工具进行有效运营的重点工作。我们以某品牌"双 11"促销活动为例，营销自动化流程逻辑示意图如图 3-9 所示。

在部署营销自动化流程的过程中，有几个关键因素是需要重点关注的。

首先是时机。"双 11"促销活动提前多久告知客户？若提前时间太长，则活动容易冷掉，若提前时间太短，则没有足够的时间进行活动预热，通常提前 1～2 周是比较好的。

其次是和客户交互的频率。把消息推送给客户后，如果客户对你推送的消息产生了反应，这是最理想的情况。但是在大多数情况下，客户没有反应，这时候营销人员需要设置一个与其沟通的频率，这个频率可以按照客户转化的周期设置，周期太长和太短都不好。如果周期太长，客户可能就会流失；如果周期太短，发送的信息就会被看作广告和反复的骚扰，适得其反。

企业必须把控和客户沟通的内容。企业应该先根据客户的分群情况定义客户属性和相应的需求，给他推送相关的内容。推送的内容要遵循相关性的原则，否则会被视为无关的内容而被客户取消关注，甚至取消订阅电子邮件。

根据客户所处阶段的不同，制定不同类型的内容。在客户认知阶段，应该制定与品牌相关的内容，激发客户进一步想要了解品牌的欲望。到了兴趣阶段，推送其关心的产品方面的信息可以帮助客户深入地了解产品。

到了购买阶段，推送小样试用或产品促销等内容，根据客户所处的不同阶段进行不同内容的推送非常关键，它直接决定着客户是否可以被成功地推到下一个阶段。

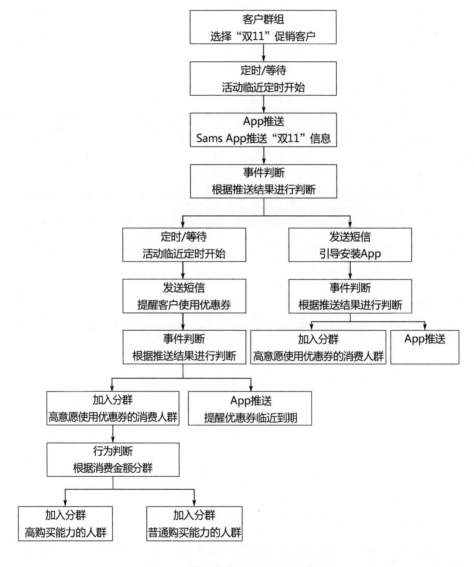

图 3-9　营销自动化流程逻辑示意图

选择什么样的渠道和工具对于是否可以留存客户是很关键的，采用短信、电子邮件或微信消息分析在不同沟通方式中同客户的互动情况，以找到最适合的方式。在国外，电子邮件营销是一种非常常见的手段，但在国内，用电子邮件去接收信息的方式并不像国外那么常见，邮件的打开率很低。在国内有更多的数字化渠道，如微信，客户可以不受时间和空间的限制随时和品牌商通过微信进行沟通，也可以通过淘宝、抖音直播等方式和品牌商进行更直接、高效的沟通。在不同的市场上，选择哪些沟通渠道、如何选择要根据数据分析的结果及实际情况做出判断。

企业寻找一种可靠的 Martech 产品和能实施运营服务的合作伙伴是企业全域营销决胜的关键。这可以帮助企业在数字化转型的过程中实现以下目的。

（1）本土化的数据收集、分析和洞察，以实现客户旅程全过程中的数据储存和端对端的监测。

（2）全渠道的营销活动管理。

（3）精准计算营销活动的投资回报率。

（4）数字化营销的销售贡献归因。

（5）通过营销自动化赋能精准触达、个性化营销，创造更好的客户体验。

前面我们用很大的篇幅介绍了数据和技术，两者的关系并不是互相独立，相反，它们的关系是共存共生。技术的应用以大数据分析和洞察为底层逻辑，而大数据的沉淀以技术应用为首要前提，数据和技术的结合使用与全域营销取得成功息息相关。

对大数据营销至关重要的一点是数据的颗粒度。图 3-10 所示为数据分类示意图，数据的颗粒度越细，对我们掌握用户的需求、打分越有帮助。

如图 3-10 所示，用户数据是回答"他们是谁"的问题，行为数据是回答"他们做了什么"的问题，交易数据是回答"他们买了什么"的问题。

有效的数据沉淀是关键。用户从哪里来，是通过什么方式进来的，参与了什么活动，进行过哪些分析，兑换过哪些商品，搞清楚这些问题很重要。

比如，交易行为数据可以分成很多维度。数据的颗粒度可以进一步细分，以零售行业为例，表 3-1 为订单数据示例表。

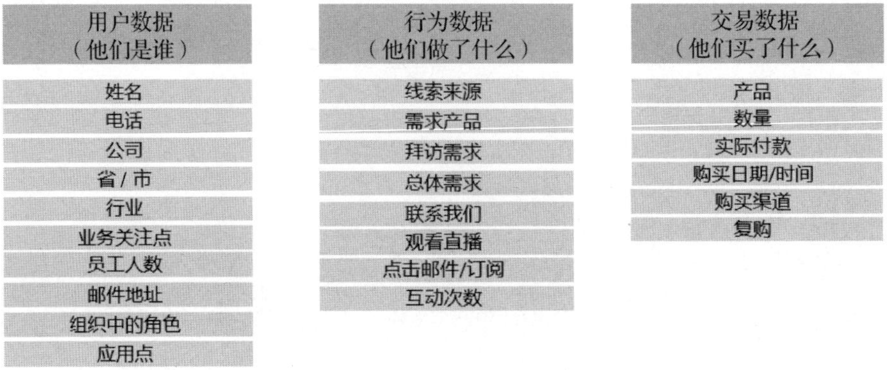

用户数据 （他们是谁）	行为数据 （他们做了什么）	交易数据 （他们买了什么）
姓名	线索来源	产品
电话	需求产品	数量
公司	拜访需求	实际付款
省 / 市	总体需求	购买日期/时间
行业	联系我们	购买渠道
业务关注点	观看直播	复购
员工人数	点击邮件/订阅	
邮件地址	互动次数	
组织中的角色		
应用点		

图 3-10　数据分类示意图

表 3-1　订单数据示例表

字段	描述
订单 ID	× ×
客户 ID	× × ×
店铺 ID	× × ×
渠道	线上
销售	Cindy
SKU ID	× × ×
付款地	省/市/地区
价格	124 元
折扣	85 折

　　除了用户的基础属性数据，即用户是谁和买了什么，行为数据是更重要的一项，因为行为的颗粒度可以更细。行为数据可以帮助品牌商建立用户标

签，更深入地了解其与品牌相关的行为，从而帮助营销人员做出判断。

对于用户与品牌活动的互动行为、媒介行为、网站轨迹、询价行为、采购行为、保修行为等在不同触点的轨迹，记录得越详细，分析得就越透彻。

在互动行为中，每一种维度的行为的颗粒度都可以进一步细分。比如，采购行为可以按产品、购买时间、购买数量细分；网站轨迹可以按浏览页面、视频，浏览时长，登录次数等细分。图 3-11 所示为用户行为颗粒度细分示意图。

Campaign互动	媒体行为	网站轨迹	询价行为	采购行为	保修行为
过去总共发送邮件的次数	当前是否关注微信公众号	所浏览产品	有无询价历史	首次购买距今月数	1个月内有无软件保修期
最近3月发邮件的次数	是否已取消关注	产品页面浏览时长	1月内有无询价	最近一次距今月数	1个月内有无硬件保修期
最近6月发邮件的次数	关注距今时长（天）	近1月登录次数	3月内有无询价	最近一次购买距今月数	3个月内有无硬件保修到期
最近12月发邮件的次数	一月内点击阅读次数	近1月登录次数	有无电话询价历史	购买产品A个数	3个月内有无硬件保修到期
距离最近一次发送邮件的月数	一月内点击阅读时长	近1月总浏览流量	1月内有无电话询价	购买产品B个数	是否购过延保
距离第一次发送邮件的月数	一月内分享次数	近1月总浏览流量	3月内有无电话询价	购买产品D个数	购买保修服务的次数
每月平均发送的邮件数量	一月内点赞次数	近3月总浏览流量	有官网询价历史	购买产品E个数	购买保修服务产品类型
过去总共打开的邮件数量	一月内客服咨询次数	近3月总浏览流量	3月内有无官网询价	购买产品F个数	是否有续保行为
最近3月打开的邮件数目	近12个月推广页面浏览量	是否下载资料	有无微信询价历史	购买产品F个数	续保产品类型
最近6月打开的邮件数目	近6个月推广页面浏览量	是否观看视频	1月内有无微信询价	购买产品A金额	续保产品
最近12月打开的邮件数目	观看视频时长	观看视频时长	3月内有无微信询价	购买产品H金额	续保次数
距离最近一次打开邮件的月数	自上次促销页面浏览流量以来的月数	是否咨询客服	询价产品	购买产品I金额	近1个月保修到期产品数量
距离第一次打开邮件的月数	自首次官方店铺页面浏览流量以来的月数	是否浏览行业案例	询价金额	购买产品H金额	近1个月保修到期产品类型
每月平均打开的邮件数量	近12个月官方店铺页面浏览次数	是否浏览解决方案	询价利润	购买产品J金额	近3月保修到期产品类型
过去总共被点击的邮件次数	近3个月官方店铺页面浏览次数	是否浏览资料	询价BU1产品的次数	购买产品K金额	历史保修设备数
最近3月点击邮件的次数	自上次官方店铺页面浏览流量以来的月数	浏览咨询贴子数	询价BU1产品的金额	最近一次订单个数	在保设备数
最近6月点击邮件的次数	自第一次官方商店页面浏览流量以来的月数	浏览行业案例数	询价BU2产品的次数	最近一次购买产品A个数	保修到期距今时间
最近12月点击邮件的次数	最近12个月评估购买页面浏览次数	浏览解决方案数		最近一次购买产品B个数	
距离最近一次点击邮件的月数					

图 3-11　用户行为颗粒度细分示意图

从产品层面来说，用户的需求不仅可以细化到某个产品，还可以细化到产品的 SKU，比如打开邮件这个动作体现的并不只是是否打开邮件，还体现了在最近 3 个月或 6 个月内是否打开邮件，体现的是用户的活跃状况。从售前阶段营销活动的交互行为到购买后用户的保修行为，用户行为的记录、捕捉和洞察应用贯穿用户决策全旅程。

前期品牌商通常需要花费长达两年甚至更长的时间去搭建用户数据库，建立用户标签体系，这关系到品牌商的全域营销基建工作，非常重要。同时，搭建用户数据库需要在资金和人力方面进行投资。

3.3.2　内容营销是抓手

在数字化时代，能够生产优质内容的人将是最先跑赢的人。在生活中，我们靠语言传播信息、进行交流，而内容是承载所有信息的集合体，在营销行业中，内容为王、内容营销早不是什么新鲜话题。内容营销就像营销部门的"底牌"一样，你的内容决定了客户是否会关注你、喜欢你，为你的产品买单，所以内容就像底层操作系统，就像汽车的发动机，是灵魂。如果没有好的内容，品牌和产品就失去了传播的根基。那么，在后疫情时代，我们需要进行什么样的内容营销呢？

无论是在 B2B 企业还是在 B2C 企业，内容营销都被营销部门重视起来，特别设立了内容营销这个岗位。内容营销是如今营销行业的主流，是未来几年企业市场部要重点投入资源和预算的领域。

大部分人不太喜欢广告，觉得广告是骚扰信息，与自己无关，内容比广告更有效一些，我觉得定义内容边界很重要。文案算作内容，企业发布的白皮书也算作内容。所以，我觉得需要对内容营销进行定义和分解。

回归到基本问题：什么是内容营销？内容营销绝不仅仅是内容的生产和推广，内容营销是从顶层战略设计到内容实施的一套完整的方法论。很多做内容的人没有顶层战略设计的意识，太过于专注细节而丢失了内容战略设计的步骤，这是比较可惜的，也是迫切需要改变的现状。

内容营销的关键不是进行增量信息的发布，而是构建整个内容生态。我们要明确内容与内容之间的逻辑关系，基于不同的目标受众，从客户、合作伙伴、政府关系等不同的角度出发，设计基于价值传递的内容营销体系。内容的形式、要输出的内容细节都必须基于这套内容营销体系去延伸，做好前面的规划就会有事半功倍的效果。

在未来 3 年，纵观整个内容营销领域，我认为内容营销将呈现以下几个特点。

首先，内容与广告的边界变得模糊，让客户为情绪价值买单。好的内容本身就有很强的带货能力，内容是品牌与客户进行双向沟通的载体，而不是品牌向客户进行单向信息输出的介质。同时，好内容的带货能力随着时间的推移发挥的长尾效应越来越明显。而广告一直被认为是品牌进行传播和获取流量的主要方式。

未来，企业通过内容进行信息的输出和吸引客户将成为主流趋势，并且内容不仅可以传递信息，还能产生显著的效果。一些显性的指标（比如，带来的粉丝量，甚至带来的线索量）属于内容营销人员的 KPI。这时，广告越来越成为一种形式来支撑内容的传播和扩散。内容成为主体，而广告成为客体。

2022 年，刘畊宏火了。为什么是刘畊宏火，而不是别人火？答案是因为他很努力，他的成功来自他每日锲而不舍地输出高质量的内容。

在健身直播里展现矫健的身姿，无比卖力的刘畊宏已经 50 岁了。在直播间里，他一边做着大幅度运动，一边卖力地喊着"come on! 动起来"，让网友们感到健身气氛十足。不少网友表示："看刘畊宏的直播就像打了鸡血一样。"某网友说："疫情期间的压抑，在这一个小时内全都被抛光了!"

这说明什么？他在直播间渲染情绪引发了深层次的共鸣，这种情绪是"正能量"，在新型冠状病毒感染疫情期间，所有人都需要正能量来平复心情，保持对生活的热爱和追求。这也许才是能够打动观众的，也是营销最核心的利器。与其说他直播健身操成功，不如说他以积极、健康的方式弘扬正能量获得了巨大的成功。

"为什么是你火，而不是别人火？"这个问题同时可以问品牌商："为什么别人买你的产品而不买竞品？"

你要让客户感知的不仅仅是产品的成功，除了日复一日兢兢业业地输出内容，你还需要和客户产生更深层次的情感共鸣，满足他们的精神需求。这就意味着你的关注点不只是产品本身，还有品牌背后所代表的某种精神和能量，能够满足客户精神需求的产品和服务才能产生更大的溢价空间。不然就容易陷入价格战和渠道战，以降价和争抢渠道的方式争抢客户，这是损害品牌的行为。

其次，在不同的商业模式下，内容挑战性呈现了不同的特点，B2B 模式的内容营销尤其难做。为什么这么说呢？许多营销人员应该都熟悉这个场景，在实际工作中，许多营销人员为了向客户更好地展示内容，需要全套的内容营销工具，于是，他们会进行一系列的发问：行业白皮书有吗？产品手册有吗？视频有吗？然而，现实情况是，在 B2B 商业模式中，SKU 种类繁多，产品多样化，每一款产品都有不同的特性，呈现相关内容的方法有很多，营销人员不可能对所有的产品都进行一整套的内容营销准备。

同时，B2B 模式的内容营销呈现了垂直化、专业化的特点。不是这个领域的人看了会觉得不感兴趣或感到与自己不相关，这就让营销人员更多地进行聚焦，只向特定的一个目标受众进行定向传播，生产目标受众爱看的内容，这就低估了内容营销的价值。

在一个产业里，除了你的客户要看你的内容，客户的下游客户是否需要看、上游供应商是否需要看也是内容营销人员需要考虑的，只注重一类客户注定会让你的内容营销越来越单一，直至产生天花板效应，而谁会成为你的目标受众取决于你的业务目的。

因为 B2B 模式相对比较复杂，涉及的客户众多，群体决策作为其主要的业务模式的特点之一，内容营销人员进行内容差异化的挑战极大。

再次，内容资产的留存和复用很重要。精品内容越来越成为品牌资产积累的一部分被沉淀下来，并且可以被复用。B2B 数字营销人员在日常工作中面临的挑战是资源紧缺，要进行市场分析、内容营销、媒介投放、数据分析等，而人员配置比较简单。所以，B2B 营销人员从战略到执行再到运营一把抓是极其具有挑战性的，除了需要切换思路，还需要掌握数字营销领域的基本知识。

其中，内容的生产会耗费很大一部分精力，所以，复用内容，在已经生产的内容的基础上做一些调整和测试，结合其他数字营销的手段产生效果是一个聪明的做法。

什么样的内容可以成为精品内容？要对内容效果进行监测。依靠主观经验判断不可靠，要用数据说话，点击率较高的能代表企业核心价值的内容是精品内容，我们应该以某种方式将这个内容保存下来。

那么，紧接着你可能要问的问题是，如何将内容夯实落地？下面有几点心得要和广大数字营销人员分享。

1．干货很重要，但不要为了做内容而做内容

不要为了完成微信公众号一周要发布几篇文章的指标而盲目地生产无意义的内容，即使发布的内容可能并不能使客户产生共鸣，也不要为了看到短视频很火就盲目地跟风，在短视频内容的生产上浪费大量精力。短视频的内容其实是很难被复用的，因为它更像是一种快餐文化，很多人看短视频是出于娱乐休闲的目的，是为了消磨时间、解压，并不是为了得到真正的干货。但是这不意味着产生的全部内容都是干货，哪些内容可以满足客户的情绪体验，哪些内容可以给客户带来实操性的指南，哪些内容可以用来进行品牌宣传，奠定你在行业中的领导地位，要有自上而下的内容营销策略设计。基于不同的营销目标，我们可以参考表 3-2 所示的内容营销策略。

表 3-2　内容营销策略

首要目标	内容营销手段	内容生产形式	内容分发渠道	衡量结果
品牌宣传	通过内容进行品牌定位，提升品牌形象，占领客户心智	品牌视频、企业大咖访谈、行业白皮书、直播等	官方网站、付费品牌广告、微信公众号、公关新闻、展会等	客户触达数量、印象度、客户好感度
效果转化	通过内容直接带动客户转化	产品重点介绍海报、视频、客户成功案例、产品操作手册、直播等	付费广告、短视频平台、社交电商、电子邮件、短信等	点击率、打开率、线索留资量、转化率

需要指出的是，我在《增长法则：巧用数字营销，突破企业困局》中提到，"品效协同"成为企业的主要营销目标之一，这个目标让内容的生产形式

和分发渠道具有双重目标属性。企业的官方网站不仅是展示企业品牌形象的平台，还是收集客户线索的绝佳渠道。企业直播起着教育客户和带货的双重作用。在 B2C 商业模式中，品牌商对直播的期望是把流量直接转化成销售额，而在 B2B 商业模式中，你很难通过一场直播转化客户，带来销售额，它的定位只能在教育客户的层面。根据不同的商业模式，所选择的内容和营销渠道是不一样的，需要根据具体情况具体分析。

2．始终坚持以客户为中心的思维做内容

你想做出什么样惊天动地的内容不重要，重要的是你的客户、你的合作伙伴感兴趣的内容是什么，想从你身上获得什么样的长期价值。你要从价值的角度出发，想想你能提供什么价值、是否用心了。以客户为中心的思维就是长期主义思维、可持续发展思维。

3．内容规划前需要进行充分的调研

要想进行内容营销，就需要从顶层战略设计到落地实施之前需要花费充足的时间进行调研，包括竞品的调研、客户行为习惯的调研、核心竞争力的调研。

很多人会说，做内容要求速度非常快，是要实时抓热点的，哪来得及进行这么多的规划。听上去这个逻辑没问题，但问题在后面，没有经过充分调研而生产的内容在短期内有可能点击率较高，被认为是好的内容。但是在长期看来，因为缺乏长远的规划，没有进行自上而下的内容生态设计，在不断地生产内容的过程中会缺乏关联性、连续性，从而导致逻辑混乱，没有一致性，就失去了内容营销的长期价值。

4．专业性、可读性、易读性平衡的重要性

B2B 内容生产对专业性的要求比较高，技术壁垒高，比如在医疗大健康领域，目标客户是医生。那么针对医生的教育必定会需要专业领域的内容。有些医生的自身水平和能力都很高，但是文笔不行，那么我们可以邀请他们

为企业做一些专业领域的背书，让他们提供原始内容，让广告公司负责写文案的人员根据传播渠道的性质进行润色，以提升内容的可读性。

前面说过，如果内容营销仅限于某个特定领域，就会低估内容营销的价值，品牌需要出圈，如果病人要被影响，内容就需要具有可读性、易读性。平衡专业性、可读性、易读性之间的关系至关重要。

5. B2B 内容需要打情感牌，考虑客户利益以外的精神需求

情感牌一直以来都是 B2C 品牌打动客户，引发深层次共鸣的王牌。虽然 B2B 沟通的对象背后是一家企业，但是在进行沟通时，仍然是人与人之间的沟通。考虑对方的心理需求是考虑对方实际采购需求的一个重要支撑。虽然是为同一家企业服务，但是不同的采购或业务代表人的需求可能是不一样的，所以，在了解企业的大体需求的基础上，深入了解决策者的行动模式、个性化的需求同样重要。

内容被创作之后，同样重要的是内容的应用层。把同一类内容应用到不同渠道，其形式和方法也不尽相同，比如专业领域的白皮书能够很好地树立企业在这个领域的权威性和思想领袖者的地位。所以，首要的是内容的前瞻性和专业性，它不太适合在广泛的社交媒体平台上进行宣传，官方网站、微信、媒体平台是比较不错的渠道，而对于广泛的社交媒体来说，要求创作的内容易懂和带有真人表演，这样进行演绎的内容会更加适合。但不管形式如何变化，在这么多的变化中，我觉得有一点不能变，那就是维持变化中的不变，就是品牌的定位和想要对外传递的形象要有一致性。

很多时候，我们做内容营销看重的是内容，内容要优质、能打动人、能够击中客户的痛点，而往往在营销优质内容的环节失去了关注，认为优质内容必然可以带来转化，不会设立特定的指标去衡量内容的有效性，这其实是比较片面的做法。

优质的内容和有效的营销手段一定是相辅相成的，产生优质的内容后，

通过合适的渠道把内容扩散出去。同样，有效的传播介质在产生的效果上，必然以优质内容为前提，这才是内容营销的本质，只关注内容和只关注营销传播方式都不能构成内容营销的全部。

在抖音、快手这样的短视频平台出现之前，各大企业都比较热衷于制作TVC、品牌形象广告，并在一些主流媒体进行大规模投放。在短视频平台彻底改变客户的娱乐和社交行为时，内容的形式转变成短、平、快、小而美的短视频，它不要求制作非常精良和庞大的团队，一个人在收集素材后稍微剪辑一下，就可以出片、投放。这是在内容生产方向上的变化。

企业只做内容，不注重设定KPI衡量内容的效果，从长期来讲是有问题的，内容营销要和"业务增长"挂钩才有意义。做好内容后，企业考虑的首要任务是如何将优质的内容变现，比如在小红书上通过达人种草引流到交易平台进行流量变现。一些依靠长期输出优质内容的大号等，通过一些关联产品，比如培训课程、新书推荐、推出公众号广告等进行商业变现。

要想设定有效的内容营销策略，还需要注意考虑除内容形式以外的以下几点。

第一点，生产优质的内容只是必要条件，内容产生后必须找到合适的渠道形成传播势能。

在信息碎片化时代，客户越来越多地受到各种电子信息的"轰炸"，如何从各种纷杂的信息中生成引人注目的内容，并通过合适的渠道传播出去，从而脱颖而出，让更多的人知道，成为摆在CMO面前的很大的难题，这是内容流通的环节。

普通老百姓也可以通过各种社交平台创作内容，品牌的专业内容生产面临着更激烈的竞争，想脱颖而出、获得关注变得越来越困难。

生产内容只是第一步，内容的分发才是关键，通过免费的自有平台进行社交裂变及付费推广是目前主要的内容分发形式。内容复用很重要，在节省制作成本的同时，在传播上具有可复制性，进行低成本传播对企业来说是惊喜。

第二点，从业务增长的层面去衡量内容营销的有效性成为未来发展的主要目标。

在衡量内容营销的表现时，很多企业倾向于用"客户互动"这个指标，是什么意思呢？比如某个视频内容带来了多少流量，吸引了多少人点击、转发、分享视频。再比如给客户发送了广告邮件，打开率有多高、有多少个客户对邮件进行了回复。

如何追踪并衡量内容效果的主要指标？比如，网站的流量、电子邮件的参与度、社交互动等指标依然是领先的。而在未来，我相信销售线索、销售人员认可的线索，以及销售线索最后转化成实际购买的客户的转化率应该成为主要的衡量指标。

目前大部分企业把资源和精力更多地放在内容生产上，往往忽略了后期的内容分发、追踪有效性，所以会低估内容营销的重要性和它能产生的客户价值、营销价值。

刘润公众号在 2022 年 5 月推出一档叫"开封菜"的节目，广受客户好评。他作为一个商业战略 IP，其名气在短时间内迅速提升，其秘诀究竟是什么呢？

首先，内容出圈形成 IP 联合，释放势能。每一期他都和不同的大 IP 合作，他们来自不同的行业，拥有不同的背景，有着不一样的人生经历，客户对他们的谈话内容充满了好奇。

其次，话题新颖丰富，屡造爆点，频出金句。各个行业的大咖们不仅仅对当今的经济局势、商业机会、营销案例提出了自己的观点，进行分析和洞察，还在直播的过程中，通过双方的有效互动即兴创造了大量的金句并提起老生常谈的话题，全新的视角让网友大呼过瘾。

最后，现场情绪被拉满，完成客户共创。只要有客户聚集，就会产生创造能力。刘润公众号对商业世界理解的深刻性吸引了大量的优质网友，如企业家、高管、商业人才，哪怕是普通的粉丝也极具才华，有热心网友会在看完直播后做出思维导图，将优质内容整理成图片，供广大网友参阅。这种与客户共创的形式不仅完全释放了内容的价值，而且让它更具人情味，创造了情绪价值，增加了粉丝的黏性。

刘润公众号开设的时间并不算很长，刘润并不属于获得早期自媒体红利的那一批人，但是靠着持续的优质内容输出和积累厚积薄发，这充分说明了优质内容能够产生创造能力和能够释放巨大的商业价值。

自从开设微信公众号"Jade 大话数字营销"以来，我持续地输出内容，能亲眼看到优质内容的魅力，它构建了品牌，增加了品牌与客户之间的黏性，这种黏性一旦形成，通过持续地输出内容，再加上适当的运营，关系便很难被打破，这是企业品牌或个人品牌构建核心竞争力的重要体现。

内容是全域营销中的关键营销因素，内容的生产、分发、衡量直接决定客户体验的好坏。

3.4　三个闭环

3.4.1　数据闭环

我认为数据闭环思维体现在两个方面。一方面是大数据和商业决策之间的关系。图 3-12 所示为大数据与商业决策闭环逻辑图，大数据之所以有价值，是因为它可以驱动商业决策。

正如前面将大数据作为抓手之一所提到的，大数据的根本意义在于我们能够通过对全域数据客观、全面地分析驱动商业决策，而有效的商业决策将进一步提升数据抓取和分析的准确性。

来自不同触点的数据形成企业的数据资产，专业的数据分析人员将数据的意义转化成可行的业务洞察。团队根据这些业务洞察产生对行动的反馈，从而驱动商业决策。这个商业决策将商业行为产生的更多的有效数据积累到企业的数据库中，周而复始，形成大数据驱动商业决策闭环。在此闭环构建和实施的过程中，始终秉承以用户为中心的原则。

图 3-12　大数据与商业决策闭环逻辑图

比如营销人员常用一种非常重要的方式去标记用户，那就是标签。标签是什么？标签是代表不同特性、描述不同用户特点的标识。我们利用现在的营销工具以标签的方式标记每一位留下轨迹的用户，并且随着用户和品牌交互深度、宽度的增加，营销工具可以动态抓取并标记用户标签，帮助用户做出决策。关于标签体系应用的具体介绍我们在后面的"四个落地"之一——全域营销策略构建中会有更多的介绍。

图 3-13 所示为广告精准投放闭环逻辑图。

在众多标签代表的不同用户的背后，我们可以分析出哪些用户的购买可能性和销售价值最大，通过人工智能、算法归纳出这些用户的特征，这些归纳总结有什么用呢？可以帮助我们分析高意向、高价值用户的特点，以便在下一次营销活动中更加精准、规模化地触达新用户，这是闭环思维模型在营销中的应用。一方面可以大规模触达用户，然后通过对用户分群，精细化运营，促进用户转化；另一方面通过分析这些实际购买产品的用户有什么样的特征，能够帮助我们更精准、规模化地触达更多相似的用户，这么反复迭代，就可以帮助品牌商在规模化触达和个性化服务之间获得动态平衡。

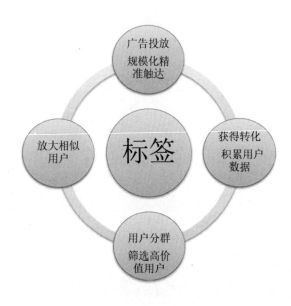

图 3-13　广告精准投放闭环逻辑图

数据闭环的另一层意义表现在企业的各种不同的系统之间，是由数据串联起来的。如果没有数据，那么单个的系统就无法产生最大的效力，比如，企业的 ERP 系统、Salesforce 客户管理系统、采购系统、各种 App 等。如果没有数据，那么这些系统就是一个个"孤岛"，而有效的客户数据能够将不同的系统，通过 ID 映射的方式建立联系，这对企业管理效率的提升具有极其重大的意义。

3.4.2　业务管理闭环是关键

在上一节中，我们阐释了数据和商业价值的关系。这一节我们要诠释的是，从品牌商的角度出发，如何构建全域营销工作和内部管理的闭环。

在很多企业的数字化营销转型中，数据库的搭建和积累是关于数据的沉淀，是全渠道媒体投放和引流、IT 数据库搭建、内容营销、营销自动化流程构建并发力的过程，关系到企业内部不同职能部门的磨合、对接。

每一项工作都由不同专业领域的营销人员负责。我遇到过一些企业因为不够重视与大数据营销相关的工作，或者因为部门预算少，所以每一个领域都不配备专门的内部人员。那么找一家踏实、靠谱的合作伙伴，由广告公司来承担这些工作不失为一个好的选择，广告公司通常会配备不同技能的人员，能灵活地满足客户的各种需求，但是由于广告公司的专业人员会服务不同行业、不同商业模式、不同种类的客户，所以企业不仅要让这些人员掌握方法论，还要让他们深耕业务，快速地了解业务模式和客户特点，有针对性地将专业技能应用到商业场景中。这是决定是否可以有效地形成业务管理闭环的关键因素。

这里我们要引入一种 PDCA（执行循环）的思维模式，图 3-14 所示为 PDCA 循环图。

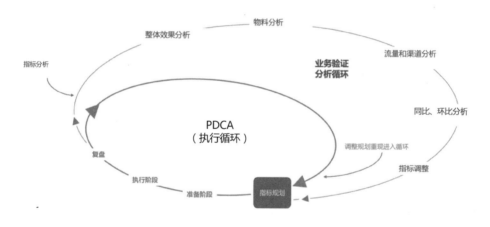

图 3-14　PDCA 循环图

PDCA 是美国质量管理专家沃特·阿曼德·休哈特（Walter A. Shewhart）首先提出的，由爱德华兹·戴明采纳、宣传，所以又称戴明环，最初用在质量管理领域。PDCA 的含义是将质量管理分为 4 个阶段，即 Plan（计划）、Do（执行）、Check（检查）和 Act（处理）。在全域营销闭环管理中同样适用，要求把各项工作按照制订计划、实施计划、检查实施效果等步骤进行，将成功的部分纳入标准，不成功的部分在下一个循环中去完成。这个工作方法是质量管理的基本方法，也是企业管理的一般规律。

第一步，建立指标、制订计划。

第二步，进入准备和执行阶段。

第三步，进行复盘、检查。

第四步，进行处理。

在复盘的时候，要对第一步建立指标、制订计划进行全面分析，在此基础上，对执行之后的营销行为或活动进行效果分析。营销物料由内容组成，对营销物料的分析其实是对营销内容的分析，对来自不同渠道的流量进行渠道和流量的关联性分析，分析出来的结果好与不好，不由营销人员或企业高管判定，而是依据过往的数据进行判定。

在这里，通常企业会倾向于与市场上的同类竞品比较，询问行业平均能够做到什么结果，但是每家企业的具体情况都不一样，有些竞品可能对营销比较重视，很早就开始实践。对于仅仅处于初级阶段的企业来说，盲目进行比较不可取，企业应该根据自身情况做出客观的评价，跟自己比较。

企业现在使用的是 PDCA 模式，那么，只要跟自己上一轮的营销活动进行对比，发现流量转化率是有提升的、获取新客的能力是有提升的，就说明通过使用 PDCA 模式对营销指标和活动计划进行调整是有效的。

如此往复，进入下一轮循环。企业在这样的循环中不断积累营销经验，获得更高效的营销转化和更丰富、完善的客户数据，用于下一轮更高效的营销策划中。无论是从客户数据量的积累，还是从营销的质量来说，企业的营销能力都获得了快速成长。

通过一轮、两轮的营销活动，哪怕效果没有获得改善，也大可不必担心，毕竟数据是否提升受很多客观因素的影响，比如整体经济、市场竞争环境、价格、客户需求等，在几个循环之后，通过进行不间断的数据分析、客户体验设计和营销计划变更，对其敏捷性进行调整，营销效果提升是必然的事情。

元气森林是快速崛起的本土品牌，成立于 2016 年，称得上是饮料界的本土超级"网红"，2021 年 12 月，元气森林在胡润研究院发布的中国前 10 名榜单中排名第 9，估值达到了 950 亿元。胡润百富 2021 全球独角兽榜中国前

10 名如表 3-3 所示，它是上榜的唯一的快消品牌，其他主要是一些估值较高的互联网公司。

表 3-3　胡润百富 2021 全球独角兽榜中国前 10 名

排名	公司	估值（单位：亿元）
1	字节跳动	22,500
2	蚂蚁集团	10,000
3	菜鸟网络	2,200
4	京东科技	2,000
4	微众银行	2,000
6	SHEIN	1,300
6	小红书	1,300
8	大疆	1,000
9	元气森林	950
10	商汤科技	770

大家都知道元气森林频出爆款，仿佛使用了黑科技一般，让传统的饮品品牌望尘莫及。元气森林通过业务流程的优化和创新加速了测试的过程，大幅提升了爆款出现的频率。从产品的诞生到市场反馈测试，元气森林都加入了很强的互联网思维，也就是本节所说的业务闭环思维，元气森林的业务闭环模式如图 3-15 所示，每次循环所需要的时间随着经验的习得和积累越来越短。

元气森林在新品上架前会准备很多个 SKU 供测试和对比，一旦通过测试就会进行规模化生产和推广。其中的爆款气泡水是测试了 100 多种新品后才推向市场的。元气森林的新品测试流程大致分为以下几个阶段。

第一阶段是产品测试。主要测试饮料的口味，新款饮料研发出来之后，先让内部人员品尝，如果大家觉得还不错，就拿给真实的消费者喝，通过两轮测试之后，进入下一个阶段。第二阶段是电商测试。元气森林会把通过测试的产品放到电商平台进行尝试性售卖，包括主流电商平台，比如天猫旗舰店和京东旗舰店。通过销售数据来判断一款新品是否达到可规模化生产的标准，显然这个环节的成本比较低，通过线上的一轮测试之后，进入线下渠道进行测试。第三阶段是便利店测试。便利店测试面临的实际挑战是数据的监测和追踪比较困难，不像网络那么有天然的优势。于是，元气森林会将新品放到竞品旁边，和合作的便利店确定好监测方法，通过人工记录的方式或通过摄像头捕捉人流的方式去监测选购产品的人数和采购的行为，这样不仅可以知道自家产品的销售额，而且和其他品牌的销售情况对比一目了然。

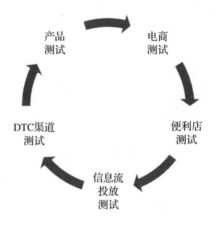

图 3-15　元气森林的业务闭环模式

　　第四阶段是信息流投放测试。元气森林会采用一些主流的广告投放方式，在今日头条的信息流投放广告、测试广告内容。广告内容一般是各种产品卖点，投放圈选人群采用同一种标准，这样可以保证对不同内容的表现进行横向比较。在这个环节中，除了看测试广告内容的有效性，还要看不同的内容引流到电商旗舰店的表现，即转化率是多少，哪种广告方式的"带货能力"更强，能吸引更多的购买人数。第五阶段是 DTC 渠道测试。我们在本书中反复提到 DTC，元气森林在营销推广中大量采取了这种模式，最大限度地缩短了销售链路。它选择和一些 KOC 合作，通过招募体验官的方式直接和终端客户互动，比如在门店举办试喝活动、调查问卷活动，这样既获得了 KOC 的好感，又能第一时间捕捉他们的直接反馈，通过产品测试后，通过 KOC 直接推荐给更多的客户。在这个过程中，元气森林通过大数据工具和技术对以上各个阶段获得的追踪结果进行综合分析获取更好的洞察，最后做出产品上架的决策。在产品上架前，通过市场的充分测试，同时，这些测试经验可以用于下一次新品上线测试，更好、更高效地完成测试闭环。

再好的创意、内容、产品，如果不通过市场测试，那么就不能证明它是好的。无论是产品测试，还是渠道测试、媒体投放测试，元气森林都充分利用业务闭环思维让其在想法萌生阶段通过市场测试、复盘、调整往上迭代。元气森林将业务闭环思维用于产品研发和导入、品牌的营销工作中，从而获得了巨大的成功，成为快速崛起的可与国际传统大品牌抗衡的新晋快消品牌。营销人员应该让业务闭环思维逐渐成为一种习惯来撬动营销杠杆。

元气森林是典型的以 B2C 商业模式为主的快消品牌，如果我们将上述闭环思维应用到 B2B 商业模式下全域营销工作管理中，就得到了营销闭环管理流程图（见图 3-16），它是我们从线索收集开始到交付收款的转化过程。线索培育、商机转化是 B2B 企业市场部的重点工作。所以，该线索贯穿营销管理全链路。

全域营销活动从全渠道获客开始。在理想的状况下，客户在各个触点上和品牌的交互行为会被数据监测工具记录下来。然后，品牌商在营销系统中开始创建一条线索。

收集到线索后，品牌商会利用智能工具对这些线索进行统一清理，比如去重、清洗，并对系统内的线索根据客户跟品牌商的交互进行深度评分，打标签，分类、分级。品牌商把评分大于 300 分的线索标记为一条热线索，把评分为 150～300 分的线索标记为一条温线索，把评分小于 300 分的线索标记为一条冷线索。

在对这些线索进行评分前，至关重要的一步是品牌商需要对每一个客户的互动行为给予一定的权重（分数），比如这个客户浏览了官网上的一条视频，评分为 50，留下了姓名、电话等信息，评分为 50，留下了所在行业、对产品的具体需求描述等信息，评分为 20 分。客户在不同渠道和品牌的交互被标记下来后得到总分，总分为品牌商对客户的最后评分，也就是判定为热线索、温线索或冷线索的依据。

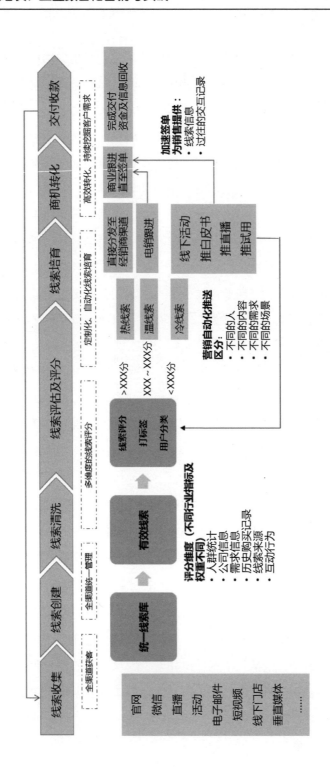

图 3-16 营销闭环管理流程图

　　品牌商接下来应该如何做？品牌商的目的绝对不只是知道每一个客户的冷热程度，品牌商的真实目的是在了解潜在客户的冷热程度及他们的需求偏好后采取相应的措施，这个过程叫"线索培育"或"线索孵化"。

　　事实上，除了对客户的冷热程度进行划分，还有许多不同维度的客户划分，维度的定义需要结合不同的业务场景，哪些维度用最后的销售转化是至关重要的，通常这也是营销人员面对的最大挑战，必须基于对业务的深刻理解和洞察。

　　比如客户所在的行业很重要，行业就需要作为一个维度，如果品牌商的业务呈现出很大的区域性特征，那么客户所在的省、市就应该作为一个划分客户群体的维度。

　　根据维度的不同，比如 A 有 10 个行业，B 线索冷热程度有 3 种，C 区域分为华北、华南、华东，如果只有这 3 种维度，那么不同维度的组合是 10×3×3=90（种），也就是说，客户要被分为 90 种类别。

　　针对这 90 种不同的客户群体类别，品牌商为了提升精准触达和转化客户的可能性，需要按需定制不同的内容，确定与客户进行进一步沟通的方式，比如热线索可能直接引流至经销商，通过提供专业的、定制的产品和服务提升转化率，而冷线索前期更多的是通过邮件的方式向其发送白皮书，以提升客户对品牌的好感，引起客户的进一步关注。

　　这些行为背后的核心是用户数据，所以，从这个过程来看，绝对不是数据随着客户旅程的进一步推荐往后进行传输的单向过程，相反，在经销商处成交的数据，或在天猫旗舰店成交的订单数据需要进一步反馈到客户的数据管理平台，形成完整的全链路闭环，这样的数据才能被赋予更大的意义。从销售人员或经销商、电商平台处反馈的数据可以帮助品牌商在数据平台中对客户进一步标记，形成更完整的用户画像，同时，客户标签随着客户旅程的改变、品牌商的推进速度的改变是动态变化的。

　　业务管理闭环思维的另一层体现在市场部和销售部的闭环管理上。本质上要解决的问题是如何促进营销人员和销售人员的协作，以实现"营""销"一体化。

促进营销人员和销售人员协作的根本方法是共同关注客户。销售人员经常会抱怨营销人员只会制作战略方面的 PPT，不落地、不懂客户，而营销人员会抱怨销售人员不懂顶层战略设计，没有同理心和同样的策略思考能力，不懂得从全局进行判断。

全域营销对营销人员和销售人员的协作提出了更高的要求，信息要自由地在市场活动载体和销售人员给客户传达的过程中流动，每一个触点和环节可能都会对客户决策产生影响。

我们来看一下可能会导致销售人员和营销人员工作不同步的 5 种原因。

（1）缺乏对于目标市场和客户的研究、缺少沟通，信息不同步。

（2）市场工作汇报数据可循，但线下销售处于"黑盒"状态，过程中的数据不透明，无法获知具体的服务过程、服务质量，企业监管难度大。

（3）KPI 考核目标不一致，汇报线不同。

（4）协作流程不明确。

（5）没有建立项目奖惩机制。

针对以上情况，之所以两个独立的职能部门不能好好协作，是因为它们深层次的价值观不同，也有 KPI 工作重心不一致导致利益冲突、双方信息互通不透明等原因。

我们可以构建一个标准化的市场部与销售部工作闭环流程，帮助简化两个部门的工作，明确互相配合的节点，让销售服务过程透明化，利用数据驱动销售获得成功。市场部与销售部的工作闭环流程如图 3-17 所示。

从图 3-17 中可以看出，市场部和销售部虽然各自拥有独立的操作路径，但是在"客户信息"和"营销外发"两个层级是有交叉点的。也就是说，在制定市场营销策略之初，在更新营销内容时，基于业务场景的变化，销售人员要积极参与，而不只是营销人员来制定营销内容。对于内容是否基于客户痛点、是否能够解决客户关心的问题,销售人员要积极参与讨论,给出建议。同时,在帮助市场部完善客户信息、补充客户标签方面,销售部要形成自己的工作闭环,将同步回收的客户信息反向传递到市场部。这样在从客户旅程开始到结束的周期内,市场部能够形成对单个客户全生命周期旅程的完整的数据洞察,以帮助我们更好地进行市场分析,赋能销售增长。

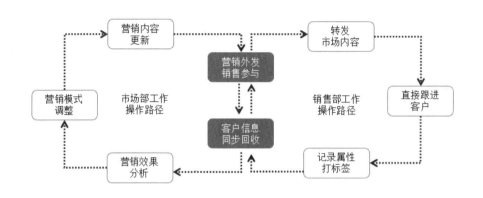

图 3-17 市场部与销售部的工作闭环流程

市场部和销售部可以很好协作的前提是双方有充分的同理心,建立了互信机制。从本质上来说,企业的高层领导需要制定一致的指标,并将其有效地拆分到市场部和销售部,在前期沟通中确定好重点的市场策略和客户维护策略。很多时候,市场部和销售部发生矛盾是因为高层领导制定的策略没有充分地上传下达,高层领导和执行层、市场部和销售部的目标不一致,这是管理层需要应对的主要挑战。回到管理的问题中,高效管理和数据赋能是解决市场部与销售部系统问题的两个关键因素。

3.4.3 "公域—私域—公域"闭环

用流行的词来说,"公域—私域—公域"闭环(见图 3-18)是从渠道层面形成的闭环。我们已经对前面公域和私域的定义及两者之间的关系进行了一番探讨。打造"公域—私域—公域"闭环的目的是赋能品牌价值增长,手段是客户运营。公域、私域表面上是品牌决定的信息传播和交互的渠道，背后却是客户偏好与品牌、与其他客户进行关联的渠道。在这个过程中，品牌起着引导作用。

品牌商在制定媒介策略时，首要考虑的不是有哪些公域渠道可以帮助品牌触达客户，而是要应用反向思维，即考虑客户更希望在哪里产生交互，这样他们才会有进一步关注和留资等动作，在打造"公域—私域—公域"闭环时，以下 3 个因素至关重要。

（1）从客户层面来说，要制定客户从公域到私域，再从私域回到公域的转化路径。转化路径是"看得见"的营销手段并且是可被客户感知的体验。

（2）从数据层面来说，要沿着转化路径，监测客户的转化数据和基本数据，并且通过独一无二的数据标识，在单个客户层面对数据进行不同系统之间的打通。

图 3-18　"公域—私域—公域"闭环

（3）从营销活动层面来说，有效的"引导钩子"决定活动的效果。这个"引导钩子"可以被认为是客户激励体系。要想促使客户产生进一步行为，除了产品本身的吸引力，还需要进行进一步的刺激，比如化妆品商家常用的"免费领取小样"，汽车品牌常用的"免费试驾"，食品品类常用的"买一送一"等玩法，这些都是品牌商喜闻乐见的能够促进客户行动的关键手段。什么样的激励机制可以鼓励客户在私域平台上停留的时间足够久、买得多、买得开心且乐于分享？

"拼团"裂变、"分销返利"等是品牌商常用且有效的物质激励方式，让客户不仅可以自己买，而且可以帮助"带货"，让身边的朋友一起购买商品，从而形成裂变效应。

构建会员营销体系是将物质和精神结合使用的一种激励手段，可以增加客户的品牌忠诚度，使其愿意向身边的朋友积极推荐，让私域客户带动更多的公域客户进入私域流量池。

在 B2B 商业模式下，打造"公域—私域—公域"闭环的方式使得优惠券、拼团这些手段不适用了，购买决策和流程远比 B2C 复杂得多。员工营销模式是一种 B2B 企业常用的，几乎可以零成本玩转，可复制、可规模化的"公域—私域—公域"闭环营销模式。员工营销模式（见图 3-19）是私域客户带动公域流量，私域流量变大进一步吸引更多公域流量的闭环营销模式。

图 3-19　员工营销模式

如图 3-19 所示，以员工营销为轴心，由员工带动公域流量的引流，员工将溯源海报分享到朋友圈，员工朋友圈的客户看到某个溯源海报上的某款产品之后产生兴趣，在微信私域平台（如微信公众号）上留资。品牌商将客户沉淀到私域流量池，从而形成更大的私域客户数量，私域客户可以进一步生成溯源海报，将产品信息扩散出去吸引更多的公域客户，形成滚雪球效应。随着营销效果的增强，品牌商可以激励更多的员工参与到营销活动中。

在整个流程中，所有的客户行为都可以运用数据监测技术手段进行追踪和分析，从前端员工生成溯源海报的人数、扫码人数、关注微信公众号的人数、留资信息，到线索的成交监测，可以全链路监测。在数据技术上可以实现针对最后转化的客户进行溯源，从而得知是哪位员工带来的转化，并且通过打通后端销售管理系统，可以得知实际购买的产品金额是多少，从而根据实际成交金额按照一定的比例嘉奖带货员工，形成更多员工积极参与的氛围。

这种以极低成本的方式，运用数据和技术手段形成"公域—私域—公域"闭环将会很好地赋能销售增长，对企业来讲，这是可持续、可复制的闭环营销模式。

3.5　四个落地

在分析了全域营销的一个核心、两个抓手、三个闭环后，接下来是如何将所有这些关键的营销要素落地，本节内容包括巧设 KPI、全域策略的制定、AI 营销的创新应用、人才招募和培养 4 部分内容，它们在全域营销中起着不可或缺的作用。如果丢失其中的任何一部分内容，全域营销增长就没有成功的可能性。

3.5.1　落地之一：巧设 KPI

无论是营销渠道的选择，还是内容、技术、数据科学的综合应用，最终都离不开目标的设定和对营销效果根据目标的设定进行评估的环节。营销策略执行得好不好，中间有什么偏差，如何修正营销计划取决于营销人员对执行结果如何进行评估。而对执行结果的评估来自 KPI 的设定，所以如何有效地设定 KPI 成为将执行结果评估落地的关键。

在实际工作中，营销人员在制定和衡量 KPI 时，总会遇到不小的挑战，尤其对于 B2B 模式中的营销人员而言归因复杂，最后一步的决策通常是客户在和销售人员多次沟通之后做出的，所以，如何归功是一个很大的问题，这是否可以算作营销人员的功劳？

我们来设想一个客户旅程的典型场景，比如你在今日头条投放了信息流广告，一位潜在客户被触达，通过点击进入你的官网或小程序，看了产品介绍后关闭网页。随后你在百度投放了关键词，这个客户第二天想起来并搜索了这个关键词，因为你投放了这个关键词的广告，所以百度首页展示的搜索结果是你的官网，这个客户打开官网看到了热线服务电话，于是拨打了热线服务电话，由某个区域的销售人员跟进，经过 3 个月的时间成交后，成了我们的客户。那么，这个客户的开拓能不能算营销人员的 KPI 呢？答案是显而易见的，当然算。

如何计算 KPI 呢？这是一直以来困扰营销人员的棘手问题。

由于营销目标的差异性、营销手段的复杂性，以及客户决策因素的多样性，定义和衡量 KPI 成为营销人员的首要难题，也是必须要去面对的难题。

KPI 的英文全称是 Key Performance Indicator，是指关键绩效指标，不只是营销人员，所有的管理人员都将 KPI 作为设定目标的一种方式来帮助自己管理绩效，并管理团队员工的绩效。通常来说，未来一年的行动计划是依据 KPI 制订的，首先明确要达成什么样的目标，其次在此基础上制订相应的计划。在很多情况下，营销人员的思维方式是反过来的，即首先想着能做什么事情、想做什么事情，最后寻找相应的 KPI 指标衡量所做事情的有效性。

所以，如何巧设 KPI 就成了市场管理人员的重中之重，那么 KPI 和 Objective（也就是我们平常所说的目标）听起来很像，它们两者之间有什么区别呢？

它们两者是统一的，KPI 为目标服务，是基于战略目标的量化拆解形成的。战略目标是高度概括性的、相对抽象的、长期的，KPI 的典型特征包括以下几点。

（1）具有非常明确的指向性。

（2）具有可量化的特点。

（3）丰富、详细又具体。

（4）具有变化性。

KPI 不是单一指标，而是一系列指征的集合，以衡量取得的关键结果与战略目标之间是否契合、是否出现偏差。变化性是指它随着公司或市场部战略目标的调整而不断变化，因此它是动态发展的，前期制定 KPI 不能一劳永逸，需要根据业务不断调整。

为什么制定 KPI 是一件不得不做的事情？因为定义 KPI 是一种可以同时管理员工绩效和管理营销效果的方式。在员工利益层面，合理地制定 KPI 和营销人员的年终奖挂钩，和理想中的营销效果挂钩，在达到 KPI 的情况下，组织人员和企业的利益会同时得到满足，达到双赢。

在制定 KPI 的时候，要注意以下几点。

第一，让团队有方向可循。

企业通常会进行两次 KPI 制定，第一次是在第 4 季度的时候设定第 2 年的 KPI，在第 2 年年中的时候进行复盘，看是否需要调整。经常会遇到的一种情况是，在设定第 2 年的 KPI 的时候，因为目标定得过高，在第 2 年年中的时候发现达不到，所以不得不重新调整 KPI，这时候已经过去半年的时间，制定的 KPI 已经形同虚设了。

还有一种情况是，KPI 制定得太过保守，轻而易举就达到了，这显然就对团队成员起不到激励的作用了。

第二点，KPI 要能够指导行动。

一般来讲，KPI 是对目标的量化拆解，所以 KPI 是目标和行动之间的桥梁，以目标指导行动，通过 KPI 检验目标和行动之间是否有偏差，就是检验是否合理地达到了 KPI。大家反思一下，我们是不是很容易把大量时间花费在行动上，会花很大的篇幅去阐述，但是对 KPI 是什么，是否能达成，我们可能会一笔带过。在任何场合中，汇报项目行动计划也好，复盘项目、跟高层汇报项目结果也好，首先要阐述你的目标、KPI 的拆解、关键指标的达成情况，其次要阐述如何达成 KPI，也就是，首先要阐述 Why 和 What，其次要阐述 How。

第三点，KPI 是确保管理高层战略和执行结果具有一致性的有效手段。

这是组织管理的常见问题，即高层的战略是否能够得以贯彻和实施，下属的执行结果和高层的战略是否契合。KPI 是一种非常有效和常见的管理手段，巧设 KPI 可以缩小高层战略目标和执行结果之间的差异，上司想要的结果是 A，你给的结果是 B，如果双方一开始就对制定 KPI 达成了一致意见，而且在项目执行的过程中，执行者充分遵照 KPI 去实施，那么就可以在很大程度上避免出现高层战略和执行结果存在偏差的问题，这就是目标管理，而非行动管理。

对一名优秀的营销人员来说，如何制定 KPI？从不同的业务目标和需求来看，没有标准答案，但还是有一些规律可循的。

从具体的维度来看，营销人员的 KPI 大致可以分为以下几种。

第一种是从成本的角度来看。随着经验的积累，做同一件事情的成本是否在不断下降？比如在百度投放关键词，同一类关键词的点击价格 CPC 是否会通过不断调整出价时间、价格、出价方式而得以优化，从而控制成本。在市场预算比较紧缺的时候，成本管理是一种非常好的定义和管理 KPI 的手段。

第二种是从投资回报率的角度来看。控制投资回报率是比较常用的一种方式，比如媒体或市场活动投入了多少媒体费用，带来的销售收入是否可以抵消产品成本从而获得利润，投资回报率要达到多少才能保证企业可以持续盈利。如果以这个指标作为 KPI 的考量，那么是最复杂的，因为在 B2B 商业模式下，客户的转化需要多方组织的配合，经历较长的一段时间，需要市场部、销售部、客户服务团队、IT 技术团队赋能。由于其业务转化追踪的难度较大，所以营销人员努力获得的价值容易被低估，那么如何有效地激励销售人员积极给予客户最终转化情况的反馈，同时在数字化系统的部署和打通层面做到最好，在最大可能的范围内减少这种低估的可能性成为重中之重。

第三种是从转化率的角度来看。转化率可以进一步细分，比如从广告曝光到点击、从点击到留下客户信息的转化（即获取销售线索的转化），从市场合格线索到销售合格线索的转化，从销售合格线索到产生实际交易和销售额的转化，从销售额到利润的转化等。

不是所有的营销活动在短时间内都可以立即产生销售额，尤其在 B2B 商业模式下，销售额的产生需要营销人员和销售人员的紧密配合，决策因素复杂、决策流程长、群体决策等一系列因素导致不是每一次市场活动都可以从成本和投资回报率的角度进行有效衡量，这时候转化率就是一个不错的衡量指标。

比如举办一次网络会议，前期发送 EDM，即电子邮件，可以通过监测其打开率、点击率和之前的 EDM 进行对比，或与行业平均数据进行对比，就可以大致判断这样的网络会议内容或 EDM 的创意是否直接有效。为了弄清楚到底是会议内容还是创意吸引人，可以通过创意 A/B 测试进一步挖掘不同的创意内容是否会对人群的点击转化产生不同的影响。或沿用过去网络会议的相同创意进行点击转化率的监测，探寻会议主题和内容是否会对点击率产生直接影响，是否会对客户产生吸引力。一次次的测试加上经验的积累，对以后的营销活动和创意具有指导作用。

第四种是从衡量营销效果的绝对值来看。营销效果的绝对值包括要达到多少次曝光、多少次点击、多少次页面浏览（Page View，PV）、多少次唯一客户访问量（Unique Visitor，UV）、多少条合格的销售线索的收集，一年内要通过活动产生多少个新客户、多少个老客户复购。在一般情况下，有两种方式可用：一种情况是在企业不是特别计较资源投入，想要在短时间内快速扩张抢占市场份额的时候；另一种情况是在一次全新项目上线的时候，比如以前没有做过创新孵化项目的，可用这种定义 KPI 的方式。

关于横向和纵向两条线。横向是指和你的竞争品牌的同种职能对比，前期你需要做一些调研，调研的内容包括对方做到什么程度，如果对方做得比较好，就以竞品为标杆努力赶超。当然前提是，需要看内部资源，比如预算、项目人员、组织配备、总部支持等情况，尤其对于市场部来说这一点尤其重要，KPI 的设定和资源配备缺一不可，在这种情况下才能有效地展开行动以达成 KPI。

纵向是指和你曾经取得的成就对比，一些企业将"不断追求卓越，成为更好的自己"作为企业推崇的文化之一，这是对纵向这条线制定 KPI 的体现。一次次的营销活动效果是否越来越好？本次活动的转化率是否提升了？具体提升了多少？当你发现做同种类型的营销活动转化率已经无法进一步提升的时候，就要考虑是否还要继续了。根据经济学的"边际效益递减"理论得出，它产生的效果和收益只会不断减少。这时候你需要创新，寻找新的、可替代的营销活动，从而产生与众不同的更大的影响力。

总的来说，KPI 的制定大体有几个原则：第一个是合理原则，但是并不是轻而易举可以达到的。第二个是实用原则，要明确、可量化、有指向性，还有非常重要的一点就是和增长挂钩。所有的 KPI 定义都是为业务增长服务的，这一点和整个企业的战略目标是一致的。

制定 KPI 是非常关键的一步，如果 KPI 没有制定好，那么很有可能接下来一年所做的营销努力都会成为无用功，因为没有公平合理的评估方式去衡量营销活动的有效性。如果一开始的方向对了，那么在后面的营销活动中就会有事半功倍的效果。

3.5.2 落地之二：全域营销策略的制定

全域营销是系统化的营销方式，在执行时必须注重构成其核心和关键的三大要素——数据、技术和内容，并将它们综合应用和高效组合，把握这 3 个要素之间的关联性并转化成针对品牌业务模式定制的营销方案，这样全域营销才可能获得成功。图 3-20 所示为以标签为基础的全域营销策略图，支撑数据、技术、内容的综合运用和高效组合的底层逻辑是"用户标签"体系的可视化，本质是形成用户中心型营销模式。

图 3-20 体现了企业以用户为中心的全域营销策略体系，从数据基建到数据流程、标签体系、数据服务、数据分析，再到业务洞察的营销全流程。

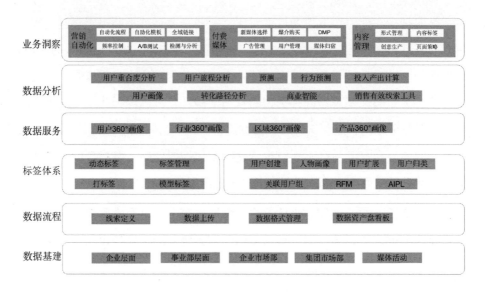

图 3-20 以标签为基础的全域营销策略图

营销自动化、付费媒体和内容管理组成了业务洞察的全部，数据的第一步积累和沉淀由此而来。

随着营销活动的推进，除了营销活动本身的交互数据，如内容点击率、广告渠道表现等，用户作为企业的潜在用户资产沉淀下来，这是至关重要的一步。随之而来的是为这些用户打上标签，在业务洞察、数据分析、数据流程中关键的一步是建立标签体系。如果企业用户标签体系的基础不好，那么数据分析和业务洞察就会很难推进。

通过最新的数字化技术对数据进行多维度的分析是业务洞察的前提。其中，以营销技术为基础条件，行为预测、商业智能（Business Intelligence，BI）、用户重合度分析等都依赖于对营销技术的运用。

数据分析之后的数据服务主要体现为形成用户 360°画像、行业 360°画像、区域 360°画像、产品 360°画像等，对用户的特性和需求进行全方位的了解。

标签体系是承上启下的一个步骤，也是用户营销的灵魂，图 3-21 所示为标签体系模板图。

标签体系分为关于用户本身的标签（即人标签树）、关于产品的标签（即产品标签树）、关于媒介和营销交互的标签（即媒介标签树）。这些详细的标签会起到什么作用呢？主要有以下几点。

（1）积累用户数据资产，以标签的形式体现用户特性。

（2）针对不同标签的用户进行用户群分类。

（3）帮助营销人员、销售人员更好地了解用户。

（4）提高营销活动的精准度和销售转化率。

建立标签体系是用户数据沉淀的关键步骤，建立标签体系之后，营销才有运营的基础，并且标签的动态化很重要，随着时间的变迁，用户与品牌的关系不断地发生变化。在这个过程中，如果标签无法进行动态化变更，那么业务洞察就没有及时性和准确性，从而对用户最新状态的判断、用户分群都会产生很大的影响，在选择营销自动化软件时，切记要选择具有动态标签功能的软件。

建立标签体系本质上是为了更好地洞察用户，形成 360°画像，从而以用户为中心做出商业决策，加速用户转化和销售增长。商业决策为业务结果负责，而标签体系为业务洞察和营销各要素的高效组合、打市场营销组合拳提供了坚实的基础条件。

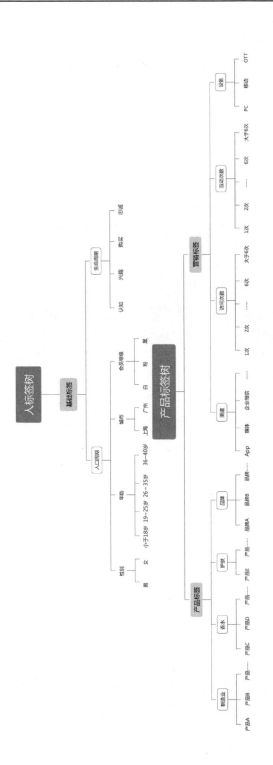

图 3-21 标签体系模板图

3.5.3 落地之三：AI 营销的创新应用

早在 2020 年，苹果发布了一份关于人工智能（以下简称 AI）的研究报告，该报告阐释了一种利用计算机合成图像来训练算法的图像识别技术。这是苹果在 AI 领域发表意见最高调的一次，其实之前苹果就表示将发布自己的 AI 研究报告，这标志着苹果开始在 AI 方向发力。在 AI 强势来袭的今天，无论是 Google、Facebook，还是一些创新企业，都离不开被高频讨论的话题和这项技术在营销领域的落地。

技术驱动营销变革。从科技的角度来说，把技术赋予营销可以预知未来的发展趋势。前面我们提到技术作为数字化时代全域营销的关键支撑，重点阐述了营销自动化、人工智能作为不可忽视的新兴技术，让营销与增长的关系变得密不可分。而随着流量的增长不可避免地触及了天花板，如何利用创新的营销技术来解决提升营销效率的问题就成了绕不开的话题。

毫不夸张地说，AI 在商业决策中最大的应用领域是营销领域。在营销领域中，AI 技术应用的价值是被低估的，未来将面临更大的机遇。因为这个产业与消费者密切相关，所以生产出来的产品直接面对市场。

AI 在营销领域的应用主要体现为以下几点。

（1）广告投放和媒体选择。以前依赖人工去选择投放的媒体，现在随着程序化购买平台的出现，可以根据 AI 技术做出更加有利于品牌商提升投资回报率的媒体决策。在广告投放中应用 AI 技术，系统可以通过多个维度来判断投放对象与目标消费群体的契合度，并根据分析结果给出不同的投放方案。加拿大的技术公司 Acquisio 发布的报告显示，与使用普通的广告投放方式相比，使用 AI 技术的广告投放效果是其的 2.5～4 倍。

（2）售前、售后服务。智能机器人基于 AI 深度学习的能力，不断地刷新常见问题数据库并对客户问题做出系统性的分析，提出行之有效的应对客户问题的建议，更高效地提供客户服务，而高效的服务产生的客户满意度是提升整体客户体验的重要因素。

（3）内容营销。AI在内容营销领域有着更好的应用，这个有效应用的前提是数据积累，国内出现了许多内容生产和管理平台，品牌商根据内容的不同元素，比如人像、背景、广告语位置等进行排列组合，可以同时智能化地生产许多不同的内容并投放市场。同时，系统后台可以实时监测这些不同内容的转化率，从而帮助品牌商判断什么样的内容更受观众喜爱。这样不仅可以帮助内容营销人员快速做出决策，在内容生产上还可以节省大量的人工时间，使效率和广告投放结果同步得到提升。所以，AI技术在创意生产的智能化和可量化层面有着突出的贡献。

Bose是一个视听科技品牌，十分注重用技术和数字体验助推消费者体验。因新型冠状病毒感染疫情的暴发，2020年，它关闭了全球近120家门店，急需一个颠覆性的营销规则来保持消费者对品牌的持续关注和兴趣，最终通过数字化渠道使销售额增加，它是如何实现的呢？

Bose被认为是高端优质产品，品质是它的优势之一，但一直以来，它缺乏一种创新的方式来构建与消费者的联系，店内体验优势发挥不出来。Bose不仅克服了在发生新型冠状病毒感染疫情时客户无法到店进行体验的难题，还成功地将策略专注在帮助客户解决新生活场景问题的方案上，Bose的降噪耳机可以有效地解决居家办公的噪音问题。

Bose在中东推出了"Noise-O-Meter"测量仪，创造了一种全新的体验方式：您家的噪音有多大，我们的折扣就有多大。消费者可以在移动网站上通过简便的操作分析居家环境的噪音数据，并利用算法技术将其转化为购买降噪耳机的折扣，直接购买。这样，形成了全新的从产生兴趣到购买的客户旅程和体验。仅在一个月的时间里，Bose的700i系列高端降噪耳机平均每周的在线销售额增长了37.5%。

新场景、新技术营造新体验，促进新增长。随着AI技术的进一步创新，它对营销领域的贡献将往更纵深处发展。无论是机器学习还是算法，AI技术在广告营销领域都有无限的发展空间。

如果你的企业还没展开 AI 对营销场景的应用，在进行内容营销、客户服务、广告媒介策略构建和选择时还在使用传统方式，那么你是时候踏出一步去尝试新的技术了，观察使用新的技术后营销效果和效率的变化，如运用 AI 技术进行创新可以作为全域营销的实践之一。

3.5.4　落地之四：人才招募和培养

全域营销的第四个实践是组织能力，打造一个具有用户思维的组织。我们可以用前面的闭环思维去思考在数字化时代，一个具有用户思维的组织需要具备什么样的特点，图 3-22 所示为 Gartner 关于具备用户思维的 10 个行为习惯图。这 10 个行为习惯分别是倾听、跟进、预测需求、富有同理心、尊重用户隐私、分享知识、激励员工、采取改进用户体验的行动、具有用户体验责任心及实时调整。

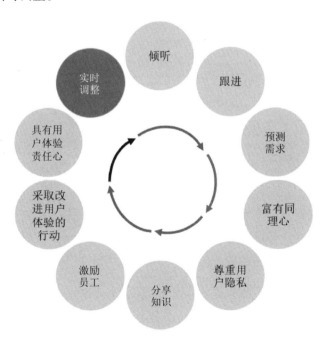

图 3-22　Gartner 关于具备用户思维的 10 个行为习惯图

一个企业能否成功取决于企业内部有什么样的人才。商业模式要解决的一个核心问题是，是否能从这个市场上找到合适的人才并持续不断地获得盈利。

全域营销的成功实施除了具备用户思维的组织文化、设定行为规范，还要求企业内部有一个强有力的围绕全域营销展开工作的团队，他们要共同协作，每一个人都要为全域营销的贯彻实施并取得成功负责。

一个完整的全域营销的团队需要以下几种拥有不同技能的人才。

（1）全域营销负责人。现在很多企业内部都新设了一个职位叫首席增长官（Chief Growth Officer）。全域营销负责人的职责跟首席增长官类似，他需要为整体的业务增长负责，为全域营销项目下的利润和亏损负责，通常由具有丰富的市场营销和销售经验的人员担任。

这个岗位上的人应该具备怎样的核心能力？是掌控全局、进行闭环管理的能力。也就是说，这个人有完成从 0 到 1 的能力，而不仅仅是流水线上的"螺丝钉"，这个人更多承担的是构建营销闭环、重塑组织、再造流程，负责给组织输血、造血。

在大型企业中，已经有越来越多的企业设置专属岗位来负责这块业务。在没有条件设置专属岗位的中小企业中，或者在构建全域营销增长体系的初期，不想投入很多精力去做事情的时候，这个岗位可以由数字营销或品牌营销总监兼任。

（2）全域营销负责人下面的岗位可以按照渠道划分，也可以按照职能划分。

按照渠道划分，全域营销负责人下面的岗位可以分为公域营销人员和私域营销人员，公域营销人员负责公域渠道的管理、引流、效果分析。私域营销人员负责私域渠道的构建、用户运营、数据分析等工作。在公域和私域团队中，可以进一步按照职能细分成内容营销人员、数据分析人员、用户运营人员等。

按照职能划分，全域营销负责人下面的岗位可以分为用户体验设计人员、品牌营销人员、数字营销人员、内容营销人员等。这种划分方式在目前的企业中是比较常见的。每一个职能人员都需要负责用户的全旅程管理、全渠道的内容开发和制作、全渠道的数据分析和洞察。

无论是按照职能划分，还是按照渠道划分，这些岗位都需要把工作统一汇报给全域营销负责人，也就是首席增长官或营销总监，由这名总负责人给下面的团队拆分 KPI，以及进行具体项目的制定。团队成员为项目结果负责，为最终达成的增长结果负责。

在大型企业内部，由于企业根据业务特性会分成很多事业部，一个或多个营销人员负责某个具体的事业部，而由于企业对于人员数量的控制，由一个营销人员负责其中一个事业部，承担所有的职能，负责数字营销项目及线下活动的策划和执行是很常见的。所以，企业的组织架构通常是交叉式的，一个人身兼两职，其中一个职能是负责该事业部的所有营销工作，另一个职能是负责某个具体领域的营销工作，如负责内容营销领域所有事业部的内容营销工作。

还有一个有趣的现象是，通常在大型外企中，总部的营销部门人员众多，但是到了本土市场，人员就会比较少，所以国内的营销人员承担着非常重要的职责，身兼数职，工作强度大，针对本土市场来制定营销活动，定期和总部保持沟通顺畅，在抗压能力，以及在灵活性、敏捷性、沟通能力方面都是不小的挑战。

全域营销人才既是某个领域的专才，即在某个领域内的客户体验设计、运营等方面有深耕经验、专业素养和解决问题的能力，又是营销通才，即拥有广阔的视野和知识，能同时具备这两种能力的人是未来营销行业渴求的稀有人才。

全域营销人才的招募和培养是全域组织打造的重中之重。项目都是由人才做出来的，不是用口号喊出来的，能否根据岗位设置的计划将不同的人才招募到岗位上，特别考验 HR 的能力。组织结构要为企业所做的事情服务，也就是说，应该是先有可做的事情，再考虑做事情的人。

与全域营销相关的岗位是市场上是比较新的岗位，人才招募是一个挑战。全域营销对专业度、人员能力与岗位设置目标匹配有极高的要求。企业首先会从市场上寻找人才，如果没有合适的人才，那么再从内部人才库中进行培养。

企业在招募人才的时候，可以应用"三圈法"的原则来找到合适的人才，招募人才"三圈法"的原则如图 3-23 所示。

在需求圈中，要明确岗位需要什么样的人才，列出用人标准，比如希望理想的候选人需要具备什么样的特质。能力圈是指企业在面试的时候要重点考查候选人的能力，在简历中体现的学历和经历仅仅是敲门砖，面试官需要重点关注候选人实际做的项目、遇到的挑战，以及如何面对这些挑战，也就是评估候选人的能力与这个岗位的需求是否匹配。有的情况是当候选人的能力超过岗位需求时，即使将这个人招聘进来，过一段时间也会发现其对现在的工作感觉索然无味，造成企业人员流失。

图 3-23　招募人才"三圈法"的原则

所以，在能力圈中，候选人能力不够或能力超过要求都不行。驱动圈是考查候选人为什么来应聘的重要因素，驱动圈是无形的精神因素，在这个圈中，候选人的动机、特性需要和企业文化保持一致。

在大型企业内部，企业文化对招聘什么样的员工起着决定性作用。企业在进行人才招聘时，除了要考虑人才的能力、经历和岗位的匹配度，还要考虑其性格特点、背景经历是否和企业文化匹配，这是决定性因素。如果人才的能力有所欠缺，那么后期可以通过培训、锻炼等方式提升，但是，如果所招聘人才的性格、行为与企业文化不匹配，那么能力再强也不能聘用。

在年终考核时，企业除了会考核员工的业绩表现、项目表现、实际取得的项目成果，还会考量员工的行为准则，企业的这些行为与企业对于优秀人才的定义具有很高的相关度。比如亚马逊在招聘人才时，就会用它的"十四条领导力原则"来考核应聘人员，无论对 Individual Contributor（独立贡献者），还是对 People Manager（管理人员）都适用，"十四条领导力原则"的内容如下。

（1）痴迷用户。领导者应从用户入手，反向推动工作。

（2）主人翁精神。领导者是主人翁，会进行长远考虑，不会为了短期业绩而牺牲长期价值。

（3）创新与简化。领导者期望并要求自己的团队进行创新和发明，并始终寻求使工作简化的方法。

（4）正确决策。领导者在大多数情况下都能做出正确的决定。他们有卓越的业务判断能力和敏锐的直觉。

（5）好奇求知。领导者从不停止学习，而是不断寻找机会来提升自己。领导者对各种可能性充满好奇，并付诸行动进行探索。

（6）招聘和培养最优人才。领导者不断提升招聘和提拔人才的标准。他们可以识别杰出人才，并乐于在组织中通过轮岗来磨砺他们。

（7）坚持最高标准。领导者有着近乎严苛的高标准，这些标准在很多人看来，可能觉得不可理喻。

（8）远见卓识。具有局限性的思考只会带来具有局限性的结果。领导者大胆地提出并阐明大局策略，由此得到好的结果。

（9）崇尚行动。速度对业务的影响至关重要。很多决策和行动是可以推倒重来的，因此不需要进行过于广泛的研究。我们提倡大家在深思熟虑的前提下进行冒险。

（10）勤俭节约。以更少的投入实现更大的产出。勤俭节约可以让我们开动脑筋、自给自足并不断创新。

（11）赢得信任。领导者专注倾听、坦诚沟通、尊重他人。领导者敢于自我批评，即使这样做会令自己感到尴尬或难堪，也要坚持。

（12）刨根问底。领导者深入各个环节，随时掌控细节，经常进行审核。

（13）敢于谏言，服从大局。领导者必须能够不卑不亢地质疑他们无法苟同的决策，哪怕这样会让人心烦意乱、精疲力竭，也要坚持。

（14）达成业绩。领导者会关注其业务的关键决定条件，确保良好的工作质量并及时达成业绩。

亚马逊的面试官会围绕"十四条领导力原则"对面试者进行提问，会随机抽取几条领导力原则，要求面试人员列举出具体的案例，体现其经历、特质与抽取的几条领导力原则是相符的。亚马逊的面试流程复杂，难度很大，为了招聘到合适的人才制定了十分严苛的标准。

在人才培养方面，企业需要对人才制定一套完善的培训体系和制订一份完整的成长计划。因为全域营销类人才在市场上比较稀缺，很多时候，企业需要从内部进行培养，制订长期的人才培养计划。在很多外企中有很多优秀的案例，比如宝洁、联合利华等这些大型老牌外企，喜欢从应届毕业生中招聘人才，称为"管培"，即管理培训生，让他们到不同的岗位上进行锻炼，最后晋升到管理层。

由于全域营销所涉及的职能十分多样化，因此让不同的人才在不同的营销岗位上进行流动是培养人才的很好方式。

在培训资源方面，企业需要给予营销人才不断学习、吸收新兴知识的平台以赋予他们与时俱进的能力。数字化时代对于人才能力的迭代和知识的刷新有极高的要求，营销人员定期接受新营销方式的培训，参加一些营销峰会，听取不同品牌的营销做法，产生新的思路并应用到工作中是非常必要的。

现在很多企业都非常注重不断提升员工的知识和能力水平，投资搭建企业内部资源学习平台，并将员工每周、每月、年终的学习时间是否达标作为员工年终考核的一项重要指标，这是一种非常好的现象。

培训可以分为关于专业知识的培训和关于能力的培训，比如领导力和管理能力、沟通能力和情绪管理能力。前者针对硬性能力，后者针对软性能力，这些能力对于工作的推进、个人的成长很重要，必须多管齐下。

3.6 全域营销增长中的 5S 应用

我在《增长法则：巧用数字营销，突破企业困局》中阐述了 5S 理论，5S 理论体现的原则适用于全域营销增长体系的构建，它提供了全域营销增长体系创建的标准和框架。

5S 的标准和框架不是基于某一个时间节点建立的，而是针对一个企业在未来的 3～5 年去构建一种什么样的营销体系而产生的，所以我们需要用更加长期的眼光和方法去看待、应用 5S 理论。

5S 理论由 5 个 S 构成：Sales（销售增长）、Scale（规模性）、Saving（效率）、Sustainability（可持续性）、Service（服务能力）。这 5 个 S 自然都和长期增长挂钩。

我们前面说到，"一个核心"是以提升客户体验为核心，"两个抓手"分别是大数据和内容营销，"三个闭环"分别是数据闭环、业务管理闭环和"公域—私域—公域"闭环，"四个落地"分别是巧设 KPI、全域营销策略的制定、AI 营销的创新应用、人才招募和培养。各种营销要素和 5S 理论的逻辑关系如表 3-4 所示。

表 3-4　各种营销要素和 5S理论的逻辑关系

全域增长体系	全域营销核心要素	5S 理论		
一个核心	提升客户体验	Service 服务能力	Sustainability 可持续性	Sales 销售增长
两个抓手	大数据 内容营销	Sales 销售增长	Saving 效率	Scale 规模性
三个闭环	数据闭环 业务管理闭环 "公域—私域—公域"闭环	Saving 效率	Scale 规模性	Sales 销售增长
四个落地	巧设 KPI 全域营销策略的制定 AI 营销的创新应用 人才招募和培养	5S Sales、Sustainability、Scale、Saving、Service		

提升客户体验是全域营销的核心，首先，它体现在企业的服务能力和可持续发展能力上，服务客户的能力直接决定了客户体验是否可以得到提升，如果服务客户的能力不行，那么客户体验就不会好。其次，客户体验需要具有可持续性，不能只好一时，而是需要持续性地让客户获得良好的体验。服务能力不仅有助于提升现有客户的满意度和老客户的复购率，还可以帮助企业创收，产生更多的机会，比如许多软件开发的 B2B 企业在客户购买了软件的使用权之后，还需要提供与软件相关的实施、维护和培训服务，优秀的服务会让企业具备产品全价值链覆盖的能力。所以在这个环节中，通过优化客户体验以实现企业服务能力的提升、可持续发展和销售的增长非常关键。

大数据和内容营销是全域营销的"两个抓手"，大数据的抓取和应用决定了客户洞察，内容营销是信息传播的载体，直接决定客户是否能够转化。有效的客户洞察可以帮助企业以更少的成本获得更高的营销效益，即营销效率的提升，而规模性是企业有效地利用大数据的另一种体现，精准、有效地触达海量的潜在客户正是由于有其背后的大数据这只"看不见的手"。

数据闭环、业务管理闭环、"公域—私域—公域"闭环是全域营销的"三个闭环"。营销自动化、数据中台等工具可以帮助企业以更高效的方式触达客户，省钱、省时、省力，同时为企业增益，这是形成闭环管理的第一个利益，效率的提升加上规模性的闭环营销方式在企业内部的复制，最终可以赋能销售的长期增长。

巧设 KPI、全域营销策略的制定、AI 营销的创新应用、人才招募和培养是全域营销的"四个落地"，采用这些措施的终极目的是回归业务增长，同时看到有效的销售增长结果，并遵循营销的可持续增长原则。人员的招聘不能只满足企业当下对人才的需求，企业要用长远的眼光，看未来几年更需要哪种类型的营销人才。在策略层面，技术、内容、工具的综合应用和高效组合是为了产生 1+1+1>3 的效果，以人工智能为代表的新技术创新必然带来营销效率的提升。企业要让技术创新成为可持续发展的动力。

组织的设计是为了推动全域营销方法的落地，全域营销在组织内如同一束光一样照亮了组织的不同角落。全域营销增长体系不但适用于某一个事业部，而且适用于其他不同的商业模式，这就是"规模性"的含义。同时，作为营销策略构建的一部分，全域内容营销的生产和分发本质上代表了更好地服务客户的能力。

第 4 章

全域营销策略构建

上一章阐述了全域营销的关键要素，系统性地构建了做好全域营销的方法论，这一章我们将进入策略构建阶段，帮助企业建立这方面的实践能力，从为何做到做什么，再到如何做。

4.1　思想的转型是关键

法国社会心理学家古斯塔夫·勒庞在他的著作《乌合之众》这本书中有一个非常卓越的观点：思想、观念和信仰的变化是造成文明变革的重要因素。那些让人难以忘记的历史事件，其实是人类的思想在潜移默化中产生的看得见的结果。这些重大事件之所以是罕见的，是因为人类一代代传下来的思维结构是稳定的。

我觉得这个观点同样适用于全域营销转型。它的意义其实不亚于一场革命的意义，这场革命没有血泪、没有武器，但是对推动社会和企业进步有着根本上的意义。出现了这么多宣扬转型重要的观点、理论体系，能够彻头彻尾地完成转型实践的企业为什么屈指可数？

从本质上来说，我认为是因为大众思想的进步跟不上社会对营销转型变革的要求。人类本能地追求稳定，或者说这种变革还远没有迫切到不得不进行的地步，以至于失去了快速行动的原始动力。所以，我们常见的是高层管理人员大张旗鼓地喊着要转型、要变革的口号，但是下面的员工无动于衷。

全域营销涉及商业模式的顶层构建，不是"术"，而是"道"，首先要做的是改变人的思想，让组织上下接受全域营销是具有策略性的。所以，在策略构建上，它必须是有一定高度的、从上至下的设计。

全域营销能够反映一系列的表象，集中体现为全域营销背后的营销技术进步引起的生产和运营模式的变革，营销行为的数字化和线下充分融合，整条商业价值链的贯通、文化的改造。这些指征背后的核心是组织的变革，而组织由无数具有独立意识、独立职业背景的人员构成，驱动组织变革的背后是一套独具特色的数字化文化和运行机制。

能让这么多人团结在一起，互相协作，为了达成同一个愿景而努力，除了需要有上述提到的文化、运行和激励机制这些常见的管理手段，我认为还需要有重要的一点，就是思想同频。

总是有一部分人愿意接受变革、主动拥抱先进的思想，而有一些人是跟随者，他们需要去体验、去感受、去被影响，才可以加入这个浪潮和队伍中，但是他们不抗拒。另外，有一小部分人对变革比较抗拒，如果没有遭遇重大事件，他们不愿意接受变革。中间这部分人是比较多的，可以去争取。

时代的发展是不可逆的。全域营销转型对职场中的每一个人都有什么样的影响呢？如何应对数字化转型的浪潮呢？

首先，是创新思想的养成和进步。

你要经常阅读一些新营销方面的书籍，尽可能地拓宽知识面。看的书多了，你就会进行深度思考，在不知不觉中培养新的思维方式。

其次，是踏出本行业的舒适区，把思想转变为行动。

我从事的是营销行业，举措体现在日常工作上。有些人从事的是传统的供应链或财务行业，是否就没有办法采取行动来巩固数字化思想了呢？

答案是可以的，传统的供应链和财务行业有很多比较超前的能够体现数字化思想的转型举措，而这又是日新月异的，不同职能部门的一些做法可以借鉴。在我们营销行业，通常用 Salesforce 这样的客户关系管理工具管理客户的日常行为，以及管理客户的转化情况。这个工具同样适用于供应链领域，通过打通供应链系统，端对端的客户数据闭环就形成了。这些可以帮助供应链专业人员运用数据去预测客户的需求，更好地进行备货，从而提升供应链效率。这背后的底层逻辑是什么？是数据思维。

虽然每个行业都有自己的职业壁垒，俗话说，隔行如隔山，但是只要你愿意深度思考，同时和职能部门从事数字化方面工作的专业人士多探讨，在日常工作上就会有新的突破，可以不断地打破已有的职业边界，创造新思维、新行动、新业绩。

最后，积极复盘，不断修正自己的行为。

数字化思维一直提倡小步快跑，快速迭代。跟武林秘籍一样，唯"快"不破，管理上最大的难度是让大家都快速行动起来，这其实是最难的事情。组织大了、规模上去了，要维持所有人的同频是相当不容易的，但是在数字化思维和实践日新月异的今天，也只有"快"能够抵御这不断变化带来的不确定性。

无论是对于企业还是对于个人来说，对内修炼内功，对外积极交流，敢于出圈，快速地学习、行动是企业和职场人士在竞争激烈的环境中站稳脚跟与顺着时代发展的洪流不断前进的前提。

4.2　全域增长是关于营销管理的艺术

从营销的视角来说，全域增长的本质是关于新时代的营销管理，它的本质思想是要具备数字化的思想，数字化的思想是充分融合的思想，数据融合技术和内容、线上融合线下、营销融合供应链管理、公域融合私域，体现的本质都是大数据思维。

我们在做这些融合的过程中，会发现组织管理是命脉，背后的底层逻辑是协同，如果没有协同，就没有融合。而协同的本质来自管理的艺术，所以说，全域增长是关于营销管理的艺术。

有一次，我的一位朋友拜托我寻觅一位营销人才来帮助他的企业在初创阶段通过营销拉动需求端的增长，从而促进业务的增长。我觉得有点难，因为营销涵盖很多方面，所以不清楚具体需要哪方面的营销人才。后来深入了解到，这位朋友其实是想找一位可以对电商平台的用户画像、交易等数据进行分析，参与新产品的开发工作并在后期将产品导入市场进行推广的人员。基于此需求，我的这位朋友至少需要找两位营销人员，一位是数据分析领域的人才，另一位是熟知社交电商的操盘运营方式，懂直播电商、社交媒体运营的人员。

这件事引发了我诸多的思考，随着客户注意力的碎片化、渠道的去中心化，企业进行品牌营销需要更多的专业人员，但多招人会引起组织成本的上升，从而导致管理成本的上升。但要招聘到对各个领域都精通的人才又不现实，一方面，这样的人才极其稀缺，另一方面，一个人无法负担所有的工作，人员招聘不足无异于隔靴搔痒，无法按期交付项目，于是企业会陷入两难的处境中。

我认为，想要做好全域营销，除了团队资源需要配备充足，更重要的在于营销管理，而营销管理的关键在于充分协同和赋能。

4.2.1　品牌和效果协同

第一个协同是品效协同。在我的第一本书《增长法则：巧用数字营销，突破企业困局》中重点分析了品牌和效果的关系。营销行业之前就"品"和"效"展开过激烈的讨论，品牌商做到品效合一，是一个悖论。品效不可能合一，原因是品牌是长期的，效果是短期的，做品牌不可能一蹴而就，而求效果本来就是为了立竿见影。另外，做品牌和求效果的目的不一样，既然目的不一样，那么战术、做法自然千差万别，让两件从视角、目的、手段都完全不一样的事情结合在一起，做到合一，这个成功率之小可想而知。

营销人员对"品"和"效"的协同不能完全排斥，最理想的状态是品效协同。做品牌和效果营销的方法可以不一样，但是在各自完成出于不同目的的任务时，充分达到协同是一个区别于其他竞争对手的差异化竞争来源。

是否可以做到品效协同呢？对于品牌商来讲，流量购买和获取成本越来越高、客户注意力碎片化、买家购买渠道选择充足、运营成本在不断上升，达到品效协同是新营销时代的必然选择。效果营销不以牺牲品牌建设为代价。在品牌建设的同时，品牌商要考虑效果转化的重要性，而不是一味投入来获取一些虚无的KPI。

业务模式和客户特性各有差异，品牌和效果营销的预算如何分配是一个合理的比例并没有定论，大体上可以遵循 2/8 法则，8 为"品"，2 为"效"，当然具体什么比例比较合适要根据很多方面的因素确定，主要考虑以下几点。

（1）企业在行业中处于什么位置，是领军者还是跟随者？

（2）企业所处的行业属于成长期、发展期、成熟期还是衰退期？

（3）企业自身的发展战略和营销目标，是利润导向还是先做大规模？

（4）竞争对手对于"品"和"效"的投入程度分别是怎样的？

如果企业属于行业的领军者且行业处于成熟期，那么 8 用于投入"品"，稳固品牌的定位。同时，有了产品和渠道的支撑，收入和利润增长是必然结果，而无须投入额外的预算去获得流量的增长。

4.2.2　市场和销售协同

第二个协同是市场和销售协同。在数字化时代，市场部和销售部的职能边界变得模糊。

因为数字化监测工具的出现，客户行为在各个数字化渠道的落点部分变得可追踪，市场部可以通过监测这些数据给销售部带来有价值的客户数据分析。以前的调研通常都是通过定期的一些焦点小组讨论或调研机构进行的，这是一种很好的手段。数据监测的实时性，客户轨迹的真实性、全面性能够更好地辅助销售人员对客户的喜好、行为习惯、特点做出更准确的判断。

在 B2B 的模式中，因为从 SQL（Sales Qualified Leads，销售合格的线索）到客户的转化要经历较长的时间，多次线下拜访、订单服务、金融方案等是由销售人员实施和维护的，所以这部分客户反馈需要由销售人员提供。销售人员需要给营销人员及时反馈，以便营销人员分析客户全生命周期旅程及价值。

除了拥有业务流程的闭环思维，市场部和销售部协同的达成还需要两者互相信任，认识到彼此的价值并在目标层面做到高度统一。

首先，市场部的核心人员需要做到以下几点。

（1）你和你的团队需要花大量的时间和终端客户沟通，确定接近销售人员的销售能力的目标。

一方面是了解客户需求，无论是潜在客户还是已有客户，他们的需求是什么，他们对于现有产品有什么样的看法，你的产品是否可以做得更好，你在价值创造的过程中，服务是否可以做得更好，这些都是你需要花时间去建立的认知。只要有机会，就要和销售人员一起出去寻找客户，而不是坐在办公室做 PPT，顶级的营销人员是顶级的销售人员，但是反过来就不一定了。有了对终端客户的了解，便和销售人员有了"共同语言"。销售人员每天面对最多的就是客户。很多销售人员反映，他们根本不在意营销人员做得 PPT 有多么好，也不在意很多营销术语表示什么，对他们来讲，懂客户、服务好客户是基本工作。所以，无论是制定市场营销规划，还是为了和销售人员进行更好的沟通，营销人员都必须始终深入一线和客户进行更深层次的交流与沟通，这样才能更好地和销售人员进行同频对话。

（2）花大量的时间了解产品。了解产品不是熟记产品的技术参数，更重要的是放眼整个市场，了解产品的核心竞争力。为什么客户购买你的产品而不去购买别的同类产品？客户对你的产品的忠诚度有多少？他们愿意为了产品的品质额外付出多少成本？营销人员肩负着重大的责任，要将产品的技术参数翻译成易被市场所理解和接受的、通俗的产品亮点，形成独一无二的产品价值主张。在做市场传播活动时，以及在销售人员直面客户进行产品的介绍时，产品价值主张将起到重要的作用。所以，一个优秀的营销人员首先是一个合格的产品经理。

在许多企业中，尤其是在 B2B 企业中，销售部由于有重大销售贡献而在企业内部占据支配地位，因此市场部一直被作为支持部门，得不到应有的重视。这个定律是在过去行业还存在时代红利的时候成立的，因为时代红利的作用，所以销售部凭借优秀的销售人员单打独斗就可以轻易获得在销售和渠道拓展方面的优势。但是在产品同质化、商业竞争越发激烈的今天，想要凭借过去形成的天然优势延续企业的优势地位已经变得没那么容易了，企业营销战略部、传播执行部和销售部做好配合才是获胜的关键。

对于销售人员而言，在和营销人员沟通的过程中该注意些什么呢？

（1）除了了解客户的跟进情况、与客户搞好关系、跟进订单情况，还需要了解整个市场的走势、大盘，以及自己的品牌处在一个什么样的位置，面临的主要挑战有哪些。

（2）积极地和营销人员沟通一线客户的反馈，无论是有利的反馈，还是不利的反馈，包括对于产品、价格、市场支持、服务的反馈。这样一来，营销人员和销售人员就有了良性的沟通。

4.2.3　组织和个人协同

第三个协同是组织和个人协同。在数字化时代，组织之间的协同更加敏捷。机会的窗口期越来越短，每一个细分赛道的红利窗口期是 2 ~ 3 年，这就要求组织的合作方式向平等、扁平的方向发展，每一个细分领域都有一位专家型的人才，大家各司其职，为达成组织的 KPI 朝一个方向发力。个人把自己的职业发展目标融入企业发展的愿景，企业打造学习型组织，提供良好的工作平台及培育优秀人才的文化。优秀人才具有脚踏实地的冲劲和奉献精神，可以为企业的发展做出贡献，在学习中成长，在成长中学习，实现双赢。

我比较看好专家型的人才和有横向领导力的人才。专家型的人才在某个领域有自己独特的价值，能胜任自己领域内的工作，更重要的是对所在领域的动态发展有自己的见解，能精准地抓住机会并获得机会带来的红利。

比如数据科学家是这几年兴起的一个职位，很多企业开始招聘这方面的人才。他们能够结合对业务场景的了解和营销目标制定数据算法模型并落地，通过基于机器学习的数据模型对客户分类制定维度，并通过算法对客户和销售人员的潜在贡献、未来的生命周期价值、被转化的可能性进行预判。同时，他们能够对营销活动的有效性做出预测，通过数据客观有效地指导营销人员的行为。

横向领导力是在数字化时代每一位职场人都应该掌握的领导技能。由于组织的扁平化趋势，每个领域的专家都能够更好地协作是组织和个人达到充分协同的必要条件。对对方领域专业性的尊重和理解、拥有平等对话的基础、良好的沟通能力是取得协同的关键。因为营销人员在平时的工作岗位中涉及和各个部门的沟通工作，所以适当地掌握一些有关心理学的知识，学会与人打交道，提升沟通能力至关重要。

营销的红利源于品牌所在的细分市场。随着品牌所处的行业的红利消失，投资回报率会降低、营销成本会升高。这时，组织问题、战略问题等一系列隐性问题就会显现出来。

全域营销的成功实践绝不只是某个营销人员的行为，甚至也不是一个营销团队的行为。只有销售部门、企业战略部门、传播部门与运营部门密切地配合，才能发挥更大的价值，从而赋能业务增长。

4.3　全域营销策略五步走

4.3.1　SWOT 分析

全域营销策略的制定从分析市场环境、竞争对手状况、自身状况开始。这里要引入 SWOT 分析——战略设计经典模型，即 Strength（优势）、Weakness（劣势）、Opportunity（机会）、Threat（威胁）分析，如图 4-1 所示。

所谓 SWOT 分析，是基于内外部竞争环境和竞争条件下的态势分析，是将与研究对象密切相关的各种主要的内部优势、劣势和外部的机会、威胁等，通过调查列举出来并按照矩阵形式排列，然后用系统分析的思想，把各种因素相互匹配起来加以分析，从而得出一系列相应的结论，结论通常带有一定的决策性。

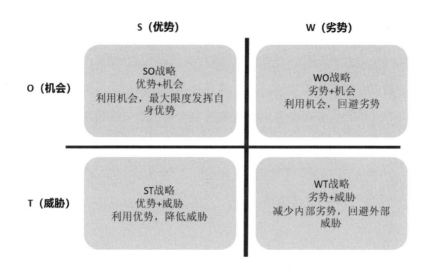

图 4-1　SWOT 分析示意图

首先，它具有系统性；其次，我们需要深入市场了解竞争对手，分析各种要素，得出一定的结论。

分析市场环境和竞争对手的状况时，可以从以下几个维度去思考。

（1）整个行业是处于导入期、成长期、成熟期，还是处于衰退期？

（2）整合行业的市场潜力有多大？潜在客户有多少？哪些市场还有进入的空间并且机会最大？

（3）我选择的细分领域有哪些竞争对手？

（4）竞争对手都通过哪些渠道触达客户？

（5）竞争对手的营销预算情况如何？

（6）竞争对手的品牌影响力和自己相比如何？

（7）竞争对手的产品和定价如何？我的优势和劣势分别体现在哪里？

（8）我区别于竞争对手的核心卖点是什么？

（9）客户对我和竞争对手的品牌、产品、服务的评价如何？

（10）我和竞争对手的分销渠道有哪些？线上和线下分别有什么样的机会？

（11）整个行业的未来发展如何？所面临的风险有哪些？

对于以上一系列问题，你可以通过调研客户、行业代表性人物、公司内部的核心意见领导者、中层管理者，或通过阅读行业内的报告、查询竞争对手的网站和传播渠道等得出答案，以方便第二步、第三步全域营销增长目标和策略的制定。

这一步的主要目的是通过对各种各样人员的访谈、多渠道的调研后得出一张总表，体现自身品牌、产品、营销能力的优势、弱势、机会和威胁。

4.3.2　设定增长目标

在从事营销活动之前，先要定义好目标，定义目标是复盘以前的项目取得的结果的过程。设定增长目标不是定义增长数字那么简单，它的定义必须要有一定的基础，设定增长目标需要符合 SMART 原则。

什么是 SMART 原则？

S：Specific，绩效指标必须是具体的。

M：Measurable，绩效指标必须是可以衡量的。

A：Attainable，绩效指标必须是可以达到的。

R：Relevant，绩效指标是要与其他目标具有一定相关性的。

T：Time-bound，绩效指标必须具有明确的截止期限。

举例：在 1 年内，获得 10 000 个新客户。

这是不是一个有效目标的设定？答案：不知道。因为它是具体的、可衡量的、相关的，是有明确的时间期限的，但是，不确定是否可以达到。

所以一个有效目标的设定应该是这样的：

在 1 年内，获得 10 000 个新客户，同比增长 10%。

这样的目标有了现在的基准对比基本可以做到，满足 SMART 原则，那么这就是有效目标的设定。

下面再列举几个有效目标设定的例子，表 4-1 所示为目标设定举例对比。

表 4-1　目标设定举例对比

无效目标	有效目标
3 个月内提升客户满意度	3 个月内将客户满意度从 80% 提升到 85%
提升复购率到 30%	半年内将复购率从 25% 提升到 30%，实现 5 个点的增长

营销人员无论是制定第 2 年的营销策略、营销计划，还是制定第 2 年的工作目标，都可以参照 SMART 原则。同时，可以定期（3 个月）检查一次目标的完成情况，并可以根据已有的实际情况（预算、资源等）及时调整目标。我认为在 SMART 原则的基础上，可以再加上 F（Flexibility，灵活性），即目标不是一成不变的，是可以调整的。

营销环境变化之快已非我们可以想象的，根据实际情况灵活地调整目标、预期，并做出相应的行动已经成为营销人员必备的素质之一。

在制定了目标之后，很重要的一点是向团队不厌其烦地传达这个目标，可以把目标拆解为团队每个成员的指标，有的成员负责引流，有的成员负责转化，有的成员负责内容优化、提升互动率等，团队负责人需要跟团队强调需要努力的方向、提出的要求是什么，并长期和团队成员保持沟通，定期复盘目标的达成情况，然后根据 Flexibility 原则，判断是否需要按照实际情况进行调整。

这一步非常重要，却很容易被忽视，很多团队负责人定好目标之后以为团队成员就会坚定地执行下去了，但是在执行的过程中很可能会产生偏差。所以比较好的一个办法是团队负责人经常在各种会议场合中强调这个目标，同时，判断实际达成情况与目标的差距在哪里，应该如何做。

4.3.3　确定策略方向，制定客户体验路线图

根据上述分析的 SWOT 状况，我们需要明确全域营销的基本策略和方向，采用哪种方式与竞争对手竞争，从而占据客户心智。表 4-2 所示为根据营销

目标不同类别的品牌在不同发展阶段的全域营销策略类型。

表 4-2　不同类别的品牌在不同发展阶段的全域营销策略类型

目标与品牌类型	导入期	成长期	成熟期	衰退期
营销目标	创建产品知名度，鼓励客户尝试	拓展产品宽度，提升客户体验和服务能力，市场份额最大化	巩固品牌知名度，在保持市场份额的同时，利润最大化	减少投入，利用品牌效应和长尾效应最大化收益
头部品牌	稳健型	稳健型	稳健型	保守型
腰部品牌	稳健型	进攻型	稳健型	保守型
尾部品牌	进攻型	进攻型	稳健型	保守型

企业根据所处行业和产品开发的不同阶段，分成导入期、成长期、成熟期和衰退期。在不同的阶段中，营销目标是截然不同的，在导入期，所有企业的主要任务是提升知名度，鼓励客户对新产品进行尝试。到了成长期，产品的宽度和深度需要被进一步拓展，抢占市场份额成为企业的主要目标。到了成熟期，企业需要做的是保证攫取最大利润。而到了衰退期，企业需要顺应时势的变化，如果还有品牌红利，那么从品牌红利上尽最大可能地获利是企业最好的选择。

同时，结合企业品牌在整个行业中的地位，我们基本可以确定企业应采取什么样的全域营销策略。我将整体的营销策略分为进攻型、稳健型和保守型 3 种。

进攻型营销策略的本质是获得先发优势，瞄准竞争对手的弱点进行攻击，扩大市场份额。

稳健型营销策略的本质是谨慎维稳，维持市场地位的稳定性，防止竞争对手反超。

保守型营销策略的本质是防御，被动地抵御竞争对手的进攻，避免和竞争对手正面交锋，尽量维持自己的市场份额，当投入产出比下降时，适度放弃。

对于头部品牌来说，它已经建立了市场领导者地位，那么在衰退期前，采取稳健型营销策略以维持其市场地位，在成本支出最低的情况下，保持安全的市场地位就可以了。

对于腰部品牌来说，在导入期和成长期，由于它有机会通过进攻型营销策略转变为头部品牌，那么采取进攻型营销策略，跻身品牌一线、抢占市场份额是上策。

对于尾部品牌来说，根据 2/8 法则，80%的市场份额已经被头部品牌和腰部品牌获取，对于仅剩的 20%市场份额，在衰退期到来前，可以采取进攻型营销策略出奇制胜，抢占某一细分领域的地位，才有可能获得成功。

在确定了基本策略后，从客户角度和自身价值最大化的角度出发，由于全域营销与增长是建立在客户体验路线图的基础上的，下一步便是绘制出理想的客户体验路线图。

申领样品是很多企业常用的营销手段，无论是在快消领域，还是在工业品领域，申领样品都是有效地获得线索，帮助客户产生业务关系的方式。

我们以"申领样品"作为"消费者钩子"举例，设计了客户体验路线图（见图 4-2）来解决每一阶段中关于核心目标和基本方向的问题。同时，结合第 3 章全域营销的"两个抓手"和"三个闭环"来设定客户体验路线图的维度。

（1）媒体和内容渠道。值得一提的是，渠道的重要性越来越被弱化，更多的内容成为选择渠道的关键因素，你想要什么样的内容形态，就选择什么样的平台，现在的主流媒体平台形成了自身的差异化战略和内容定位。所以，这里我们将媒体与内容放在一起来讲。

（2）基于数据和技术的线索评分模型/培育流程。

（3）客户生命周期。客户生命周期体现的是管理和服务客户全旅程的思维，是闭环思维，从客户认知到兴趣、购买、忠诚、推荐更多的客户，再到新的客户生命周期，形成闭环。品牌在客户越来越多的"滚雪球"效应中，逐渐有了市场地位和影响力。

图 4-2 客户体验路线图

		发现了解阶段	触达公众阶段	线索	机会（MQL/SQL）	销售	忠诚客户
客户体验（买家）	媒体和内容	>客户分类（不知情客户/发生对手客户/品牌客户）；>通过与个人需求相关改善客户体验	每周访问相关的品牌/解决方案内容	>通过以样品为钩子吸引客户访问相关的品牌/解决方案内容并体验相关产品、新品；>通过出EDM招待再次触达由领域相关的客户		>访问第三方相关官方内容、商店正品/产品促销、官网、教育等内容	>相关定向广告（在现有客户和未来的忠诚会员中）；>交叉购买；新应用、新品推荐和数字化教育
	线索评分模型/培育流程			>提供销售1对1上门服务，个性化信息推送，在正确的时间，基于非手客户的特定于前需求（从调查者和相关渠道数据收集），解决如相关关解决方案，以免费咨询触发第一次购买激励	收到拨打400的热线服务电话，以帮助寻找符合当前需求的个性化解决方案	>全渠道服务（根据客户渠道偏好提供1对1服务和电商直接购买）	>个性化的，在正确的时间和地点向回的客户提供前基于当地市场的特定购买需求和优惠等，推荐其他性价产品/解决方案
	客户生命周期	>使用相似性原理来放大受众群体，并用更多合适清漏流量和高个渠道、每个人需口层的个性化要素；>渠道底层样分园加强个性和种要素性；>举办一些宣传活动，增加市场的渗透率	>越来越多的粉丝	>提高了潜在客户的深刻度表现	>全渠道输出客户质量评价，帮助客户正确的品牌生态系统引流和转化，如流转线下走电销	>个性化的，并基于当前作为忠实会员的消息会需求，例如当前的分会通知、激励提醒、品牌俱乐部的活动等	>复购率增长；>提升客单价
对品牌方的值（卖家）	线索评分模型/培育流程			>优先考虑高潜在线索的跟进，以实现更快地的转化，了解潜在客户的特性，以便生成业务洞察	>持续加强新客户获取/销售转化，基于线索评分、RFM、客户信息、产品相关性		
	客户生命周期	>收集可联系的粉丝—用户画像，更好的客户洞察—通过连续性的分析和行为跟踪		>更好地强调线索调整数据收集，细分线索，更有针对性地与用户互动，促进用户再次购买	>重新激活暂停的销售线索和取消的销售线索；为客户端提供销售线索通知支持，以便销售团队更有效地跟踪潜在客户获取；加强销售线索获取	>持续的客户群体分析和细分	>增加新应用/交叉销售（向上销售机会）；>复购率增长；>提升客单价；>提升客户留存率，最大化客户满意度；>获得更多的品牌拥护者（向朋友推荐）

我们从目标客户和消费者的角度出发，绘制出基于客户旅程的路线图，客户从发现、了解到成为微信公众号的粉丝，再到留资成为一条线索。从线索到机会，机会通常是被市场或销售筛选过的线索，是线索往前推进了一步。接着到销售阶段，客户最终完成复购，成为忠诚客户。

相信作为营销专业人士的你对这个经典的客户旅程很熟悉。品牌商在制定客户体验路线图时，关键是围绕客户旅程制定基于媒体和内容、线索评分模型和培育流程、客户生命周期这几个维度的具体提升客户体验的措施。

贯穿整个客户旅程，涉及客户体验的措施有提供与个人相关的产品方面的信息、提供相关的服务，比如小样寄送服务。

涉及的数字化营销技术包括定向和重定向。定向是人群圈选的过程，即品牌商根据自己的目标客户第一方数据和公域中的媒体平台进行数据匹配，然后向这些相关人群推送信息和服务内容。

重定向和定向是不一样的营销措施，即针对第一次触达的广告信息，客户没有反应，或者说客户有了点击行为，但是没有留资，再次定向这些潜在客户并通过不同的内容吸引他们的关注，从而让他们留资的行为。

当客户处于购买旅程的不同阶段时，品牌商可以采取重定向行为。在重定向的过程中，品牌商会使用营销自动化技术。根据客户所处阶段的不同，重定向的介质即内容必须进行差异化，客户对内容产生了相关的感受，才会进行下一步行动。

线索评分模型是评估客户未来转化的可能性和未来的购买潜力所用到的一种典型评分模型。关于线索评分这里介绍两种主要方式。

一种方式是根据客户与品牌商的交互行为，按照线索的冷热程度进行划分，交互轨迹抓取得越完整，客户互动得越频繁，表明他对品牌的兴趣越大，成为热线索。品牌商可以根据每一条行为为客户设定分数，所有触点、所有交互行为的评分相加形成的总分为对客户的评分。以此类推，分数最低的是冷线索。

另一种方式是将客户转化的可能性和未来的购买潜力作为衡量客户价值的两个指标，分别位于横坐标轴、纵坐标轴。图 4-3 所示为客户转化可能性衡量 2D 模型图。

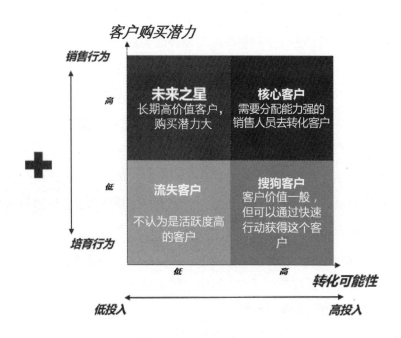

图 4-3　客户转化可能性衡量 2D 模型图

两个指标双高的，即客户转化可能性高、购买潜力高的是最需要被重点关注的，品牌商可以提供一对一服务，最大化客户的购买潜力。

两个指标双低的，即客户转化可能性低、购买潜力低的可以考虑先用自动化培育的方式进行线索的教育和孵化，提升客户的购买潜力或可能性。

两个指标一高一低的，即客户转化可能性高、购买潜力低的可以考虑直接将其导入电商平台，给予优惠折扣促成转化。客户转化可能性低、购买潜力高的，可以考虑前期先引入销售团队的支持，给予更多的资源和服务支持。

对于这两个指标——客户转化可能性及购买潜力的预估前期需要有大量的已经成交的客户数据作为支撑，以大数据为底层逻辑，利用算法归纳总结出哪一类客户的转化可能性高，购买潜力大的客户具有什么样的特征，然后根据这些特征对相似客户做出对以上两个指标的判断。

但是这种线索划分模型的前提是，有一定的前期数据积累，根据积累的前期数据，通过模型算法的方式计算出未来收集的线索转化可能性和价值贡献。

基于客户旅程制作的体验路线图对品牌商的价值体现为以下 3 点。

（1）差异化的内容和体验提升营销相关性与营销效率。

（2）打开前端营销漏斗，创造流量增量。

（3）提升新客户的转化率、客单价和复购率。

针对不同行业、不同品类，客户体验的路线图千差万别，更重要的一点是品牌商的坚持，这张路线图是动态变化的。我们可以基于客户洞察和营销数据的积累，修改路线图，让其更加合理。这个过程是反复迭代的，是必须要不断修正的，重点是在这个过程中市场部要积累和学习经验。

4.3.4　全域营销流程管理

设定目标和客户体验路线图之后，接下来就是全域营销流程管理了。这个阶段的关键是：第一，"全域"考虑的是全渠道；第二，"全链路"是在客户旅程的前、中、后期的全链路；第三，管理涉及不同部门之间的协作，尤其是市场部和销售部，也涉及营销部各个岗位的人员（内容营销和数据分析师、体验设计师，营销运营、媒体投放人员）之间的协作。

全域营销流程管理如图 4-4 所示。

你要依据营销目标，通过对行业、职业等客户标签的圈选，在平台中选定需要触达的人群作为本次数字化营销活动的受众。

营销目标不同，客户分类的属性也不同，客户圈选有很多不同的方式。

客户圈选	营销内容制作	客户旅程构建	营销发布
依据营销目的，通过对行业、职业等客户标签的筛选，在平台中选定需要触达的人群作为本次数字化营销活动的受众	利用可视化内容构建工具快速制作面向邮件、短信、社交平台的多渠道营销内容	使用可视化旅程构建工具搭建数字化营销活动旅程，设定活动执行时间、频率、平台等内容，并针对不同的客户行为和交互执行个性化的后续营销跟进	通过及时、定时方式，面向不同的渠道和受众发布针对性的营销信息。面对同一个渠道和同一种受众，可发布不同的营销内容，以确定不同营销内容的效果，供后续参考改进

来源监测
互动追踪

客户信息更新	个性化跟进	客户信息标签化/评分	个性化旅程执行
整个营销活动中客户的行为、偏好等信息都将得到保存并更新至客户画像和标签，为下一次营销活动提供参考	达到一定分数的客户信息将自动化推送至最适合的销售人员处，同时提供客户的行为分析信息和跟进建议	平台根据客户对营销内容的相应或忽略行为，依照预设的评分规则进行分数计算，以确定客户购买产品的意向	根据之前构建的客户旅程执行操作，并根据实际效果微调

图 4-4　全域营销流程管理

你把客户分成多少种类别？每种客户类别的营销目标可以进一步拆分量化吗？想要达到什么样的结果？最后，通过什么样的方式触达客户并完成你的营销目标？

接下来的问题来了，客户群体如何划分？有没有标准可以协助完成客户分类？是按照客户需求划分、按照客户所处的阶段划分，还是根据客户的属性划分呢？

根据客户所处的行业、地域、采购预算、场景可以对客户做出多种不同的分类。

以工业制造品牌为例，按照行业分为工业制造业、医疗健康、石油化工与天然气、食品饮料、纺织；按照地域分为一线城市、二线城市、三到六线城市；按照预算分为 50 万元以下、50 万～100 万元、100 万～500 万元；按照咨询类型分为了解产品、价格咨询、购买地点咨询、服务支持；按照场景分为线上直播、线下会议、广告战役。

同时，当已成交的客户数据积累到一定程度时，客户的可用性就有了更大的空间，这里为大家介绍一种以"RFM"为基础的被广大企业选择的客户群选择和分层方式。

RFM，即 Recency、Frequency、Monetary。Recency 表示最近一次消费，是指上一次购买商品的时候，即客户上一次是什么时间来到店里、什么时候买的车，或最近一次在你的超市买早餐是什么时候；Frequency 表示消费频率，是指客户在限定的期间内所购买的次数；Monetary 表示消费金额，是指客户在一段时间内（通常是 1 年）的消费金额，这很好理解。

这三者之间有一个共同的特点，就是都属于客户的购买行为，是客户数据的核心类别之一，还有两种核心类别分别是客户基本信息（通常指留资数据），以及客户的交互行为数据。RFM 模型的三维空间象限如图 4-5 所示。

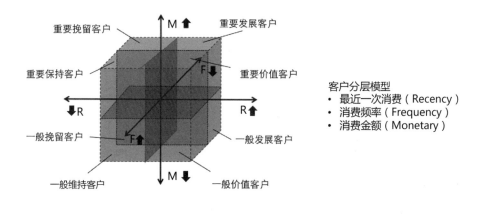

图 4-5　RFM 模型的三维空间象限

需要注意的是，这个分类的前提是你通过之前无数次的营销行为已经积累了一定的客户数据，同时，反向从最后转化的渠道（比如线下销售、零售门店及电商平台）收集到了这些客户的购买行为数据。虽然用这种方式对客户进行分类有一定的门槛，要求有前期活动的数据积累，但是它是比较直观的、行之有效的，也是被广泛使用的。

那么根据 R 值、F 值、M 值可以将客户分为哪几种不同的类型呢？

既然有 3 个维度，那么可以得出 8 种不同的排列组合，也就是 8 组客户，具体是哪 8 组客户？比如 R 值、F 值、M 值都很高的是重要价值客户。

如果进一步简化，把 F 值和 M 值作为最主要的维度来划分，那么可以简化为以下 5 种客户类型。图 4-6 所示为 FM 客户分类 2D 模型。

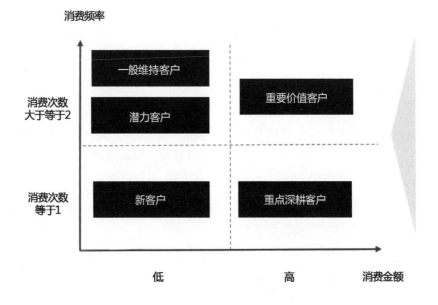

图 4-6　FM 客户分类 2D 模型

消费次数大于等于 2，但是消费金额低的客户是一般维持客户，也是潜力客户。

消费次数大于等于 2，并且消费金额高的客户是重要价值客户。

消费次数为 1，并且消费金额低的是新客户。

消费次数为 1，但是消费金额高的客户是重点深耕客户。

所有的目的都是将不同种类的客户往右上角转移，最理想的情况是把客户都转变为重要价值客户。我们要强化客户的忠诚度，让有消费行为的客户以后消费次数更多，消费金额更大。

在精细化营销的过程中，有两个因素起最主要作用，一个因素是关于营销自动化工具的，前面针对营销自动化工具和技术已经有过许多阐述。

另一个因素是内容。在内容为王的时代,什么样的内容决定了客户有可能被打动?你的一系列营销自动化举措是能够产生效果,还是被广大碎片化信息淹没?有效的内容不仅包括最前端的时尚干货,还包括激励手段,让客户真的有 VIP 的感觉,或让他感受到成为 VIP 之后能有什么可见的切实利益。切实利益不仅包括物质利益,还包括精神利益,比如 VIP 礼遇有尊贵感,根据马斯洛需求层次理论,这是比较高级的满足精神需求的方式。

RFM 是比较常见的客户管理模型,在实践过程中,根据不同的业务模式、客户特性,还可能会增加更多的维度,比如在 B2B 商业模式中,根据企业所处的行业、目标受众的职位,还会进一步细分。

在 B2C 商业模式中,客户喜闻乐见的沟通和购买渠道、SKU 都可能作为考量因素加入客户分群机制,所以,最终你可能会看到上百种不同的客户群体,针对他们的不同特征和需求定制内容,提升每一类人群接受内容并进一步行动的可能性,最终体现的是客户旅程中下半段转化率的提升。

RFM 模型只有在充分运用大数据分析的基础上,做自动化营销才有实践意义,所以,数据分析、个性化的内容营销及营销技术这 3 种数字营销要素密不可分,需要在战略上做到协同,在执行上做到细致、透彻。这就是我们在第 3 章提到的方法论、数据、内容、技术的综合应用原则。

RFM 模型还有一个很重要的作用是从 R 值、F 值、M 值都很高或其中两个值很高的客户身上进行客户洞察,从这一类价值较人的客户身上发现他们的典型特征,并把它们作为第一方的核心数据,然后根据第一方的核心数据和公域、第三方的媒体平台数据进行匹配,帮助品牌商进一步精准地触达更多的优质客户,提高客户触达效率和精准性。

客户群体圈选完成后,营销内容制作、客户旅程构建、营销发布、客户信息更新、个性化跟进、客户信息标签化/评分、个性化旅程执行就水到渠成了。

其中客户信息更新在很多大型企业中是一个很大的挑战,因为涉及市场部和销售部两个部门的协作，同时，客户信息更新并不是销售部应该做的工作，但是对市场部完善用户画像十分关键。

由于组织管理的问题和 KPI 不一致，往往客户信息更新是断层的，从而导致整个营销流程闭环管理的有效性大打折扣，其中的关键因素是两个部门的充分协同和组织管理的有效性。

建议由比较资深的、负责全域增长的管理者负责市场部和销售部之间的协同。管理者需要协助市场人员对客户进行个性化信息跟进，并且把销售人员的反馈积极给市场人员，用以完善客户信息。

这样形成合作的正向循环之后，对于销售人员来说，他们可以拿到更加精准的销售线索，也节省了他们跟进无效潜在客户的时间和精力。

4.3.5　定期检验结果：建立数据看板

在设定了目标，把客户体验路线图引入整个营销流程闭环管理的模型后，就要检验数据结果了。我们在这里介绍营销技术的进步，也同步催生了商业智能的进一步发展，体现在数据看板的可实现方面。

要用经营业务的思路去设定数据看板的模板，在技术上，数据的展现没有什么障碍，最关键的是如何制定数据看板的模板，背后要遵循什么样的逻辑。根据业务需求的不同，可以使用不同的模板以满足对业务不同维度的考量。我们以 SaaS 市场上比较常用的一款工具为例，通过选择合适的工具完全可以建立并管理不同类型的数据看板，以满足不同的业务场景。

企业需要数据分析师和营销人员、销售人员一起去定义想要看的数据看板参数，这和目标制定是息息相关的。

根据 RFM 模型圈选的人群画像看板如图 4-7 所示。

营销人员可以根据产品的特性，输入不同的 R 值、F 值、M 值，设定 RFM 模型的边界和区间。看板根据 RFM 模型分类的结果，看到分类后的每一种人群的整体概况、分布城市、消费金额、消费频率等。

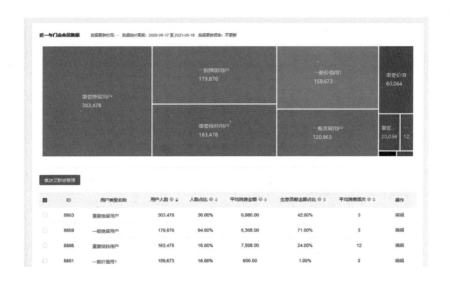

图 4-7　根据 RFM 模型圈选的人群画像看板

我们还可以使用基于 AIPL（Awareness、Interest、Purchase、Loyalty，认知、兴趣、购买、忠诚）经典客户旅程的看板，基于客户 AIPL 的人群画像看板如图 4-8 所示。

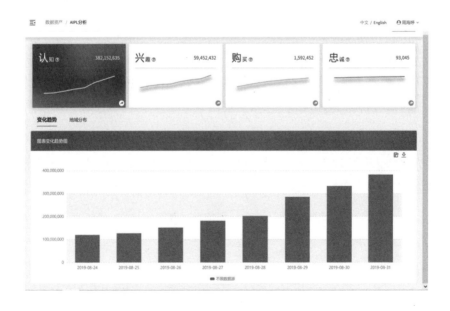

图 4-8　基于客户 AIPL 的人群画像看板

在制作数据看板之前，很重要的一点是，品牌的专业营销人员或其营销服务商需要帮助品牌对认知、兴趣、购买、忠诚每一个指标进行量化定义，如图 4-9 所示。

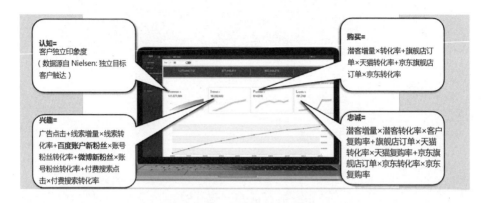

图 4-9　指标量化

认知就是客户对品牌的知晓度，如果这个数据的监测来源是独立的第三方公司，比如尼尔森这样的市场调研公司，那么，数据就有了可信度。兴趣来自不同渠道，包括广告点击、百度、微博等平台的粉丝转化。购买表示天猫、京东和自有平台或线下线索转化的订单总量。忠诚表示各个平台的复购订单总和。在进行了客户旅程每一个阶段的量化定义后，就有了数据实时的监测和计算。于是，营销人员可以根据这些数据在数据看板上的实时变化情况进行数据分析和洞察。

通常情况下，确定了用户画像后，在进行媒体投放时，需要基于这些数据扩大相似人群，即 Lookalike。相似人群的扩大可以进一步打开公域流量，拓展触达人群。同样，这部分人群的用户画像看板可以根据需求来定制。

Lookalike 配置的相关参数如图 4-10 所示。扩大相似人群后看到的用户画像如图 4-11 所示。

投资回报率看板是显示营销活动是否可以带来经济效益的核心模板，随着企业对市场部的期待从"成本中心"转向"利润中心"，企业对于市场活动的投入产出比更加关注，其核心体现在对营销活动的经济效益衡量上。

图 4-10　Lookalike 配置的相关参数

图 4-11　用户画像

投资回报率看板如图 4-12 所示。还是以某美妆品牌为例，这里要引入两个核心指标，一个核心指标是 CLTV，即客户终身价值，这个指标允许营销人员预测在关系维护期间，客户能为业务带来多少收入。CLTV 帮助营销人员了解每位客户的价值。同时，投资回报率看板展示了在确保有投资回报后可以花多少钱来获得新客户，并且帮助了解每获得一元的收入需要花费的营销成本。

在图 4-12 中，左上角的图帮助品牌商快速掌握 CLTV 水平是高还是低和CAC（获客成本）的比例关系、是否达到行业标杆、是否达到 KPI 等。

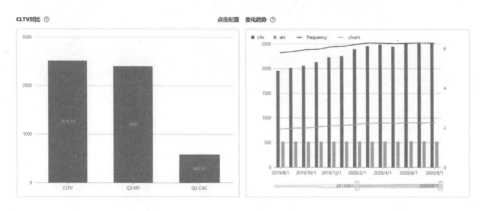

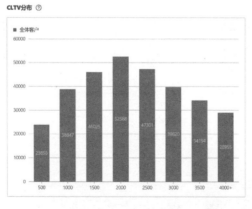

图 4-12　投资回报率看板

右上角的图直观显示出近期 CLTV 和各特征，如 ATV，消费者购买频率的变化趋势，时间可配置。

下方的图体现的是在选定的某一时间段内，消费者在不同 CLTV 区间的人数分布情况，时间可配置。

另一个核心指标是客单价（Average Transaction Value，ATV），它等于销售额/客单数，即客户每笔的平均消费金额，也可以理解为平均交易价值。

数据看板可以展现不同的产品的 CLTV 和 ATV 分别分布在什么区间，以及随着时间的变化，不同的产品的 CLTV 和 ATV 是否会发生变化。其可以衡量在某个时间区间内，营销活动的有效性、营销活动是否对 CLTV 及 ATV 的增长有着正面的促进作用，同时可以帮助大家判断投资回报率如何，未来是否值得投入更多。

客户属性示例如图 4-13 所示，其清晰地展现了单个 CLTV 及客户属性，是更深层次的单个 CLTV 解读。

图 4-13　客户属性示例

客户属性包括客户的基本资料，比如姓名、婚姻状况、家庭状况、性别、出生日期、地区等，还包括所处的 CLTV 阶段是老客户阶段，还是新客户阶段，以及 CLTV 的总金额是多少。总之，品牌商要尽可能完整地抓取这个客户在各个触点留下来的详细信息，以便进行全面、完整的评估。

还有一种看板是客户数据资产看板。它代表企业对客户数据的治理程度，是衡量企业数据资产的关键模块。

在制作客户数据资产看板前，同样重要的是建立客户数据资产评估体系（见图 4-14）。

在数字化时代，拥有数据就相当于拥有货币。所以，数据资产是可以以某种方式量化的。首先是监测客户的全域触点互动情况，包括来自不同渠道的客户互动，如百度、微信、腾讯视频、QQ 音乐、新闻 App、今日头条、抖音，以及通过自有平台，如邮件、网站、自建微信小程序等对用户轨迹进行捕捉。那么，你可能会产生这样的疑问：这些互动活动来自哪里？客户自然会和品牌商发生一些互动，但是这样的互动是由品牌商主动发出邀约，主动激发客户的行为而来的。

这些邀约包括企业的数字营销活动、客户运营、与客户体验改善相关的活动、销售活动、数字化产品的推出、在渠道层面与客户的互动等。

于是，通过各种不同的活动进行了一段时间的数据积累后，形成 3 个维度的评估体系，即客户影响力、客户购买力及客户活跃度。

这 3 个维度分别可以用一些数据指标进行量化，比如客户影响力体现在他所在的行业内和消费群体中影响别人的能力，即是否有直接带货的能力，是否曾经通过 Member Get Member（会员推荐会员）的客户关系管理活动转化粉丝，以及他转发出去的公众号内容产生的阅读量和二次扩散等。

客户活跃度体现在他最近和品牌交互是在什么时候，是否有进店体验等行为，是否有浏览网站等行为。

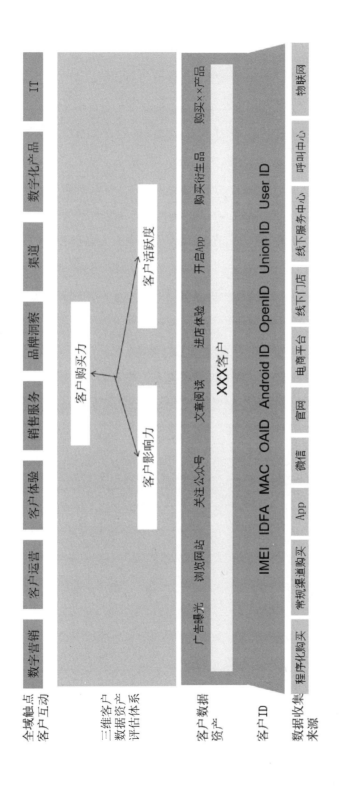

图 4-14　客户数据资产评估体系

客户购买力很好理解，体现在购买什么产品、购买频率和购买金额。

建立了客户数据资产评估体系之后，就可以很好地衡量在过去的一段时间内，企业的营销活动对客户数据资产的积累是否卓有成效了。

在未来，客户数据资产将成为企业长期发展中非常重要的资产，现在营销技术的发展赋予了它可记录、可储存、可量化、可评估、动态化更新的能力。

4.4 B2B 商业模式下的全域营销：ABM

B2B 商业模式有它的独特性，近年来，随着产业互联网的发展，数字化深入各个产业，B2B 业务成为许多企业的增量来源。

有别于 B2C 商业模式，B2B 是以流量为主的商业模式，B2B 的目标客户是企业，企业客户具有许多与个人消费者不一样的特点。比如，转化周期长、决策者理性。B2B 的目标客户可能涉及组织的不同职能的人员而非单一的决策者，购买因素受到政府关系、企业组织关系、供应链、付款周期等各种因素的影响。

B2B 根据目标客户的大小可以分成不同的商业模式。比如大客户，顾名思义，就是目标客户体量非常大，一个客户可能占企业一半的销售额，而一家企业一年只需要服务好几个客户就可以了，比如航空、化工原材料等行业的客户。

中小客户分布在全国各地，数量多、体量小。这种商业模式有点像 B2C，企业市场部需要用数字化的方式去触达无数个中小客户，比如应用化学品行业。

因此，B2B 商业模式下的营销方式非常复杂，不仅行业众多、商业模式有差异，一些行业还容易受到政策的影响，进一步限制了营销可施展的空间。

通常来讲，B2B 商业模式下的 SMB（Small Midum Business，中小客户）

营销方式接近 B2C，大规模地触达客户，进行客户筛选，直到最后的客户转化。B2B 中的 SMB 和 B2C 都遵循这种方式，区别在于目标对象是个人还是群体。

我们接下来介绍一种目前针对大 B 全域营销的主要营销方式，即目标客户营销。这个概念从美国引进，目前整个营销行业正处在探索并将其应用于 B2B 营销实践的过程中。它同样是基于客户数据、内容、工具和技术的综合营销手段。

4.4.1　ABM 如何助力 B2B 企业实现增长

营销的魅力在于，我们可以从千变万化的市场环境和商业模式中去寻找共性。这里介绍一种非常适合 B2B 商业模式的全域营销方式——ABM（Account-Based Marketing），我认为大 B 全域营销就是 ABM。

ABM，即基于目标客户的营销，是在 B2B 商业模式中全域营销的"王牌"。

B2B 是一个重客户关系，重线下活动线索孵化多于纯线上营销活动的商业模式，单纯地用渠道、产品或品牌的"域"去诠释 B2B 全域营销的本质不够，ABM 基于单个客户产生的目标客户营销将成为 B2B 全域营销的关键。

ABM 这种营销手段比较新，但是为什么 ABM 现在这么火热呢？一定是有深刻原因的，后面我会针对 ABM 的特点展开阐述，它是顺应新营销时代发展的产物，而且它涉及跨学科知识的交叉，很值得好好研究。

ABM 起源于美国，我们首先来看一下 ABM 的定义。

"ABM 是基于对客户需求的研究洞察，使得营销人员可以和销售团队合作，从而建立与关键大客户决策执行人员更深入、更紧密的关系。"

有的专业咨询机构给出以下定义。

"ABM 是一种 B2B 营销策略，该策略强调市场营销和销售的协同，以增强营销活动带来收益回报提升的效果。"

不管何种定义，从字面意思来看，它和营销自动化、大数据营销、DTC

（Direct To Customer）这些营销方式有重合之处，但是不完全相同。那ABM和这些典型的、常用的营销方式到底是什么样的关系呢？它们的相似点和区别体现在哪里？

ABM 呈现出以下几个特征。

（1）基于对客户需求的研究洞察，ABM 和大数据营销的目的不谋而合。

（2）与大客户决策执行人员建立更紧密的关系：这和 DTC 营销的结果是一样的，都是直面终端和客户直接建立联系。但值得注意的是，ABM 只针对大客户，而 DTC 针对所有的客户。

（3）营销人员和销售人员更紧密地协作：这既是目的，也是结果，所有的管理层都希望营销人员和销售人员可以紧密协作，各司其职，发挥 1+1>2 的效应。在传统模式中，营销人员沦为销售人员的支持方。这种营销方式可以在挖掘客户需求的前期，让市场发挥出更多赋能后端销售的作用。

（4）提升收益回报：ABM 通过个性化和精细化的客户运营提升营销的投资回报率，这和所有的营销活动的目的是一样的。

ABM 看上去和其他营销方式的区别不大，现在我们具体来拆解一下它的特性，其实区别是非常大的，并且在实践过程中有非常大的难度。

特性一：金字塔模型，先做深，再放大。传统营销模型和 ABM 模型的对比如图 4-15 所示。

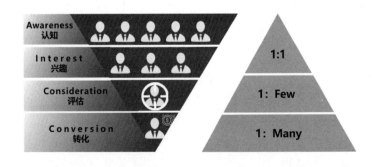

图 4-15　传统营销模型和 ABM 模型的对比

营销人员对哪一张图更熟悉呢？很显然，是第一张图。第一张图是 Demand Generation/Lead Generation（需求挖掘/线索挖掘）AICC 模型。

第二张图是 ABM 模型，它从形状上看是倒漏斗形，是和传统数字营销截然相反的方法论，虽然营销目标和结果是一样的，但是采取的方式却截然相反。

在传统营销模型中，企业要和筛选出的重点大客户建立一对一的关系，采用个性化、定制化的内容和决策者做深入沟通。在沟通前，企业需要建立一系列缜密的客户洞察，如果说在传统的营销方式中，市场部门更加注重的是对整个市场大盘行情的研究、市场细分和竞争对手的情况，那么 ABM 模型注重的便是对特定客户群体本身的个性化研究，并且客户洞察不仅包括普通的用户画像（年龄、学历、地域、浏览行为、购买行为、遇到的职业挑战、想要产品帮助他解决什么问题等），还包括客户的性格、客户喜欢以何种方式进行沟通等这些不太会被关注的内容。

所以，第一阶段的核心是客户洞察，而客户洞察的来源不只是客户轨迹和现有数据库中的数据。对关键客户的采访、销售人员的输入也可以获得深刻的客户洞察，所以这就引出 ABM 模型的另外两个特性。

特性二：市场部和销售部的联系更紧密。

通常 B2B 的营销方式是市场部通过一系列的分析、渠道投放、内容营销方式获得潜在客户，然后让 CRM/Call Center（客户关系管理/呼叫中心）团队进行客户筛选，筛选出有真正的意向客户，最后把客户名单给销售人员，这是标准的方式，也是尽可能降低引入销售人员成本的方式。

所以，如果简单粗暴地讲，市场部负责上半段漏斗的转化，从 Awareness（兴趣）到 Consideration（评估），销售部负责下半段漏斗的转化，即客户的成单和转化。在实际操作过程中，一定是有断层的，比如市场部希望销售部在赢单后，能够将这些信息返回市场部，做经验总结，或者把取消的客户信息返回，去分析他们为何取消，市场战略该如何调整。而在实际运营的过程中，销售数据的反馈其实是一个大难点，因为这本身不是销售人员的 KPI。

在 ABM 营销方式中，从金字塔模型的顶端进行客户洞察的时候，销售人员就要参与进来，和营销人员一起制定选择垂直领域客户的标准，然后和营销人员一起拜访客户、挖掘客户痛点、对客户进行采访，帮助营销人员归纳出客户的特征。

特性三：ABM 需要研究人，引入心理学理论。

因为 ABM 可以非常精准地针对某个大客户展开强烈的攻势，显然十分重要的是，在展开攻势前研究这个特定客户的一系列特点，就像男生追求一个女孩，是不是这个女孩的爱好、性格特点等都得花心思好好了解，才有追求成功的希望？

ABM 也一样，要获得客户的青睐，不光是由你的产品、服务决定的，情感因素（你对这家公司、这个销售人员有没有好感）也是很重要的一部分。所有的决策都是非理性的，一定会受到情感因素的影响。

所以，我看到一些国外比较先进的企业在做 ABM 时，会引入 DISC 性格分析模型，DISC 性格分析模型如图 4-16 所示。虽然 DISC 属于心理学的范畴，但是心理学关于人的动机和行为研究对于深度洞察客户、了解客户，从而制定营销策略有着非同寻常的意义。

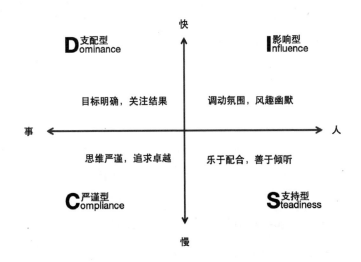

图 4-16　DISC 性格分析模型

这个模型很好用，可以用在研究客户的个性特征、行为特点上，可以帮助未来的销售人员确定以什么样的方式和频率去和客户沟通，可以帮助市场部判断什么样的内容可能更适合一些相关的营销决策，而这些关键的营销决策将直接影响着营销效果和销售收入。

通过前期对客户进行深入的研究，营销人员可以在接下来的客户攻关中，从沟通方式、沟通手段、沟通内容及沟通话术上全面赋能销售人员。

4.4.2　ABM 三部曲：优势、挑战、策略

上一节我们讲到了 B2B 营销界火热的 ABM 营销概念和实践，ABM 有别于我们通常讲的 Demand Generation（需求挖掘）、Lead Generation（线索挖掘）等一些营销手段，ABM 比较显著的特点是它是高度定制化的，是针对某类甚至是某个特定大客户展开的，要求营销人员和销售人员从一开始制定策略时就高度配合。

很多人会问，既然是对某个特定大客户展开攻势，数量级很大，那么直接让销售人员去建立关系即可，为什么还需要营销人员参与呢？这不是画蛇添足吗？

原因有两个：第一，销售人员的主要任务是成单，用自己企业的产品帮客户解决问题，他们是奋战在一线的。但是企业跟大客户的愿景通常是通过战略意义上的合作，不仅帮助客户解决当下的问题，还要展望未来，和客户一起成长，面对未来的挑战。

这时候就需要和营销人员一起去制定发展战略，营销是全局的观察、分析与规划，销售是局部的接触、交流与执行。在这个过程中，营销人员注重战略，注重带给客户独一无二的体验。

第二，企业做 ABM 的目的是要赋能未来相似客户的销售，是什么意思呢？就是说，企业不仅针对这个特定的大客户，未来想要通过对这个大客户的彻底洞察和营销攻势经验的积累去攻克更多像它一样的大客户。

比如亚马逊的推荐功能，亚马逊总是能够为你推荐满足你的需求的产品，让你买更多。它不仅根据你的偏好、历史数据和网络轨迹，还在它的庞大的数据库中搜索你的"二重身"，把他们购买的商品推荐给你。

ABM 的营销目的是建立这些大客户的珍贵的数据库，未来作为"二重身"的依据将产品推荐给其他类似的客户。因为 ABM 是极其个性化的数据洞察，一旦找到"二重身"，它的推荐就会变得极其精准，营销效率显著提升。

据统计，有 97% 的 CMO 认为，ABM 能够比采用其他营销措施产生更高的投资回报率，总结一下，ABM 的优势主要体现在以下几个方面。

（1）更快速、更广泛的客户渗透。为客户量身定制一对一的信息，在正确的时间、正确的场合将信息传达给正确的人，不仅增强产品对客户的吸引力，而且可以更快速、全面地渗透进客户心智。

（2）清晰的、可量化的投资回报率更加具有指导意义。以前的投资回报率衡量是聚合性的，不管什么客户、什么行业、什么背景，形成的都是笼统的投资回报率，但是 ABM 衡量的是，具体某一类具有相似特性的客户营销有效性，所以，下结论的时候更加有的放矢。

（3）有效地利用资源。在大型企业中，通常会遇到的问题是各部门 KPI 不协同，任务协同很难。ABM 目标清晰，有助于部门（主要是市场部和销售部）之间的有效协作。组织目标高度聚焦后，资源浪费的现象自然会大量减少。

（4）有效地收集客户反馈，与客户建立更密切的合作关系。与客户的合作要注重"质"而非"量"。有效地收集客户反馈，有助于不断地改进产品和解决方案，弥补短板。

（5）获得更长期的成功。将客户的基因融入业务形态和长期发展战略里，重心从销售产品转移到制定市场领先的深度解决方案，随着时间的推移，这将构建区别于竞争对手的强大市场壁垒。

找到一家可以从熟知 ABM 营销体系、战略部署到完全覆盖端对端服务的合作伙伴是 ABM 营销成功的关键。从制定大客户发展战略、ABM 营销策略到项目管理和执行，这是一个巨大的项目。目前兼具战略能力和执行能力的营销供应商是很稀缺的，再加上 ABM 是针对 B2B 企业的，受众面比较狭窄，市场上能够提供此类服务的机构几乎没有。全球性的咨询公司可以制定战略，但是在执行上比较欠缺。本土小而美的广告公司有执行能力，但是缺乏全球化的格局、战略能力。这是 ABM 营销人员不得不面对的挑战。

国内的 ABM 营销面临的一个比较大的挑战是数据供应商和端对端服务的合作伙伴不一样，国内的数据供应商提供的第三方数据质量参差不齐，看上去可以通过 Cookie、手机号匹配等方式找到海量的客户轨迹数据，但这些数据的真实性和质量是有疑问的。

同时，由于国内独有的数字化生态，大量的数据封闭在 BAT（百度、阿里巴巴、腾讯）体系内，形成数据垄断。而数据洞察是 ABM 营销的第一步，如果数据不准或难以获取，那么后面的策略就一定不对了。

现阶段想要通过第三方寻找机构合作伙伴，快速建立 ABM 营销体系显然是不太现实的。在这种情况下，如何开展 ABM 营销活动呢？

首先，ABM 营销活动是一种自上而下的行为，涉及客户认知的改变，也就是说，要从上而下地逐渐让大客户销售人员和市场人员接受组织想要完成从现状到 ABM 的变革。所以，它是一场变革和转型，难度一点也不亚于收购一家公司。

其次，ABM 不仅仅属于市场营销的范畴，既然是变革，那么就涉及市场、销售、供应链、客户服务、HR 等各个职能部门组织行为的转型。从客户认知到组织变革，这是一种长期行为。

在短期内可以先从某个事业部开始进行小范围的 ABM 实践尝试，然后扩大规模、渗透组织上下。在 ABM 的实践战术上，通常可以遵循以下 3 个步骤。

第一步，客户定义洞察及竞争环境洞察。

精准地定义你想要触达的客户群体，其中涉及客户组织结构的不同角色，把这些角色全部找出来，比如采购人员、CXO、部门负责人、经理等，通过第三方数据库匹配、企业已有的 CRM 数据库挖掘、客户采访、客户调研等方式把一切可以帮助你获取大客户信息的来源全部找出来，进行全面、透彻的分析。同时，以点带面，除了了解自己想要触达的客户群体，还要进一步了解他们关注的竞品信息，以便进一步做 SWOT 分析。

第二步，制定内容营销策略。

开发精准内容。了解客户的痛点，即他们最棘手的问题是什么、战略愿景是什么。战略愿景分为短期战略愿景和长期战略愿景。你要让你的内容被客户所接受，从而让客户对你产生好感，并且让客户觉得你可以成为他们可以信任的合作伙伴。

第三步，匹配沟通渠道和方式。

不是所有的客户都喜欢用同一种方式进行沟通、触达，所以在前面我们讲到除了了解客户的职业身份和痛点，还要研究每一个目标受众的性格特征及心理动机。不同类型的人喜欢的沟通方式是不同的，与人相处的行为模式也是不同的，比如 C 型人要求沟通要极为精准，不要模棱两可，也不喜欢盲目乐观，那么，I 型销售人员和 C 型人沟通的时候要尤其小心，不要说出格的话，凡事要有理有据，在做内容的时候要讲究以数据作为支撑，用扎实的成功案例让对方看到你的真正实力。

最后，如何衡量 ABM 营销的阶段性成功？可从以下几个方面入手：第一，从行为指标入手，比如白皮书的下载量、Email 的打开率等，这些是定量的指标。第二，从客户反馈入手，定量和定性相结合，通过一段时间的沟通，客户的整体感受如何、体验如何，客户可感知的内容价值如何。第三，从业务影响力入手，比如通过活动增加了多少次潜在业务机会、销售的转化率是否提升、客户的实际购买金额是否提高等。

随着越来越多的数据被积累和记录下来，可以通过制定数据看板帮助所有的项目参与人员，包括 CMO、销售总经理、销售人员、市场营销战略执行人员看到项目取得的一些成绩，看到 ABM 的意义和可衡量的价值产出、营销投资回报率的提高，从而未来在向更多方向拓展的时候，用数据说话、依据数据做出客观实际、可执行的决策。

第 5 章

营销运营化

"营销运营化"是近几年兴起的市场营销分支中非常重要的一门生意，之所以说它是一门生意，是因为在数字营销趋势的基础上衍生出了许多与此有关的元素，比如运营理论的发展，运营平台、工具和技术的推出，运营人员的招聘和培养等。

如今，企业对于运营人员的需求可谓"一员难求"，因为营销运营化发展得太快，理论的发展和对运营人员的培养跟不上时代的快速发展，导致市场运营人员的需求大于供给，从而导致供需不平衡。

5.1　为什么营销会变得运营化

5.1.1　非理性决策

爱尔兰物理学家、癌症研究专家，牛津大学博士后研究员大卫·罗伯特·格兰姆斯在《非理性决策》一书中说道："我们身处信息大爆炸的时代。面对如潮水般涌来的信息，我们常常难辨真假，因此会不可避免地形成一些错误的认知。"

人是情感动物，在对品牌和产品喜欢或不喜欢，做出购买或不购买的决策时，在很多情况下，会受到非理性决策驱动因素的影响。

理性消费是无法完全实现的，只能集中在某个限度之内。现实中人们在做出消费决策时，很可能不会考虑得非常周全，非理性消费在所难免，这对于品牌商来说有非常重要的意义。

有些企业认为客户都很精明，坚信客户只会考虑实用价值和付出的成本。这些企业往往自诩为价值主义的拥护者，其实只是实用主义者罢了，神经科学的研究打破了实用主义者的观点，既然情绪影响着人们的判断，那么情绪本身当然是一种重要的客户价值。重视所谓的实用价值并不代表需要排斥情绪价值，相反，客户的情绪价值对营销运营起着不可或缺的作用。

假设一位客户在做出购买决策时，一切基于完全理性的数据分析、比较产品的性能得出产品质量是否为上乘的结论，或者以价格高低作为绝对的购买衡量标准，又或者选择绝对没有负面新闻的企业。总之，如果客户根据所有的理性分析做出购买决策，那么企业进行客户运营的意义就不大了。

"Z世代客户"将逐渐成为消费的主力军，他们越来越倾向于为情感需求而消费，而不仅仅是为实用性需求而消费。事实上，我们对一种产品的感受，30%来自功能、性能、感观，70%来自心理体验。这种体验不仅影响着客户的购买行为，还影响着客户对品牌做出的其他反馈，比如客户是否愿意向别人推荐、分享产品等。而后者是客户运营的关键手段，这些行为就像"社交货币"一样构成同为一个圈层、一个群体的基础。

所以，客户运营的本质是通过各种各样的方式建立与客户的情感连接，让客户爱上你、要买你的产品，并且买上瘾。在运营的过程中，运营者的"软技能"似乎比产品的"硬实力"更重要一些。

然而，营销运营人员要注意的是，不可利用客户非理性决策的心理弱点来达到在短期内刺激销量增长的目的，不然只会适得其反，失去客户的信任，从而导致客户流失，这对品牌信誉和客户口碑来说都是一种损害。

5.1.2 "精细化"的必然要求

"以客户为中心"的营销策略成为CMO（首席营销官）的主要营销策略，被作为一个重点目标提上议程。我们不再把客户看作流量去收割，而是把客户看作"爱你的人"，这个对品牌商提出的像对待"爱你的人"一样对待客户的过程就是营销运营化的过程。

曾经各大品牌投入巨资买下各大黄金区域的广告牌、抢占电视节目的黄金时段，以互联网广告的黄金点位去抢占流量红利。但是在当下，流量的成本越来越高，传统的方式已经不可行，品牌商需要创新营销方式以突出重围。

为什么营销运营化会成为当下全域营销不可或缺的部分？

首先是因为客户群体特征和行为习惯的变化。客户的行为呈现快速变化，更准确地说是呈现蜂窝状的聚集，形成小众化圈层文化。

当下的市场已经不存在所谓的大众化市场，所有的市场都变成了小众化市场，围绕不同兴趣、不同爱好、不同文化形成了各种各样的圈层，一个个圈层的形成呈现出蜂窝的状态。究其原因，主要有以下两点。

第一，移动互联网时代的客户呈现出节点和触点的分散，这意味着大市场的瓦解。客户和品牌的触点、客户和客户之间的触点随时有可能因为某个偶然的机遇或某个品牌的影响而产生新的交集，于是形成了多样化的品牌需求。

第二，客户心理的变化，客户希望找到有相同文化、兴趣、爱好的各种社群组织。社群是近几年兴起的社交方式，人们有社交的需求，社交基于彼此之间有着相同的价值观、兴趣爱好等，数字化发展程度日益提升，所以，形成了各种各样的社群，形成了圈层文化。

其次，营销运营的本质是精细化。精细化是以大数据为依托，以数字化技术为主要赋能手段，基于客户全生命周期价值旅程进行精心设计的过程。

在数字化时代，全域营销特别强调"以客户为中心"，通过数字化技术满足客户小众、长尾、个性化的需求，营销运营化在这种情况下应运而生，成为市场营销至关重要的环节，为市场营销注入了活力。我认为"私域""社群营销""圈层营销"等概念都属于营销运营的一部分。

在营销运营中，"拉新获客"不再成为企业首要关心的话题，而前面重点分析过的老客户的忠诚度、复购、购买频率、购买金额等涉及客户终身价值的衡量因素后来居上，成为营销人员关注的主要内容。

最后，通过精细化的营销运营活动产生的营销效果更持久。

有别于传统的流量获取时代，客户就像被"割韭菜"一样受到品牌商广告的狂轰滥炸，品牌商将流量的增长作为考核标准，丝毫不顾及客户的感受，而营销运营不仅可以提升品牌商营销活动的投资回报率，而且是更加可持续、更加长效的营销行为。营销运营从根本上满足了客户的需求，用心经营与客户的关系，拉近与客户的社交距离。品牌商不再是那个高高在上的角色，而是愿意接近客户、真诚帮助客户解决问题的好伙伴。

无论是从客户的角度、运营本质的角度，还是从营销效果的角度来说，营销运营化都是营销人员面临的不可逆的营销趋势，同时，也是营销界的一大进步。从服务客户的角度来说，市场部和销售部将变得更加同频。

5.2 什么是营销运营化

我认为可以把"运营"这个词拆分成运作和经营。运作什么？运作企业的营销活动。经营什么？经营客户。

一般来讲，营销运营由以下几个要素组成：客户、活动、内容、媒体。客户是运营的对象，活动、内容是运营的主体，媒体是运营的手段和介质。

营销运营化的核心是品牌商对客户的关注越来越多。这需要营销人员的底层认知和思维发生彻底的转变。

营销运营与传统的营销方式相比，呈现出以下特点。

首先是对于客户的关注。"关注"这个词可能用"痴迷"代替会更加贴切，当下要比"大众传媒"时代更加关注客户需求，以客户需求为中心，按客户需求定制并升级改良产品，所以产品迭代的周期更短。除了生产环节，供应链方面也以客户需求为中心，按客户需求即时交付，这样就对供应链的快速反馈提出了更高的要求。总之，不是品牌商想要怎么样就怎么样，而是由客户说了算。

其次是细节决定一切。前面说到客户需求呈现出更加小众化、个性化、圈层化的特点，那么在所有的营销活动设计中，客户体验是至高无上的。在满足客户个性化需求的过程中，客户体验决定了客户是否会买单、是否会和品牌商的品牌有进一步的联系。

客户体验的设计来自各个细节，客户感知到了什么、看到了什么、听到了什么、对品牌有何印象，无一不是来自品牌在各个细节上的把控。品牌广告所呈现出的正面、积极的形象，线上线下的专业、体贴的客户服务，品质一流的产品，精致的包装设计，线下客户邀约活动策划得细致周到，这些构成了品牌带给客户的卓越体验。

营销运营的本质是客户体验设计的精细化。同时，我们应该看到营销运营面临的实际挑战，营销运营对数字化营销人才的技能提出了更高的要求。从传统意义上来说，营销理论的迭代比较慢，对于人才技能升级的要求比较低。但是，随着大量新媒体的涌现，对于运营人才快速学习和更新自身技能方面提出了极高的要求，懂新媒体、懂人性洞察、懂内容营销、懂活动运营成为优秀的运营人员需要日日精进的主要方面。

5.3　营销运营新现象

5.3.1　新现象催生新的代理机构

在营销运营化的背景下，产生了许多营销运营新现象，如直播电商、短视频营销、社群营销、私域流量运营等，因此产生了新的广告代理机构。从代理商的角度来说，营销界曾经被闻名世界的 4A 广告公司、本土精品数字营销机构、独立创意公司所垄断。

随着营销运营新现象的出现，垄断的局面被打破了，私域运营服务商、SaaS 软件商和运营实施方、大数据服务商、社交媒体代运营公司、自媒体共同构成了当今中国市场营销界百花齐放的场面，传统的 4A 广告公司面临转型，传统创意服务和以"效果"为主的代理公司之间的合作边界已经变得不那么清晰。

我和头部互联网公司的数字化解决方案负责人、社交媒体代运营公司创始人曾经有过交流。他提出，互联网公司普遍面临的问题是传统广告公司负责品牌战略、创意。头部互联网公司有平台、数据积累、技术，而社交媒体代运营公司有"网红"资源、KOC资源。那么这几方显然具有不同的优势，它们需要协作，共同服务好同一个品牌。

我的职业生涯始于营销传播集团WPP，也就是传统的4A广告公司，以前品牌商用一家4A广告公司就可以解决所有的问题。4A广告公司的策略部解决营销策略的问题；客户服务部解决客户需求的问题，然后将其整理成营销思路转达给其他的执行部门，并向客户汇报项目管理的问题；创意部通常是广告公司的"灵魂"部门，创意曾经是广告业的核心价值所在，以前的营销效果以"好的创意"作为衡量标准。

广告公司有个叫Traffic的部门，即流程管理部门，这个部门是做什么的呢？它的主要职责是接到客户服务部的客户需求后将其分配给不同的创意人或制作团队，并确保他们的工作量是合理且饱和的。他们也会很理直气壮地告诉客户服务部的同事："做KV（Key Visual，创意主视觉）需要两周的时间，让客户回去等着吧。"客户服务部的同事只能将这个"不幸"的消息传达给客户，自然会受到客户的批评。

所以，客户服务部的同事最容易被夹在客户和其他部门中间左右为难。他们一方面要管理客户的预期，另一方面要保证内部的创意部能够按时保质地完成客户提出的工作，非常焦虑。而创意部同事的出发点是他的作品是否有足够的创意、是否能用创意更好地支撑品牌产品的宣传，因此出发点的不一致很可能会导致双方在工作中产生冲突。

在以前，这种现象太常见了，客户需要等待很长的一段时间，以便4A广告公司能产生好的创意，4A广告公司可能比客户还厉害，甲乙方关系倒置。

这与当时的营销和广告所处的时代背景有很大的关系，以前营销以"创意"作为主要的衡量标准，客户预算充裕。那时我经常会遇到一些不寻常的情况，比如汽车行业在市场发展的红利期，无论营销做得好不好，销量都很好。

甲方市场部得到了很大一笔预算，不知道往哪里花钱，营销结果没有太多可以衡量的具体指标，市场部负责人拍脑袋说："做个品牌广告吧。"接着，该品牌在电视、广播、高端小区的广告牌上都做了广告。这时候，创意、客户的主观感受几乎成为评估 4A 广告公司是否圆满完成任务的标准。所以说，创意是广告的灵魂。这似乎让现代的营销人员难以理解，但实际情况就是这样的，广告业经历过这样的黄金时代。

如果你看过《广告狂人》这部非常经典的描述 4A 广告从业者真实生活的电视剧，那么你大概可以了解传统 4A 广告公司的运作机制，以及每一个 4A 广告从业者的情结，对客户的爱和恨、对创意工作的爱和恨交织在一起，这就是 4A 广告从业者的生活。

由于营销重点的转移，以品效协同为目标的内容营销等成为营销主流。面对竞争激烈的市场，为了能够生存下去，品牌商除了做品牌形象广告，对创造好的营销效果的要求越来越高。"创意"已经完全无法满足品牌商对代理公司核心价值的需求，营销现象的百花齐放、营销行业的"技术化""数字化"等带着"非创意"的标签，不断地颠覆着传统营销广告业。

纵观整个营销广告行业，跟以前相比，有以下两个显著特征。

（1）广告代理商必须快速响应客户需求，并且根据需求制定解决方案，唯"快"不破。

以前需要两周完成核心创意，如今已成为不可能的事情。社交时代已到来，广告代理商可能每天都要为品牌商带来大量的短视频内容并进行"种草"，还可能隔三岔五进行一场直播，帮助品牌商带货，并达到具体的销量指标。代理商需要做的事情就是，快速地响应不断变化的数字化环境和客户需求，以创造价值为根本出发点，达到和客户的双赢，以客户的成功作为自己成功的标准。

（2）广告营销领域被进一步细分，这导致的必然结果就是，可能没有任何一家代理商可以完成客户所有的全域营销的需求，代理商各有所长，分工协作的重要性凸显。

不同于传统意义上的营销，一家 4A 广告公司可以满足客户所有的全域营销需求，如广告创意、媒介投放、数据分析、客户关系管理等，而全域营销对于大数据营销、内容营销、营销自动化、客户运营等催生的新营销现象提出了新的营销需求。品牌商需要充分地整合资源，博采众长；代理商需要建立与其他不同类型的营销代理公司的协作机制，在营销细分专业领域深耕，创造核心价值，积累客户案例，带动其所在行业进一步发展，建立自己所在领域的思想领导力地位。

长期思想领导力的建立、代理商品牌的巩固将帮助代理商进一步成长，并在其领域站稳脚跟，从而带来更长期的广告业绩增长。所以，代理商除了要有销售思维，还要有品牌营销思维以占领客户和核心合作伙伴的心智，不是你主动去找客户，而是让客户主动来找你。

5.3.2　直播电商

据统计，直播电商 GMV（Gross Merchandise Volume，商品交易总额）在 2025 年将达到惊人的 6 万亿元，截至 2021 年年底，直播电商的规模已经达到万亿元级别，且预估每年将维持稳定的增长。2025 年，直播电商 GMV 将占零售电商 GMV 的 25% 左右。也就是说，1/4 的交易额都由直播渠道产生。

从直播渗透率和直播发展难度这两个维度来看，服饰鞋包、美妆护肤、生鲜食品、家电数码等非标品有着显著优势，家居家装、图书音像、汽车和本地生活这几个品类的直播电商发展难度较高，目前直播渗透率较低。不同品类的直播电商发展难易度如图 5-1 所示。

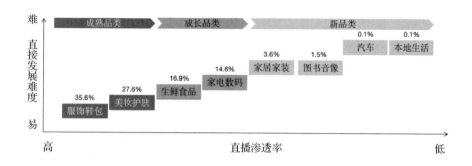

图 5-1 不同品类的直播电商发展难易度

从客户的角度来说，直播电商不同于传统电商，后者是人找货，前者是货找人（客户非目的性地在观看有趣的内容时，被产品和直播所吸引，产生购买行为），满足客户"懒"的心理需求。所以，在这种场景下，客户接收信息的行为是更加被动、更加不用花费力气的。

据统计，对于品牌商而言，直播对于提升客户黏性的作用巨大，典型的平台直播客户对平台的人均单日使用时长超过 120 分钟，远远高于非直播客户。

随着企业对效果营销指标门槛的进一步提高，品牌商渴望将流量快速变现，内容"种草"到内容变现的过程需要进一步被简化，同时，价格将不再成为购买决策的核心指标。客户的兴趣、对于网络主播的信任等作为新的购买动机被加入购买决策过程中，影响客户决策的因素变得更加复杂多样，且易受外界环境的影响。因此，直播电商给予了品牌商通过产品力、价格、渠道、供应链以外的常规营销要素触达并影响客户心智的可能性，即创造营销能力增量的空间。

从平台方的角度而言，2021 年 3 月底到 4 月初，快手、抖音相继提出"信任电商"与"兴趣电商"的概念，宣告短视频平台正式加入电商战局；2021 年 5 月，京东与抖音达成 200 亿元 GMV 年框协议，京东的全量商品接入抖音。电商平台与内容平台的边界逐渐消失，催生了流量增长和业务场景相互融合的全新可能性。媒体即卖场，卖场即媒体。

图 5-2 所示为 2022 年品牌线上营销渠道优先投入意向分布情况，从中可以看出，2022 年品牌商对各平台营销投入的意愿度呈现出如下趋势。

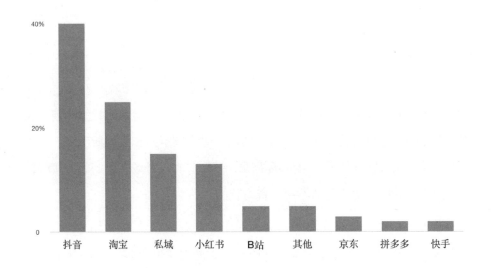

图 5-2　2022 年品牌线上营销渠道优先投入意向分布情况

抖音、淘宝、私域位列前 3，可以看出，全渠道布局已经成为显著的趋势，与 2021 年不同的是，品牌商的布局进一步向具有电商性质的平台转移，抖音"兴趣电商"的推出进一步强化了其带货能力和对效果营销的重视。淘宝作为传统的电商平台，继续维持着其核心能力而受到品牌商的广泛关注。传统的纯电商平台（如京东、拼多多）的广告投资将后移，不再作为重点投资渠道。

图 5-3 所示为 2020 年直播电商相关特征图。随着国家对直播电商领域的严厉管控，整个行业进行规范化操作是大势所趋。

图 5-3 中所示的三大平台的定位各不相同，淘宝是赋能商家的重要营销与流量分发工具，抖音是致力于满足客户潜在购物兴趣的平台，快手是以内容和私域为核心的信任电商。从页面分发形式来看，三者呈现出显著的差异，

其中淘宝的头部账号以品牌直播为主，抖音以达人直播为主，快手几乎全是达人直播。

	淘宝	抖音	快手
内涵	赋能商家的重要营销与流量分发工具	致力于满足客户潜在购物兴趣	以"内容+私域"为核心的信任电商
2020年GMV（亿元）	4000	1700	3812
页面分发形式	直播页：双列算法分发 视频页：单列算法分发 关注页：双列关注分发+三列算法分发	推荐页：单列算法分发 同城页：单列地理位置分发 关注页：单列关注分发	精选页：单列算法分发 发现页：双列算法分发 关注页：双列关注分发

图 5-3　2020 年直播电商相关特征图

对于直播电商的未来，我认为将呈现出以下几大趋势。

1．品牌、"网红"、平台三角阵营的形成

通常情况下，品牌商喜欢入驻抖音、天猫这些平台，以便更好地利用平台的"免费"流量，为品牌创造收益。其实，没有什么是免费的，品牌所承载的客户、流量数据最终还是被平台方获得，一度造成第三方主流平台数据垄断的局面。而大数据正是当下数字营销的核心关注点，对企业有着不可估量的价值，形成了品牌、"网红"、平台牢不可摧的三角阵营。

平台给予"潜在网红"发挥能力和获得流量的空间，而"网红"帮助平台增强客户和平台的黏性。品牌通过"网红"带货增加销售收入，而"网红"则通过品牌给予的广告费进行流量变现，三者互相受益，利益关系坚不可摧。平台对于"网红"的依赖度进一步加大，高质量、自带流量的顶流"网红"成为各大网络平台的争抢对象。

2．直播电商是将内容、场景和电商进一步融合的艺术

单独的电商或单独的内容已经无法满足品牌商对营销的要求，平台在不

断地完善着内容和电商互补的生态化能力，淘宝、京东等传统的电商平台在加紧与短视频、图文内容的联结，不断突破商业边际。同时，传统的内容平台也在大刀阔斧地向电商行业迈进，这种相互之间的不断融合、"出圈"的行为不仅为平台带来更多的流量，提高了平台活跃度，也为品牌商的营销方法提供了更多选择空间。

直播固然可以带给客户更直观的感受、更直接的信息传递、更实际的购物实惠，但客户已经不满足于看到普通的直播，面对直播供给的提升，他们的猎奇心理逐渐减退。如何通过更优质的品牌内容，以更新奇的方式切入更精细的场景，将符合客户需求的优质产品带到客户面前以打动他们的心，应作为直播电商重点发力的方向。

3. 直播电商将成为 B2C 企业更加常态化的销售方式

与传统电商和线下零售相比，直播电商似乎只是以新的方式将常态化的产品带到客户面前，所以，商业的本质并没有发生变化，直播通过带货主播拉近了客户与品牌的距离，最终它的表现形式将更加常态化。一旦常态化，正价商品的比例很有可能会进一步提高，"史上最大折扣"等以促销让利为主、博取眼球以制造流量爆款的方式注定不能持续不断地让品牌和平台盈利。品牌力、产品价值依然是核心，虽然长期来看，平台依然在产业链中议价能力最强、掌握全链路价值分配权，但平台对优质品牌的需求、"网红"直播对优质品牌的需求会继续增加。同时，品牌和平台的流量一定会向顶流"网红"倾斜，培养"网红"就跟培养电影明星一样不易，但他们一旦走红，形成的商业价值不可估量。

4. 品牌自播结合私域运营将成为品牌商的另一大突破领域

直播电商始于直播，而不应止于直播，直播不是实物销售的终点。品牌自播的一大优势是获得的直播流量均来自粉丝，通过一次次直播不仅可以创造销售收益，还可以建立与粉丝的信任关系，以直播带动品牌商与客户进一步交流，解答客户的问题，更好地服务于他们。所以，客户的运营工作将融入直播电商和店铺运营的日常中，品牌自播和私域运营将创造内容"种草"、客户运营、销售、成交于一体的全新场域。

虽然品牌自播已经没有任何障碍，看上去已经顺理成章地成为一种有效的销售手段，但是品牌商需要保持理智，需要结合自身情况考虑是否要进行品牌自播。如果品牌处于初创阶段，那么自播可能并不是优选渠道，品牌自播的前提是其已经积累了自带流量的能力，而在品牌初创时，由于其品牌知名度不高，因此品牌还不具备花较小的成本和代价带来超强吸睛效果的能力。如果是成熟品牌，自播不仅能承担日常的卖货职责，在有条件的情况下，还能游刃有余地承接明星、达人、广告事件的流量，成为品牌广告的潜在场域。同时，品牌还可以将这些流量沉淀在自己的私域流量池内，达到"品效协同"的效果。成熟的品牌结合自身业务场景和客户需求打磨出更精致的自播内容显得尤为重要。

5．直播电商将结合品牌力和 GMV，进行"品""效"双向评估

直播电商不再单纯地将 GMV 作为唯一的衡量指标，品牌形象、溢价能力、直播间客户活跃度、客户复购率、忠诚度将作为综合指标去评估直播电商的价值，而非割裂地计算 GMV 占比和投资回报率（GMV/预算投入）来决定未来品牌商在直播电商领域的投入。

6．对中腰部品牌和新品牌而言，直播是潜在营销超车的赛道

在这一过程中，中腰部品牌、新品牌均存在弯道超车的机遇，不仅可以在新渠道上取得先机，获得良好的销售表现，还有可能重塑品牌形象、借线上销售势能提高供应链效率，进而盘活整个品牌资源。借用传统的品牌营销方式去和头部品牌竞争的可能性较小，是红海；通过直播电商进行突围，成本较低；通过已有的头部平台、自身品牌和产品独特的定位获得销售红利，存在较大的空间。

直播电商不是一门纯粹的流量生意，而是一种新的更适合于 B2C 企业的全新的商业模式，转化链路被大大缩短，既重塑了平台、品牌商与消费者三者之间的关系，又重塑了品牌商与代理商的关系。

5.3.3　短视频营销

2020 年，短视频平台广告的市场份额达到了 17.4%。QuestMobile 数据显示，2021 年上半年，抖音、快手两大平台占据了媒介行业广告收入近 40%的份额。品牌商在抖音、小红书和淘宝三大平台的营销投入明显增多，其中，超过 70%的品牌商选择在抖音平台重点投入。品牌商在这三大平台增加投放，从侧面说明短视频、电商及内容"种草"平台已经成为社交营销的主要触点。其中，小红书、B 站作为近年来内容"种草"领域的重要玩家，获得了极大的品牌关注。与 2019 年相比，2020 年小红书与 B 站的广告投放金额占比分别上升了 119%和 141%。

从电商平台到内容平台，品牌商进行了不同力度的全方位布局。而这一探索并未结束，2022 年，品牌商除了延续在短视频及电商头部平台的重点投入，开始进一步关注短视频私域平台。

比如，2021 年 3 月，快手提出"信任电商"，从"商品+公域"到主打"内容+私域"，完成快手 2.0 时代的蜕变。通过治理平台、规范商家与带货达人，快手实现了电商交易额的有效提升。与抖音类似，快手同样积极地鼓励商家自播，完善电商基建生态。快手 2.0 时代鼓励主播和客户之间建立强信任关系，突出卖家人设的打造。

图 5-4 所示为 CBNData 的调研报告图。

从图 5-4 中可以看出，新浪微博的关注度显著降低，品牌商投入明显上升的是小红书、抖音和 B 站等以内容营销为主要特色的短视频平台。

短视频营销的本质是内容营销，但是它的传播速度更快、内容更短。

在国内头部的几家短视频平台中，目前抖音、快手已经完成多元化的布局，电商业务成为其新一轮的增长曲线，B 站与小红书同样需要开辟新的增长曲线。

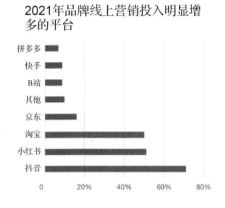

2021年品牌线上营销投入明显增多的平台

2020年热门平台投放金额同比增量

平台	同比增量
新浪微博	-14%
小红书	+119%
微信公众号	-12%
抖音	+52%
B站	+141%

图 5-4　CBNData 的调研报告图

同时，小红书开始强调"种草电商"属性，加速电商转型。2021 年，小红书官方推出的多项政策，围绕着"直播扶持""取消外链""号店一体""整合营销"等关键词进行。尤其在第三季度前后宣布"取消外链"及"号店一体"政策，这意味着小红书在电商转型中正在持续寻找新玩法。

2021 年，小红书将直播确定为新业务，同时自建私域触点，上线了包括专业号认证、社群、小清单、店铺、专栏等新的功能。同年，其与 SaaS 服务商微盟进行合作。小红书通过各种举措布局多触点全域营销，并在 2022 年进一步加速。

B 站一直被称为国内内容生产领域的天花板，B 站上的 UP 主（上传者）以生产优质的内容著称，但是仅靠 UP 主品牌 IP 创造电商势能，空间仍然有限。与其他平台相比，B 站的电商化进程稍显缓慢。该平台十分注重内容，正是因为对非商业生态的社区保护，成为广受欢迎、以内容优质为主要特色的平台。

这似乎是一个悖论，客户的忠诚度来自其对平台内容的保护和非商业化的初衷，但是平台不商业化就无法吸引投资商家的进一步关注。2021年，B站更注重丰富品牌营销场景，完成了对品牌和客户"在B站做广告"的心智培养。

同时，我们也看到，B站在2021年首次尝试了UP主带货，开始进军直播领域，上线"Bilibili广告分成计划"，与UP主共享广告收入，进一步激励UP主提升忠诚度并创作优质内容。

B站很大的一个优势是平台上面聚焦了无数优质忠诚的"Z世代"（1995年至2009年出生的人群），他们年轻、有活力、有想法，是未来创造消费需求的主力军。

在大数据营销上，B站利用年轻粉丝聚焦平台的这种独一无二的优势，依托反映了年轻人偏好的"Z指数"、商业中台系统"品牌银行"及"4I兴趣营销模型"，通过多种方式进一步加深与品牌商的合作，为品牌商提供了深度的数据洞察和营销价值。

2022年，B站将整合线下大型活动、综艺、纪录片、影视、直播等内容和运营资源，为品牌主赋予不同的营销场景。

总结一下，短视频营销与电商场景的交融，将在未来的5年内加速发展。根据第三方研究院预测，2022年，视频号日活跃用户（Daily Active Users，DAU）有望达到6亿个，3年内达到10万亿元商品交易总额，这对品牌商的启示是什么？作为品牌商，如何在这10万亿元的商品交易总额中占得先机，获得一席之地，打造基于视频号的新生态私域直播是头等大事。

各大主流短视频平台已经开始积极地进行多元化布局和探索，内容与数据的结合，平台与品牌商、达人的深度合作，纯内容平台向电商平台的转型已成为不可逆之势，迸发出新的商业活力。短视频营销领域依然是未来的蓝海。

5.3.4　社群营销

烘焙电商品牌"熊猫不走"创立于 2018 年，在 2021 年年底，短短 3 年的时间公众号已经有 2000 万个粉丝。作为蛋糕烘焙赛道的一员，"熊猫不走"选择在服务上创新：线上接单，"熊猫人"免费为客户送蛋糕上门并进行跳舞、魔术等表演；春节期间，让配送员装扮成财神爷，附带"祝你年入一亿"横幅。这一整套的创意服务使客户愿意在社群或朋友圈进行主动分享，为品牌带来了天然流量，也促使更多微信用户通过分享的内容认知品牌并成为潜在客户。

当通过产品及内容吸引客户进入品牌私域客户池后，如何与客户建立长期联系并产生复购空间，就是在考验我们的品牌运营能力。内容是钩子和黏合剂，运营等同于成交。

为了延长客户的终身价值，与客户建立长期的信任关系，利用个人微信或企业微信进行一对一精细化沟通将成为重点。在一对一的服务中，品牌商需要建立起"客户不是在跟冷冰冰的品牌对话，而是在跟有感情、有想法的人对话"的观念。对于新消费品牌来说，这种运营方式更有利于新品牌快速触达客户心智。

社群营销是一项需要不断吸引社群成员、为社群注入新鲜内容、为社群成交创造社交价值的工作。如果内容与社群成员无关，社群成员将社群互动看作骚扰，退群的可能性是极大的。

同时，社群营销极大地考验着品牌商的耐心，从 0 到 1 建立一个社群，除了前期为了建立社群、进行社群成员引流的费用，中期运营人员的成本，以及在短期内无法看到快速变现的焦虑也需要品牌商去承担和面对。

常见的社群打造场景是从线下零售门店向线上引流，比如你在某服装店购买一件衣服，导购员让你扫描二维码进入社群，领取优惠券，但是事实上这不能算是有效的社群营销行为。在领完优惠券后，你可能会选择退群，核心原因在于你购买衣服是刚需，而不是为了某种兴趣或某个共同爱好加入某个社群的。

真正有效地建立社群的基础是某种兴趣或某种文化，比如对于美妆行业，我们不仅因为某个品牌加入社群，而且因为热爱化妆、护肤加入社群，因此，化妆和护肤成为你和其他成员沟通的话题。

社群运营最好的结果是构建群员与群员之间，品牌与群员之间的互信、互利关系，并将其当成精神归属之一。根据马斯洛需求层次理论可知，安全和尊重都是较高层次的需求，那么能够带来安全和尊重的社群将能够更好地连接社群成员，提供更高阶的精神价值。

社群的基础是客户，而不是运营方式。建立有强连接能力的客户关系是社群营销的基本原则。社群客户的潜在价值越大，即购买力越强，社群营销的效果越明显，长尾营销效应越大。

指望社群营销快速变现，通过低成本的营销方式收割流量，这是营销误区，将社群营销看作长期维持"存量客户"的定位才更符合实际情况。

社群运营的载体有很多，比如发送优惠券、分享品牌折扣信息、围绕品牌展开内容分享、告知品牌活动、讨论某个行业的趋势，也就是说，可以对不同的社群营销方式进行不同的定位。但是社群运营的底层逻辑是互通的，就是通过喜闻乐见的方式让客户愿意参与到社群的讨论中。对于长期"潜水"的客户，至少要让他们有兴趣待在群里面查看群信息。简而言之，社群营销就是让客户觉得社群是他们生活的一部分，只有这样社群营销才有可能获得成功。

那么，如何展开社群营销活动呢？

第一步，明确客户是谁。

这一步要考虑的问题是你想把哪些人纳入社群营销队伍中。社群成员可以是已经购买过产品的客户，也可以是潜在客户。已经购买过产品的忠实客户是非常好的产品代言人，其真实的体验比品牌商的宣传更可信、更有公信力，这类人群被称为关键意见消费者。

第二步，明确社群的定位。

你是想以分享打折信息为主，还是想以分享行业趋势为主，或是想以纯粹地分享品牌所属行业的相关内容、品牌活动、品牌代言人的最新动向为主。大多数社群的定位不是单个的，可能是 10 个甚至上百个，它们可以满足不同客户群体的需求，服务不同圈层的客户。

社群的定位取决于品牌的目标受众的需求，也决定了哪一种运营方式对于品牌商后期的转化是行之有效的。所以，在前期，对于消费者洞察的调研必不可少。

第三步，搭建运营团队。

理想的运营团队至少要由 3 个人组成。第一个人负责创作社群分享的内容，和社群成员进行及时、有效的互动；第二个人负责社群在各大媒体平台的宣传，创作推广内容，招纳群组成员；第三个人需要及时监测社群中的舆论导向，避免负面信息的产生和传播，不然会极大地影响客户的口碑。同时，由于群体效应，客户心智非常容易受到周围人的影响，所以，数据监测不仅要监测社群的表现、客户讨论的话题，还要注意对负面信息的监测。

社群营销不可以急于求成，要作为营销运营非常重要的一项工作。社群存在的意义在于营销，而非建立社群，不能本末倒置。社群营销工作的好坏、是否有效，要用营销效果和品牌建设等指标去衡量。

5.3.5　企业微信

企业微信是沉淀私域流量的绝佳阵地，其丰富的功能性和平台特点让客户成为企业的核心移动资产。

2016 年 4 月 18 日，企业微信 1.0 版本上市，应用于多个包括 Windows、Mac、iOS 和 Android 在内的操作系统。腾讯不断地对其功能进行更新，以改善客户体验，致力于通过数字化的工作方式和平台为企业内部运营降本增效。

2019 年年底，企业微信用户覆盖 50 多个行业，在线注册企业数达到 250 万家，在线用户数突破 6000 万个，在近一年的时间里，无论是注册企业数还是活跃用户数，都以指数级的态势在收获 B 端流量，80% 的用户来自中国市场。同时，企业微信的接口对 476 万个外部系统开放，其提供了平台互联的可能性，贯彻了"人即服务"的新理念。

企业微信针对企业开放，个人加入某个企业微信账号前必须进行认证。在企业微信升级前，主菜单有 4 个：消息、通讯录、工作台、关于我。如果你是管理员，那么还有一些额外的设置权限。升级后的企业微信 3.0 版本保留了这 4 个主菜单，在工作台下面新设了用户大群和用户朋友圈的"王炸"功能。这些功能可以拉近与用户的距离，提供有温度的服务。

企业微信贯彻了"社区运营"的营销理念，就是把用户聚集到一个网络社区中，通过定期的知识导入、意见领袖扩大产品的正面口碑，打造品牌 IP。企业微信的新功能无疑让企业微信成为社区运营的绝佳平台，不仅可以让品牌商发声，还可以让用户发声。所有的这些行为都以数据资产的方式被记录下来，帮助企业管理和掌握成员参与及服务的情况。

此外，企业微信帮助企业通过以下功能加强内部管理。

发消息和打电话：点击"消息"按钮，用户可以和一人或多人（最多 9 人）进行语音通话。在进行电话会议时，用户可以演示文件，使用类似于 Skype、Webex 等的会议软件。

创建待办事项，投票或调查：双击"消息"按钮，用户可以创建待办事项。在添加待办事项时，用户可以指定完成日期并将任务分配给指定的人。

通讯录管理：将不同的用户分门别类地归纳到不同部门，设置管理员状态，编辑现有员工，删除离职员工。

群组管理：管理员的群组管理权限包括修改群组名称、添加或删除群组成员、设置群组管理员、管理聊天时群组成员使用的不恰当的词句、在进行电话会议时对群组成员静音、设定聊天记录存储时间（最长为 180 天）。

微信和企业微信如何互联呢？企业微信的最大优势是其和个人微信之间的无缝衔接。品牌商和企业可以通过这个独一无二的竞争优势，赋能 B2B、B2C 销售工作，进行用户关系管理，优化用户体验等。国外也有一些沟通软件，如 WhatsApp，但不得不说，腾讯在 B2B 和 B2C 上的生态布局是更胜一筹的。

如果说企业微信的功能仅限于内部管理，那么它的使用范围和场景显然是受限的。当延伸到企业外部时，企业微信就具有了更大的价值和意义。它在外部获客和客户管理方面创造的价值显而易见，主要体现在以下几个方面。

首先，体现在客户服务工具的使用方面。

只有管理员和授权成员才可以使用联系客户的功能，这就加强了企业微信进行客户管理的规范性，降低了风险。

销售人员可以从个人微信通讯录添加客户到企业微信中，每个销售人员都可以生成自己独一无二的二维码并分享给客户，以便客户添加。同时，在添加外部客户时，只有认证过身份的相关人员才可以被添加成功。

销售人员和客户的对话记录的所有权属于企业。当销售人员的职位变动或离职时，其对话记录或相关文件可交接给其他销售人员。此外，如果企业微信无法满足不同客户的需求，那么可以提供和其他社会化客户关系管理工具连接的可能性，以满足不同客户的需求，进行个性化定制。

其次，体现在给新进销售人员分配项目方面。

在销售人员离职时，通过管理员或授权人员的操作，新来的销售人员可以接手以前的员工遗留下来的项目。

再次，体现在客户分类管理和标签设置方面。

按照不同维度，如性别、地点、专业、喜好、来源等，企业微信可以进行客户分类管理。对于分好类的客户，企业微信可根据需要进行筛选、查找。

最后，体现在安全管理方面。

很多员工在新入职公司时，都会被要求签署保密协议。企业微信作为一个相对公开的互联网工作平台，在安全管理上采取了措施。

对于企业认为的敏感信息，可添加水印。水印功能一旦开启，所有内外聊天的截屏都会加上客户名及客户手机号的后 4 位数字。这样可以防止企业员工通过截屏分享的方式泄露企业的机密信息。

另外，还有一些其他的"意外惊喜"功能，这些功能可以大大减少企业日常烦琐的人事流程，比如以下几个方面。

（1）入职/离职时间管理。

（2）休假/报销批复。

（3）统一报告模板。

（4）管理员发布重要通知。

（5）上传和分发重要文件。

（6）员工发布内部讨论主题。

（7）同步员工邮件。

同时，企业微信允许对接第三方应用软件，企业微信部署者可以从 App Store 下载并连接大量的第三方应用软件，如人力资源、企业培训、电子合同、供应链管理、团队协同等软件。

上述这些功能所产生的增值效益可以体现在以下几个方面。

（1）通过移动化的方式加强和维护企业与现有客户之间的关系。

（2）个人微信和企业微信的无缝衔接。

（3）有效、安全地与群组成员进行沟通和管理。

（4）在企业微信中，连接并运行多个第三方应用软件。

总之，企业微信除了自带的许多管理功能，还提供了丰富的 API（应用程序接口）以连接第三方应用软件，进一步丰富了企业微信的功能，这可以让企业的内部管理更加安全、有效。除清楚地传达信息外，企业微信可以让各部门、各成员各司其职，权责分明，同时有效地建立与外部客户的联系，加强信任。信任是上下级之间、同级之间、客户与销售人员之间最基本的处事原则。

企业微信的兴起代表着移动办公不可逆的趋势，不仅管理层需要了解它的基本特点和价值，而且使用企业微信是所有企业员工的必修课。它不仅可以帮助员工提升工作效率，融入移动化的商业世界，而且是必不可少的全域营销管理工具。

将企业微信实际运用到营销管理中时，你可能会有如下问题。

（1）作为营销人员，企业微信到底能帮助我解决什么问题？

（2）我看到很多成员加入企业微信，但是它有什么作用呢？

（3）企业微信能帮我寻找他人，但是用了它仍然感觉团队缺乏凝聚力。

（4）企业微信的出现可以一次性解决两大难题：一方面可以查看用户购买记录和销售沟通记录、完善用户习惯和偏好、分析用户画像；另一方面，客户资源全部沉淀在企业微信中，不受员工流动的影响，那么企业微信是否属于私域流量呢？

在企业微信中沉淀的客户资源属于私域流量，企业微信的用途不限于提升内部沟通效率，降低沟通成本。我们在前面提到，当把企业微信延伸到企业外部时，它就具有了更大的价值和意义。

企业微信从"内部"到"外部"的转变反映为核心价值从"提效"到"增益"的转变。

"增益"，即增加效益，企业微信的本质是为企业服务，通过服务好企业内外相关的利益方、员工、客户，尤其是管理好客户，最终体现到企业营收增长层面。企业在外部的核心价值体现在以下3个方面。

首先，体现在获客上。

获客是指新客户的获取和老客户的留存。前面提到，流量红利消失，营销人员越来越多地将营销重点从对增量市场的挖掘向对存量市场的留存转移。

常见的获客手段包括大规模的媒体投放、关键字购买、搜索引擎优化、意见领袖软文、关系营销、社交裂变、老客户推荐等，营销人员最常见的挑战是流量见顶、竞争激烈、获取新客户的成本越来越高。媒体流量虚假为常见现象，所以，传统的这些数字化获客方式是否需要调整？最让营销人员头疼的是，如何真正有效地与客户建立联系。

一方面，客户缺乏与销售人员建立联系的动力，所以公司对客户的线下和线上行为无法获得统一的认知；另一方面，对于已经建立联系的客户，企业对客户与销售人员的私人关系可控度非常有限，所以，当销售人员离职时，客户同步流失的情况屡见不鲜。销售人员很有可能用私人账户与客户联系，这样不便于对企业形象和对外传播的统一管理。

企业微信可以帮助企业统一管理客户，例如，当销售人员离职时，客户资产是归企业所有的，获客进展查看、客户项目的重新分配所有权都在企业那里。客户交互数据的增加为企业提供个性化的客户服务及全渠道优化客户体验创造了可能性。客户可以更快、更好地从某个销售渠道获得最优的购买服务，从而免去通过多个购买渠道重复沟通的困扰。

这时你可能会问："那为什么要用企业微信呢？目前公司的营销工具可以给销售人员分配客户，客户行为和交易历史数据也在企业中。"

因为在移动互联网时代，客户更习惯用微信进行各种交流，通过个人微信和企业微信的连接，在尊重客户行为习惯的同时，可以帮助企业进行客户管理，留存客户这个最大的企业资产。

其次，体现在社交销售上。

社交销售是指销售人员用社交媒体直接和目标客户交互，进行线索挖掘的行为。销售人员需要和目标客户建立信任，先理解，后培育，最终达到销售目标。

销售人员会通过各种方式建立和客户的私人关系，这些数据通常散落在不同的数据库中，这就使销售人员在收集客户信息、判断与客户如何进行有效互动方面产生了较大的时间成本。此外，在整个销售过程中，销售人员需要准备各种各样的市场信息，如品牌内容、最新的市场活动及促销活动等，以便和客户进行充分的沟通并打动客户。

作为公司的销售人员，你是不是经常会被询问："有没有最新的公司介绍？市场部最近有什么活动？能否提供一些样品让客户试用一下？"针对这些问题，因为没有建立一个移动化的平台来共享这些信息，或者没有建立这样的内部资料分享平台，所以大家的沟通不顺畅。因为不是移动端的平台，所以，即使有了平台，销售人员也不愿意用。

我经常听到销售部的同事对市场部的同事提出一些意见："把需求信息给市场部，市场部没反应，支持力度不够啊！"反过来，如果某个销售人员跟市场部的同事关系好，那么他得到的支持就多一些。在大型企业内部，很多时候，市场部和销售部的协同关系被私人关系所影响是很常见的事情，企业内部并没有建立起公平、高效、正式的协作机制。

这些情况，从管理层的角度来说，都是不愿意看到的，因为这降低了规范管理的效率，沟通不到位，不可控。由于沟通的投入回报不可预见，因此可能会发生执行不到位、偏离目标的情况。

那么在社交销售的层面，企业微信可以解决什么问题呢？

（1）企业微信可以为每位销售人员配备移动端销售平台，赋能整个销售团队。

（2）整个社交销售的过程是可控的，一方面有利于公司品牌形象的建立，另一方面便于统一管理、及时发现问题。

（3）营销人员可以对客户进行分群，且通过有效的运营、在客户的朋友圈发送消息等方式确立人设，在无形中增强客户对品牌和产品的感知。

（4）销售人员可以通过客户行为监测，在合适的时间、场景做到与潜在客户的精准沟通，及时地转化客户。因为这些销售人员是公司的员工，所以客户更加放心。

最后，体现在持久的客户服务上。

持久的客户服务是指销售人员与核心客户建立真诚、长久的关系。建立关系的过程对销售人员的要求很高，需要通过营销技术从各渠道了解客户的喜好、行为及购买习惯，在满足客户个性化需求服务的同时，达到客户忠诚度培育的目的。

核心客户一般都是忠诚度最高的客户，为公司带来的营收也最可观。他们与你的品牌、销售人员的交互方式多种多样，如果没有数字化技术和标签体系，那么你很难将他们的线上行为轨迹和他们的线下身份真正地统一起来。

当销售人员离职或销售渠道发生变化时，要花额外的时间和精力去了解客户、重新建立信任，不同的销售人员的风格、服务能力、沟通方式等都会导致客户流失率上升。

将核心客户与企业微信连接后，企业能够保证对于核心客户提供始终如一的服务，稳固长期关系，尽量减少销售流失或内部渠道、政策变化带来的消极影响。

当管理层了解了企业微信对外部销售人员产生的意义后，紧接着可能会问："如何有效地部署我们的企业微信？如何帮助我做决策？"

我们来梳理一下部署的思路框架。

第一步，全面认识业务需求，设定短期目标和长期目标。

第二步，对现有的各种营销系统、内部管理系统做综合评估（谁在用、怎么用、与公司要达到的目标是否一致）。

第三步，需求和现状的差距分析。

第四步，试运行（从一种工具或一个部门小范围开始）。

第五步，收集反馈、评估试运行的成果和改进点。

第六步，决策、沟通、执行。

随着企业微信的不断升级，它的意义已经超越了沟通工具的范畴，而是作为能融合所有业务需求和满足运营能力的移动化生态而存在的。公司的不同部门可以通过强大的企业微信功能释放出更高的管理效率。

在大数据时代，企业微信作为数据存储站点，提供了清晰的商业洞察、更透明的流程管理。

遵循以上 6 步法，每个业务负责人都可以根据本部门、公司的需求和业务痛点进行个性化定制并部署企业微信，不会产生额外的成本。目前，基本功能都是免费的，如果要和外部 App 或小程序进行连接，比起动辄几十万元的系统费用，这些费用基本可以忽略不计。

从功能上，企业微信对于各种类型的企业，无论是中小型企业，还是大型企业，无论是民营企业，还是外资企业，都能够满足需求。大型外资企业在全球化和本土化平衡的问题上，一般都会考虑得比较深入。这确实会成为企业微信在中国甚至在亚太市场中被大规模应用的瓶颈。

企业微信一直强调"温度"，要以人为本，提供有价值的服务。与其将这些资产当作冷冰冰的流量和数据看待，不如从客户和客户价值传递的角度出发，回归初心，满足客户的本质需求，帮助客户创造价值，将是可持续发展的根本途径。

5.3.6 社区团购

2022 年，由于新型冠状病毒感染疫情的影响，上海的线上电商物流受限，线下门店关闭，原本已经淡出大家视线的社区团购被引爆，保证了普通民众的民生需求，在不确定性加剧的情况下，让客户产生了某种程度的安全感。这无疑给品牌营销带来了新的契机，在品牌商与客户之间出现了一个新的角色——"团长"。社区团购也许会成为营销的常态继续盛行下去。

许多品牌商在第一时间上线了社区团购小程序，将旗下的产品组合并使用拼团的方式方便客户购买，同时，配有专业的客服人员，与客户进行良好的互动，拉动了业绩增长。在拼团的过程中会产生一位"团长"，他通过品牌的保障和自动化系统的加持，让交易可以顺利进行。

盒马 CEO 侯毅曾说过：零售业的边界在社区下沉，业态边界会被打破，正品类产品将覆盖全社会、全品类的消费供给。这是什么意思呢？这句话可以这么理解：居民如何购物不是重点，重点是未来零售业的场景将发生什么样的变化，在发生新型冠状病毒感染疫情前，电商、线下商超门店已经最接近消费场景了，新型冠状病毒感染疫情的发生似乎让消费场景发生了变化。然而，新型冠状病毒感染疫情过去之后，这种传统的场景是否会被替代？此外，生鲜是切入点，未来是否会有更多的零售品类加入社区团购的阵营，才是他们真正关注的事情。

社区团购表面上解决的是被封闭管理的居民购买日常生活用品的问题，实际上它的营销价值体现在让品牌快速地捕捉真实的客户需求，获得客户对产品的反馈，提升品牌运营的掌控力，拉近与客户的距离。这样一来，整个模式就反过来了，从 B2C 转变到 C2B，团购需求量决定品牌的生产和交付，减少中间环节，实现柔性供应链，降低了仓储和运营成本，形成了新的价值链。

社区团购已成为一种常态化的运营模式，这种运营模式具有以下优势。

1. 客户希望被重视、被满足

团购是客户自发发起的，完全基于客户的主观需求，而社区团购能够在客户真实意愿的基础上，很好地重视并满足他们的需求。这对消费者来说是极佳的体验。

2. 物美价廉，方便快捷

由团长发起团购，客户自愿决定是否进行拼团，团购产生优惠的价格，同时，统一快递到小区提货点，客户自提，实惠又方便。

3. 品牌商降低运营成本，提升服务效率

对品牌商而言，按需生产和供应可以减少客户服务的成本，客户数据在私域中沉淀为提供更好的服务、开发更符合客户需求的产品奠定了基础。

由于受新型冠状病毒感染疫情的影响，供需并不能反映真实的情况，当市场恢复正常供需时，社区团购可能会为消费者带来进一步的优惠，社区团购的价值可能会得到进一步释放。

5.4 如何制订营销运营计划

在前面我们讲到，营销运营的本质是精细化，精细化是以大数据为依托，以数字化技术为主要赋能手段，基于客户全生命周期价值旅程而进行精心设计的。

如何制订行之有效的年度运营计划？我们可以从以下几个方面入手。

5.4.1 制订运营计划三部曲之一：明确目标（Why）

这里的"Why"是要让自己再次确认运营是必然要做的事情，同时，

更重要的是明确运营的目标是什么。很多人不是特别擅长做计划，他们觉得营销运营风向变化如此之快，随机应变不就好了，为什么要做计划呢？殊不知，计划是统筹全局、运筹帷幄的最好方式，任何营销策略都需要系统性地对营销的主体，也就是对业务进行整体复盘，明确运营目标，解决"Why"的问题。

计划不是一成不变的，也不是制订出来就可以一劳永逸的，需要根据实际情况进行及时、灵活的调整。可以这么说，在上一年年底，有没有制订好下一年的计划，直接决定了第二年所有的运营结果是成功的还是失败的。

首先，你需要花 2 个月的时间在团队内部集思广益。团队进行头脑风暴是一种很好的方式，是对多渠道的运营状况、截至目前取得的结果进行全面复盘，目的不是评估这一年的运营做得好还是坏，更重要的是，通过这种有仪式感的复盘去洞察运营数据背后的意义。

其次，看绝对数值意义不大，要去关注数据的变化趋势。比如，你运营的用户画像发生了什么样的变化、所处地域的集中度发生了什么样的变化、网站的哪些页面浏览量增加了、网站的跳出率和停留时间分别发生了什么样的变化，再分析是由哪些原因导致了这些数值的变化。将数据和营销行为连接，这个连接的逻辑关系就是数据分析和洞察，也是制订第二年运营计划的第一步。

一家拥有多种品牌的集团公司，针对不同的品牌定位、不同的产品，通过哪种渠道进行用户运营效果更好？这是一个从数据中看变化趋势及通过数据进行决策的过程。

一些大的公司有非常完善的分销体系，公司应和渠道代理商形成多维度、多渠道的运营体系，充分利用渠道代理商的力量完成品牌在线上、线下的露出和转化，对这些渠道代理商所制定的目标应该成为整个运营 KPI 体系的一部分。

所以，第一步是通过数据得出用户洞察的关键，很重要的一点是标签体系，梳理用户标签是未来运营工作的重要基础。关于如何构建用户标签体系，我们在前面已经具体阐述，这里不再赘述。

5.4.2　制订运营计划三部曲之二：明确运营对象（Who）

明确运营对象这一步的关键在于数据，你的用户不是由你决定的，而是由上一年的运营结构决定的。目标用户的用户画像呈现出什么特点、来自哪里、年龄、性别、从事什么行业、属于什么部门、岗位职能是什么、是不是决策者、感兴趣的产品应用点是什么、立项时间、项目预算、平时在你的数字营销渠道中留下了什么轨迹、参加了什么会议、下载了什么资料，这些都是用户画像的一部分。

通过这些数据，你可以明确要运营、服务的客户有什么特点，然后针对用户的行为特点和用户画像对用户进行精细化分类。分类的前提是结合业务属性，明确分类维度，比如可以按照区域分类，也可以按照行业、职能分类。

以化妆品类别为例，用户可以有很多不同维度的划分，按照不同的区域分类，这个将决定用户去哪里的门店；按照用户转化类型分类，比如有些是以培育为目的的，有些是以打折促销、直接促进转化为目的的。不同的客户类型决定了运营方式的差异，如根据用户曾经的购买量分成 VIP 用户和普通用户。首先搞清楚不同的用户群体，然后搞清楚采用什么渠道、什么内容、什么频率进行沟通，所以，这是承上启下的一步，非常关键。

5.4.3　制订运营计划三部曲之三：明确运营方式（What）

制定未来一年运营的增长因子，也就是说，你可以通过哪些方式驱动由运营带来的业务增长，解决"What"的问题，这是运营的核心。

这就回到了运营的组成要素：用户、活动、内容、媒体。

请你思考以下几个问题。

（1）从用户层面来说，用户可以分成几类？为什么这么分？这一点需要在上一步中得出答案。

（2）什么样的营销方式可以获得用户的关注，提升营销转化的效率？

（3）不同的用户群体希望获得不一样的运营体验，如何实现？

（4）从活动层面来说，什么样的活动用户会感兴趣，并且愿意参加？

（5）你希望在活动结束后，达到什么样的结果？是收集用户信息、培育客户，还是现场签单？

（6）从内容层面来说，什么样的内容点击率最高，能够引起用户的关注，用户更加愿意和你互动？

（7）从媒体层面来说，用户希望通过什么样的渠道和你沟通？是抖音直播、400电话，还是付费渠道的广告？

要想解决上面的一系列问题需要团队进行头脑风暴，花很多时间首先想出很多点子，然后根据优先级进行排列组合。而其中任何一个问题的解答都由很多细节组成，这一系列细节构成用户体验，日积月累在用户头脑中留下深刻的印象。

任何一个细节的制定和实现构成运营的一个个增长因子，都推动着企业营销运营的发展和营销效果的实现。

这里面包含两点：第一，上述增长因子的细节如何实现；第二，如何衡量并评估结果。

如何实现的问题涉及企业给予的运营预算和组织人员的问题，所以制订运营计划很关键的一点是为营销人员向高层争取资源，包括预算资源、人员等。同时，听取高层意见是非常好的机会，高层会从不一样的角度告诉你业务重点是什么，结合广泛的市场调研、市场大环境、用户需求、供应链、竞争对手的情况给你指出运营的大方向，然后帮助你判定在运营计划中，增长目标的合理性和增长因子的优先级排序，避免在制订计划之初就错失方向。

将评估结果和运营目标挂钩，结合上一年的运营结果，设定一个增长比率，这个比率可以体现在用户数量、留资数量等绝对数值上，也可以体现在营销漏斗每一步的转化率上（关于 KPI 如何制定、结果如何评估，前面已经有具体阐述），然后将 KPI 目标拆分到阶段，可以按季度，也可以按月，甚至可以按周，按照设定的比率分析目标的达成情况。分析超额达成或未达成的原因是什么、如何进一步改进，这些洞察将作为宝贵的营销资产留存在企业中，供后人借鉴。

制订第二年的营销运营计划需要团队中不同营销领域的专家集思广益，所以最后回到组织问题——团队成员如何有效地协同，共同去完成计划的制订及通过有效地执行实现这些目标。

5.4.4　B2C 营销运营化案例："国货之光"花西子

花西子是近几年崛起的中国本土彩妆品牌，成立于 2017 年。花西子凭借"东方彩妆，以花养妆"的差异化国风定位，2020 年营销额突破 30 亿元，同比增长 165.4%，成为新锐国产彩妆品牌中增速最快的品牌。未来 3 年，花西子的营销额有望突破 100 亿元。

以雨后春笋般的增长速度到达行业成熟阶段的彩妆品牌在市场中不多见，但花西子仍以独树一帜的品牌风格和成熟的运营策略在竞争激烈、营销额达 5000 亿元的彩妆市场中领先，不得不令人惊叹，让人去思考其成功的原因。我们将从全域营销的"点"（即产品）、全域营销的"线"（即渠道）、全域营销的"面"（即用户运营）等方面洞悉花西子成功的原因，并拆解其营销策略。

彩妆是化妆品行业中的一个细分市场。中国的化妆品行业非常庞大，包括护肤品、彩妆、沐浴用品，以及洗发、护发等多个品类。彩妆市场规模虽然仅占 11%（占比不算最大），但增长率最高、增速最快，2019 年，增长率达到 38%。中国人均彩妆产品消费金额为 39 元，相对于日本的人均彩妆产品消费金额 421 元、韩国的人均彩妆产品消费金额 321 元、美国的人均彩妆产品消费金额 390 元有接近 10 倍的差距，这说明中国彩妆行业的人均消费金额反映在营销指标中，在客单价的提升上有巨大的空间。所以，花西子选择了一条增长潜力最大的赛道，这是它取得成功的基础。

1. 多元化布局产品线，并选择重点品类打造爆款

全域营销从产品开始，每一个爆款产品横空出世的背后都离不开对好产品的研发和长期沉淀。花西子的产品有六大系列，几乎囊括了彩妆的所有品类，从底妆、唇妆、定妆、眼妆、卸妆到美妆工具，产品线十分齐全，几乎能一站式满足女性化妆的所有需求。花西子在 3 年之内推出了 288 个 SKU，还打造了不少爆品。从产品层面来说，它成功的原因可能并不在于其产品有多好，而主要有 3 个本质原因。第一，产品具备全方位地满足用户需求的能力，这个需求并不仅仅在于化妆品本身的品质能够带来好的化妆效果，同时，还有它一站式满足用户化妆需求的能力，这个背后的客户价值在哪里？答案是便利性，因为它的产品线十分齐全，所以客户购买的花西子产品兼具便利性和产品功能性。第二，品牌不仅关注产品功能本身，作为产品的一部分，还注重产品形式和包装的打造。比如月销量超百万件的空气蜜粉，还有雕花口红、同心锁口红。理想的上妆效果及产品的高颜值让客户一见倾心，好看又好用。第三，花西子注重选择几款产品重点发力，用有效的资源打造爆款，带动其他几款产品的销量。在铺开产品线的同时，重点选择粉底遮瑕、定妆散粉和口红等几个品类集中发力。

2. 清晰有力的产品和价格定位

花西子的目标人群为 20～30 岁对彩妆有需求，同时接受价格锁定在100～200 元，喜欢国风且有一定消费能力的人群。花西子主打年轻化、高性价比路线，它的定位有着广泛的年轻用户基础。价格区间定位于国内的完

美日记与国际彩妆品牌（如雅诗兰黛等）之间，和国产品牌拉开差距，定位比普通的国内彩妆高，同时避开与国内彩妆大牌的竞争。所以，花西子看到了国内高端彩妆这一领域的空白和机会，以"国内高端彩妆品牌"的价格定位植入用户心智。花西子的宣传海报如图 5-5 所示，品牌风格一目了然，令人耳目一新。

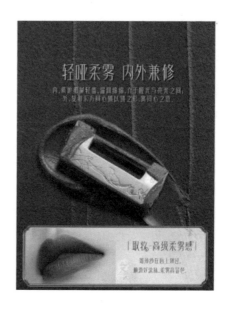

图 5-5　花西子的宣传海报

3. 品牌差异化定位，植入用户心智

花西子的品牌形象做到了一致性传达，在各个渠道突出其"东方美学彩妆"的定位，精确瞄准年轻人的兴趣点，把中国风与彩妆融合到极致。围绕着"东方彩妆，以花养妆"的品牌定位，花西子在品牌形象的打造上别具一格，做出了差异化。比如，花西子官方旗舰店的首页装修具有浓厚的国风品位。它在品牌基因和品牌形象的打造上充分实现了差异化：在国内，没有同类竞争品牌可以与其竞争，这是将其品牌深刻植入用户心智的有效手段；在国外，亦没有品牌可以与其竞争，因为它强调的是东方彩妆的概念，足够本土化。那为什么用户会认可花西子的这种定位呢？对用户来说，并不是进行品牌广告洗脑就可以

将其品牌形象植入用户心智的，植入用户心智的前提是，用户主观认可并接受品牌的宣传，购买了才算是真的接受。

一方面，花西子在选择品牌代言人方面，选择了符合品牌调性的展现个人特色和用实力说话的明星代言，彰显品牌实力。品牌代言人与产品实现深度融合，充分释放明星为品牌个性背书的名人代言效应。另一方面，近几年，国潮风深入各个消费品类中，基于年轻一代对于精致本土品牌的热情、对于美的追求，花西子在产品打造和品牌形象塑造上，打动了年轻一代的用户，带来了品牌溢价，让其可以立足于中高端彩妆的这个定位，这与一开始采取私域直接带货以完成销售目标的私域流量方法有本质的区别，它的立足点是品牌。

4. 在营销层面，公域结合私域，线上线下联动发力

花西子迭代策略中的第一环是通过自身私域渠道招募大量的用户体验官。小程序体验官招募共 101 期，每期 1500～4500 人，每期评测报告 100～300 份；从成立时的微博招募到现在的从微信公众号、微博、天猫平台、小程序等进行全渠道招募。招募用户体验官这个举措充分体现了以用户为中心的理念，收集用户反馈，形成大量可信的用户生产内容，为品牌打造了良好的口碑，也沉淀了高质量的新用户。口碑营销的举措在活动初始阶段就吸引了大量用户的关注，同时，引导真实用户参与，产出用户对产品的评测，评测报告被快速反馈给品牌商，使其进行配方的调整和产品的迭代，无论是进行产品改进还是吸引用户参与，都是一箭双雕的营销方式。

花西子采取在主流渠道针对 KOL 和内容呈现差异化的策略，释放内容营销的长尾效应。花西子在线上的各个平台的投放会根据平台的调性规划不同的侧重点。比如，在 B 站侧重文化的共振，在汉服、二次元、歌舞、仿妆等国风粉丝垂直渗透领域，搭载优质内容，传播品牌文化。同时，花西子从小红书的 KOL 生产内容切入，KOL 亲身体验并分享美妆心得，这些 KOL 多为一些在彩妆行业具有一定专业度和知名度的美妆博主。虽然 KOL 内容"种草"一直是美妆行业的主要营销手段，但是花西子在全渠道的用户运营上，做到

了针对不同渠道的属性、不同用户的痛点，构建差异化的内容形态。花西子在 KOL 的选择上进行了充分联动，释放内容的长尾效应。头部 KOL 负责引爆吸睛，选择的内容方向为制造爆点、专业测评、美妆教程等，目的是提高品牌认知度、专业度和可信度。

同时，花西子在抖音、小红书等平台上与腰部 KOL 合作，在微博上与尾部 KOL 合作，目的是承接头部 KOL 余热进行长尾效应传播，持续放大品牌声量，逐个击破，一网打尽。所以，花西子做到了立足内容营销，针对不同渠道的特性进行差异化内容输出，并且利用外部 KOL 将内容营销在全渠道的长尾效应发挥到了极致。无论选择什么样的内容或什么样的 KOL，支撑这些的都是其背后无形的用户数据，根据用户数据将用户进行基于算法的分类，从而制定出差异化的内容和 KOL，最终实现全面开花。

花西子的微信公众号设置了会员商城和官方旗舰店的入口，用户可以直接入会领积分，参加签到、抽奖等积分活动，积分可以用来在商城中兑换奖品。会员通过商城会对产品有初步的了解，会员活动进一步增加用户黏性，为共创品牌做了铺垫。同时，花西子通过注册、发优惠券等方式引导用户进入官方商城下单，将用户引导到企业微信号，提供导购专属服务。微信私域和电商系统在单个用户层面完全打通，以提供品牌深度信息、一对一用户服务体验和用户权益福利等方式借助最短的链路、最强的实惠在私域中服务用户，最大化客户生命周期价值。花西子的社区运营是其一大特色，它以小程序和微信公众号为社群运营的主要阵地，包含用户共创、彩妆教程、东方文化三大块内容，既展现出品牌与国潮文化高度挂钩，又有对用户有切实帮助的彩妆教程，双管齐下。

在公域引流上，花西子做到了全域曝光密集但不乱，在品牌形象层面，始终做到一致性表达。在私域运营上，花西子真正做到了营销运营化、运营销售化、销售服务化，一切以服务用户为中心，在带货的同时用心服务好用户。在公域和私域的无缝衔接上，充分利用数据和算法，提供从认知、兴趣到购买、复购的最佳的一体化用户体验。

在花西子成功的背后，我们看到的不仅仅是一个品牌的成功，帮助其站稳脚跟的也不仅仅是品牌背后的忠实用户，而是天时、地利、人和。既有品牌一开始正确的市场赛道选择，又有无数营销人员、运营人员的高效通力协作，他们在不同渠道、不同领域做出的贡献一起造就了今天花西子品牌与销量的双成功。继续减少对主播的销量依赖，充分把握已经构筑的品牌优势和用户的信任关系，进一步加强其品牌营销体系的全域构建，关注用户、推陈出新将是其未来发展的重点。

5.4.5 B2B 如何进行营销运营化

营销运营的一个突出表现是营销行为社交化，比如小红书"种草"、直播电商、短视频营销，通过用户喜闻乐见的渠道、内容和用户产生双向、真实的互动。在 B2C 商业模式中，已经有许多成功案例。但是对于目标受众购买周期长，目标群体复杂的 B2B 企业，营销运营化是否同样适用呢？

我查看了几家 B2B 企业的抖音账号，有些在 2 年前已经开设，算是坐上了短视频营销的这趟"红利列车"，其短视频内容丰富多样，层出不穷，但是效果不尽如人意，粉丝数不超过 5 万个，在全民营销时代，与个人账号、自媒体可以快速获得几百万个粉丝的情况相比，似乎这个结果很难让人满意。凭借品牌的号召力，自带流量，再加上这些平台的巨大流量，让人很难相信这个事实。

在 B2B 商业模式中，摆在所有营销人员面前的实际挑战是，有效运营社交账号比想象中要艰难，并且面临众多的平台，比如抖音、快手、小红书、B 站、视频号都在公域、私域一体化的运营模式上发力，在赋能品牌商的同时，从品牌商处赚取广告费。B2B 企业是不是必须营销运营化？

答案是肯定的，一定得营销运营化，营销的核心是用户的注意力在哪里，营销战就应该打到哪里。因为营销运营化会产生用户裂变效果，比如通过朋友圈、社群能产生二次扩散和"滚雪球"的效果。

举个例子，你发布了一条视频内容引发了 10 000 个粉丝观看，这 10 000 个粉丝里面有 1%的用户进行了分享。在这 100 个进行了分享的用户中，每个用户的朋友圈平均有 1000 个好友，那么这时的用户触达量就是 1000×100=100 000（个），然后假设这 100 000 个用户里面又有 1%的用户进行了进一步分享。在这 1000 个进一步进行了分享的用户中，每个用户的朋友圈平均有 1000 个好友，那么这时的用户触达量为 1000×1000=1 000 000（个）。随着粉丝量的增加，一旦产生裂变效果，那么用户触达量就是呈指数级上升的。

最重要的是，用户是冲着品牌提供的内容去关注你的，如果他们觉得特别有意思，那么会进一步和你产生互动，甚至转发内容。这么一来一往，用户黏性就增加了。

那么，如何从营销红利中分得一杯羹呢？是否能够通过有效的运营取得令人满意的结果？

如何运营可以达到事半功倍的效果，是很值得考究的。一般情况下，社交媒体的运营要花费比较多的成本和精力，先要持续不断地产生内容，这是前提，内容为王，优质内容的产生是一个费时、费力的过程。同时，你要对用户的行为进行深入分析，了解用户对内容的偏好，并和用户进行互动，目的是产生更好的内容，达到二次扩散和"滚雪球"的效果。

用户运营是指品牌需要经营和用户的关系，这个营销本质是不会变的。在传统营销时代，品牌通过线下的销售人员去经营一对一的重点用户关系。在社交媒体和移动营销时代，品牌更高效地通过大数据分析、用户分类模型、社交渠道经营和用户的关系。"运营"是营销界比较常用的一个词，但是更精确的应该是经营，即如何通过社交媒体经营和用户的关系。

社交化营销的平台有很多，比如直播、电商、私域朋友圈、社群。从本质上来说，如何选择是营销运营化重点要思考的问题。但 B2B 的运营方式与 B2C 的运营方式不同，其运营的主阵地建立在微信生态中。

我总结几点 B2B 社交营销的建议，希望对 B2B 营销人员在实际社交营销的工作中有一些具体的帮助。

1. 摆正对营销运营化的预期，以完善数字化基建为优先

由于 B2B 商业模式群体决策、转化周期长、用户路径的非单一性、决策因素复杂等天然的因素导致业务模式复杂，通过一次或一年的运营，有时候很难产生期望的营销效果，并且由于后端营销转化的数据在很多企业并不能有效地返回数据中台，很可能会导致监测数据有断层。所以，一方面运营带来的营销效果并不能直接由销售结果决定，而应该由中长期品牌价值的提升和粉丝增长、用户互动、内容转化率决定，正是有了这些指标才带来了最终的销售增长；另一方面在数据的全链路监测上，我们需要花更多的心思去完善，这是关于 B2B 企业的数字化营销基建工作，在对营销运营有较高期待的同时，一定要确保这些数字化基建工作、数据监测的完整性，然后在此基础上，策划并执行一些活动。

2. 平台的选择取决于社交营销的目标和定位

短视频平台层出不穷，有微信公众号、抖音、快手、B 站、小红书、知乎等。各个平台之间是有显著的特征差异的，比如抖音偏娱乐性、B 站更加二次元、知乎以知识类干货为主，而你选择什么平台取决于你的营销目标和对社交营销平台的定位，同时跟你的内容形态有关。

如果你选择以搞笑吸引眼球的风格，那么知乎和微信视频号的效果可能不如抖音、快手；如果你想快速涨粉，那么选择流量较大的平台比较适合；如果你想集中向粉丝传达知识，形成社区的氛围，那么选择知识干货类的平台更合适。

场景在其中起到很关键的作用，即用户在什么情况下更有可能关注你的品牌和产品。你应该根据用户消费的场景，选择平台和内容形态。比如公司新推出一款新风系统的产品，可以更好地换气、保持室内空气清洁，并且可以节能环保。想象一下，用户会在什么时候关注到场景，比如用户在酒店办理入住时，感觉到室内空气干燥、很闷、有烟味。那么营销人员选择的平台和内容形态要很好地贴合用户的这个痛点，并将其代入这个场景，这样更有可能促进转化。

3. 重视内容获客的能力，前期内容多样化，后期个性化

为什么前期内容要多样化，因为你不确定哪个平台的哪种内容是用户喜闻乐见的，这个平台的内容到了另一个平台上，效果可能是完全不一样的。显而易见的一点是，我们一旦决定进入不同的社交平台，那么不同平台的内容就需要充分差异化，所以，我们需要反复测试，最终确定某个平台的某种类型或风格的内容能产生较高的关注和转化，那么品牌就需要沿着这个方向不断地打造"人设"，树立鲜明的形象，这就到了后期的个性化阶段。这需要用到前面提到的业务管理闭环思维，从计划开始到测试、调整，再到执行，反复迭代。

内容获客的前提是你的内容足够精准。假设你在一个社交媒体上新建一个企业账号，以抖音为例，抖音的优势是其算法能力极强，总是能将极其精准的内容推送到用户面前，那么在这之前要有一个"养号"的过程，这是什么意思呢？就是你先不发内容，而是通过这个账号把所有与品牌相关的内容全部浏览一遍，这样让系统可以识别你是对品牌感兴趣的用户。同时，更重要的是让系统识别这个企业账号的定位，为未来的内容发布打好基础，而这通常要花费一段时间。然后才能开始用各种不同类型的内容去尝试。

4. 充分动员内部员工，进行渠道联动

在 B2B 企业中，员工是一种非常重要的力量，千万不能忽视。我见过许多让自己的员工当品牌大使的企业，从 CXO 到各个职能专家，再到一线员工，收到的效果都非常好，因为这样具有真实的力量。每个员工的朋友圈都是丰富多彩的，这样就达到了前面说的用户裂变效果。所以，从这个层面上来说，企业的内部传播和外部的用户需求挖掘可以充分联动，内外呼应。

5. 具有专业性的同时能够出圈，广泛地触达圈外用户

近几年，圈层营销很火，在 B2C 领域，品牌成功出圈的案例屡见不鲜。在 B2B 商业模式中，因为比较狭窄的目标受众群、比较专业的产品领域，大家自然认为其产品的受众面没有那么广泛。所以，专业性是 B2B 商业模式的

典型特征，做不到专业，就不能打动核心用户，那么做营销就是徒劳的。这就需要出圈，去触达这些没有考虑你的品牌的用户，或压根没有想到你的产品能够帮助他解决问题的用户。

大数据是一把双刃剑，在人工智能、算法、机器学习等营销技术赋能精准营销的同时，将特定的圈子封闭化，它将具有相同偏好、相似特征的一群人聚集在一起，分享着极其类似的观点，在无形之中，信息和传播势能的引爆就变得非常困难。

所以，适度出圈和避开跨界传播的鸿沟，让品牌信息有效地进入另一个圈层中，就显得非常必要了。

这让我想到英特尔的 CPU 广告。英特尔是一个典型的 B2B 企业，目标用户是生产电脑的公司，但是它的传播受众是需要使用电脑的每一个人，"用户因为 CPU 来决定设备品牌"才是它追求的目标。所以，品牌不要将自己做社交营销的目标局限在潜在用户身上，而要大胆走出去，考虑产品的下游终端用户，甚至倡导相同品牌精神的关联品类去进行更广泛和深层次的传播，传递并影响产品的整个价值链路。

在 B2B 商业模式中，由于企业所处行业比较垂直，受众面比较窄，营销工作有一定复杂性，因为不能马上产生销售层面的结果，所以需要有耐心。但是如果你坚持去做，对于企业和营销人员来说，B2B 运营是一片蓝海。

第 6 章

加速打造全域增长闭环

6.1 "个保法"出台，数据营销困局如何破

"非数字，不营销"，营销要数据，用户要隐私。

2021 年 11 月 1 日，《中华人民共和国个人信息保护法》（以下简称"个保法"）正式生效，其在广告商对用户数据和行为跟踪方面做出了严格的规定。

6.1.1 "个保法"冲击营销行业了吗

作为新时代营销的核心——大数据的监测和利用受到了限制，企业不得不投入较大的精力去分析新的法规对营销的影响，这就倒逼企业在已有的数据和平台的可监测范围内力争做到最优，以最大化营销效果。

"个保法"的内容并不复杂，主要是要加大对个人隐私信息的保护，即任何企业或平台都不能在用户不知情、不同意的情况下，收集、保存其个人信息。这意味着以前能收集的、能使用的数据信息，现在可能就不能使用了，如果继续使用，那么就增加了不合规的风险。

"个保法"的出台意味着将数据的控制权从品牌转移到客户，让客户决定分享数据的类型，这主要取决于客户和品牌之间的关系，以及客户对品牌的忠诚度。因此，大多数品牌收集客户数据是为了提供个性化的客户旅程，使用这些数据不断地提升客户体验，客户拥有数据控制权。

从企业管理者的层面来说，在数字化转型的过程中，他们开始思考"个保法"对企业带来的实际影响是什么、涉及个人信息的部分应该如何规划和处理。

CMO 及他的团队在"个保法"出台后，确实面临着两难的选择，主要体现在以下几个方面。

（1）为了提升营销效果，必须要精细化运营客户。那么，了解客户的来源是关于他们是谁的一些数据。"个保法"出台后，我们可以追踪这些数据，

这似乎是一个悖论。

（2）在营销技术化能力方面，首先需要对用户进行分群组，其次进行个性化推送，分群组的数据基础是掌握与部分客户相关的信息，这将导致营销效果更难追踪、营销费用可能会被浪费。

（3）个性化、精细化运营不足带来的必然结果是无法提升投资回报率，那么争取下一步投资来验证数字营销的有效性似乎就更难了。

以上只是一些显而易见的已经受到影响的与营销相关的问题。减少收集数据的渠道，减少可以收集的数据维度，就提高了数据获取的难度与成本，导致了营销成本进一步提高。事实上，"个保法"的出台影响着与个人信息有关的一切企业行为，比如企业客户资产的数据管理、增加数据应用风险等。

从长期来看，"个保法"的出台是一大进步，数字世界是现实世界的映射，随着"元宇宙"、Web 3.0、未来黑科技、数字货币逐渐侵入现实世界，人们在数字世界中的投入越来越多，花费的时间、财富、精力，甚至人们的情感依托越来越往数字世界转移，人们对此已经十分适应了。在数字世界里，似乎没有人可以有隐私，人们的一切生活轨迹、个人信息都被以数字标记的形式进行追踪，"个保法"的核心目标是对个人信息和国家安全信息进行保障，体现的是对人的尊重。

6.1.2　品牌商如何直面挑战

事实上，"个保法"出台后，了解用户在全渠道的行为比收集用户数据更重要。于是，"场景广告"这个词出现在人们的视野中。

放眼全球，对用户隐私数据的保护进一步影响了数字营销行为，这是一个比较热门的话题。

Taboola 首席执行官亚当·辛戈尔达认为，随着苹果和谷歌对数据隐私保护措施的变化，以及各国政府寻求保护用户的在线隐私，以跟踪用户作为一种精准广告的方式变得越来越站不住脚。

在电影《回到未来》中有一个场景：在时间旅行中的德罗林沿着一条铁路轨道奔跑，以达到临界速度并传送到未来。唯一的问题是，铁路不完整，如果汽车不够快就不能跳到未来，他就会从悬崖上掉下来。

这是当今的数字营销和广告所面临的困境的一个很好的类比。随着技术和政府机构带来的新变化，无论广告商愿意与否，都如电影中的情节一样，他们正在奔向悬崖的边缘。

场景广告是根据人们在网上做的事情和行为来定位他们的，而不是在多个网站上跟踪他们。因为现在品牌商已经不可能轻而易举地获取用户数据，而是只能在用户授权的情况下，向其发送品牌广告、电子邮件等信息。

只是避免操作违规已远远不够，企业各个层级的营销人员必须能够设计和提供符合要求的体验，并在和成千上万个用户的数百万次互动中，为用户提供更高的价值。

我们看到了一个明显的例子，说明了如果数字营销业务的第三方数据突然消失，那么会对广告商造成什么样的损失。苹果对其智能手机进行了一项简单的隐私更改以减少用户跟踪，预计在 2023 年，Facebook 的广告销售额将减少约 100 亿美元。用户将被提示，选择是否希望被跟踪，之前这些数据是默认被收集的，对广告商在 Facebook 上的成功起到了巨大的推动作用。

谷歌宣布对其安卓操作系统进行隐私更改，全世界约 85%的智能手机用户都在使用安卓操作系统。谷歌的声明似乎没有苹果那么咄咄逼人，比如，它不会提示用户并请求得到他们的许可来跟踪他们，而是在默认的情况下整合隐私措施。谷歌表示，他们必须继续支持广告商。

谷歌警告广告商，Chrome 浏览器的市场份额超过了 60%。其将在某个时候停止支持第三方用户跟踪 Cookie，这是一种可以帮助广告商跟踪用户在不同网站上的路径的小代码。

当我们在倾听市场的声音时，越来越明显的现象是，依赖于收集用户可识别信息的企业或广告商正在走向悬崖。这是一条前进的道路，它需要一种新的方法。"场景广告"不是关于我是谁，而是关于这就是我在做的。数字营销是一个巨大的奇迹，继续显示出增长的迹象，尤其在新型冠状病毒感染疫情发生以来，它大大提升了我们适应网络生活的速度。据统计，2021 年，数字广告支出增长了 29%，全球广告支出达到 4917 亿美元，2022 年超过了 5000 亿美元，这是一个巨大的市场。

在追踪用户更加困难的未来，广告商最合乎逻辑的选择是根据用户行为进行定位，根据用户所浏览页面的上下文内容，而不是用他们的个人数据来联系用户。

场景是品牌面向市场的主要介质，也是广告商所寻找的介质。如果我在看财经频道，那么我可能会在市场上买卖股票；如果我去儿童公园，那么我可能会去儿童用品市场；如果我读的是《市场营销管理》，那么我可能会对营销领域很感兴趣，可能是此行业的从业者。诸如此类的场景举例有很多，场景建立了天猫和京东的广告业务，用户直接输入他们感兴趣的关键词，或想买的东西的名称，就会展示响应结果。

场景信息在公域和新闻中有很强的可读性和传播性，这些信息来自文章主题、视频等。我可能永远不会告诉京东我真正好奇的是什么，但只要有与我相关的内容，我就会一直读下去。据统计，到 2027 年，在全球范围内，相关场景广告的投资将超过 3760 亿美元。

那么广告商具体应该怎么做来降低这种影响呢？主要有以下 3 个方面。

（1）将广告内容多样化。开放的网络、巨大的广告市场都是带有场景的。用户阅读的内容和他们做的事情是你可以瞄准的。

（2）与你的代理商和媒体买家交谈并与他们合作，在任何可能的地方，比如天猫、京东、抖音等平台开展场景广告。

（3）建立 DTC（Direct To Consumer，直面消费者）的第一方数据库，了解你的客户，他们希望被你了解，因为你为他们提供了足够的价值，让他们觉得值得。

6.2 CMO 被取消，取而代之的是 CGO

CMO（Chief Marketing Officer，首席营销官）在一个企业组织内部肩负着非常崇高的使命，需要带领整个市场营销团队完成 CEO 下达的营销任务、完成业务的增长目标。

在加速打造线上、线下全域增长闭环中，CMO 是核心领导人物。像可口可乐、麦当劳这样的大型世界 500 强企业设置了 CGO（Chief Growth Officer，首席增长官）来推送各个渠道形成的核心增长，取消了 CMO 岗位。

以前，CMO 的业绩压力没有那么大，KPI 考核也没有那么严格，市场营销部在大家的心目中是花钱的部门。随着整个市场营销行业的演化，企业期待市场营销部从"成本中心"变成"利润中心"。

在数字化时代，应该说市场部对于推动整个业务的数字化转型有着非同寻常的意义。

市场部贴近市场、靠近消费者，能够第一时间捕捉客户的需求，从而做出最接近客户需求的决策。同时，市场部是最具活力的部门，从业人员需要具备敏锐的嗅觉，洞察行业的发展趋势，市场活动需要走在行业的前端。从这个意义上来说，市场部的转型是否成功直接决定着企业其他部门能否顺利转型。

6.2.1 CMO 认知现状

在当下，CMO 的价值是被严重低估的。虽然他们付出了很多努力，包括进行品牌塑造、对变化多端的客户需求进行充分了解并挖掘，但是客户通过渠道了解产品，从而被销售人员转化，CMO 之前付出的努力可能无法完全体现。在很多时候，CMO 及他们的团队给销售部、财务部、战略部造成的印象是他们在花钱做品牌、做广告，而效果是什么、对公司业务有没有帮助，都是被怀疑的。

CMO 做的事情有没有价值，他们自己说了不算，市场说了算。

2022 年以后营销整体趋势呈现出以下几个方面的特点。

（1）新型冠状病毒感染疫情加剧了市场和整个行业的不确定性。

（2）CMO 的整体预算在不断缩减，他们将投资放到更多促进企业增长的其他数字化领域和项目上。

（3）由于 CEO 注重数字化的增长，如果他们不进行数字化营销转型，那么就要放弃一部分权限。

图 6-1 所示为未来 3～6 个月消费者的行为变化预期。据统计，在新型冠状病毒感染疫情发生后，客户的行为发生了巨大变化，线下购物的触点从线上逐渐转移到线上，并且随着后疫情时代的到来，这种渠道的行为偏好将持续下去。

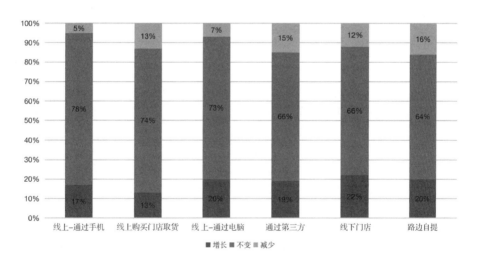

图 6-1　未来 3～6 个月消费者的行为变化预期

图 6-2 所示为 B2B 商业模式中客户的采购行为偏好，当下几乎 50% 的交易都在线上进行，根据各项指标预测，到 2023 年，线上采购的比例会达到

59%，而通过销售人员采购的比例会减少 4 个百分点。

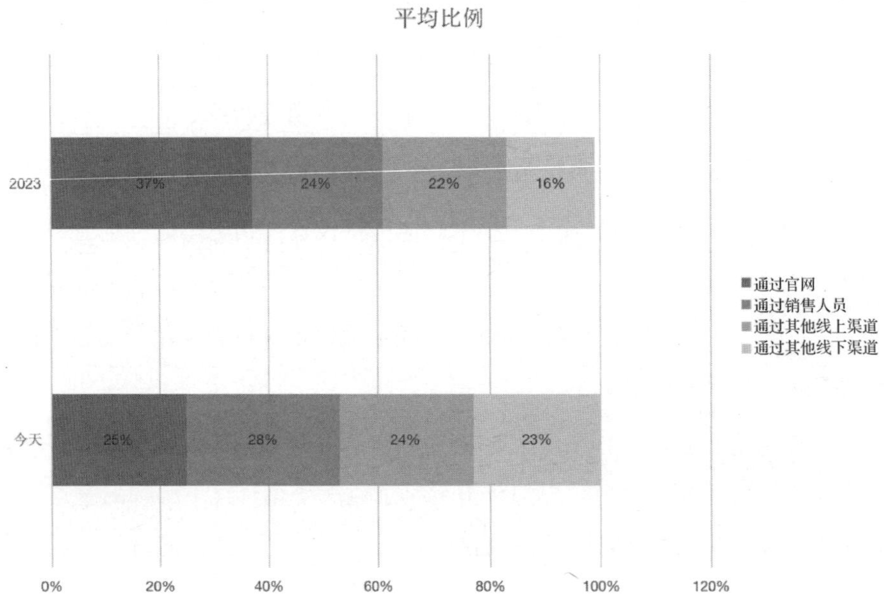

平均比例

图 6-2　B2B 商业模式中客户的采购行为偏好

这种现象带来的必然结果是客户的购买渠道和行为正在发生着巨大的变化，这种变化不仅体现在通过产品或服务交易向客户传递的核心价值上，还体现在通过不同的渠道组合形成品牌知名度、影响力，增加客户的考虑度和最终的销售转化方式上。

据统计，62%的 CMO 在 2021 年转变了他们的渠道市场策略，逐渐从线下转为线上，CMO 对于采取整合线上线下的全渠道营销策略和执行的需求从未如此强烈。

图 6-3 所示为 CEO 谈及话题调查图，从中可以看出，CEO 的战略性投入发生了巨大变化，他们将更侧重于与增长相关的举措，比如加大对技术创新的投入、企业领导者把数字化转型作为未来两年新的战略增长点。

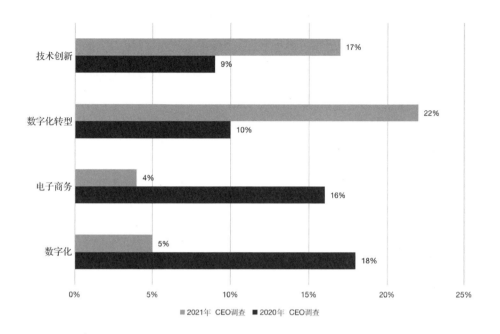

图 6-3　CEO 谈及话题调查图

　　也正是由于加强数字化转型被企业提升到战略高度上，而不仅仅是 CMO 的工作重点，这就意味着 CMO 需要让渡与此相关的部分权力给其他的部门负责人。

　　一些企业催生了像 CDO（Chief Digital Office，首席数码办公室）这样的高管职位来指导企业开展数字化项目，这些职位有些是由 CMO 担任的，而有些是由 IT 数字化技术部门的负责人担任的，毫无疑问的是，这些项目原本应该是 CMO 的管理范畴。

　　图 6-4 所示为 2021 年市场营销预算占比图，从中可以看出，在营销预算的投入上，2021 年是过去几年最糟糕的一年，市场营销预算从 2014 年销售收入的 10.2% 骤降到 2021 年销售收入的 6.4%，这给 CMO 释放出强烈的信号，那就是，CMO 必须进行转型，以应对企业战略层面的变化，否则市场营销预

算可能在未来几年会进一步缩减。

图 6-5 所示为 2017 年至 2021 年企业数字化投资变化情况，从中可以看出，尽管经济整体不景气，但是企业对数字化投入比较积极，在 2017 年至 2021 年，增加数字化项目预算投资的企业逐年增加，只有 46%的企业愿意增加市场营销预算，并且逐年递减。

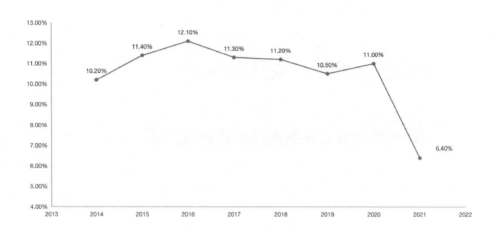

图 6-4　2021 年市场营销预算占比图

企业投资年度变化

> 83%的企业愿意增加数字化投入，只有46%的企业愿意增加市场营销预算，并且逐年递减。

图 6-5　2017 年至 2021 年企业数字化投资变化情况

换句话说，企业对于能够促进增长的数字化投入表现出了很强的意愿，并且采取了行动，而 CMO 在证明其价值以赢得信心方面表现不佳。

6.2.2 CMO 发力重点

针对以上现象，CMO 应该做些什么来应对这些变化呢？最重要的是，如何证明其价值，让 CEO 增强信心呢？

接下来，CMO 需要重新考虑工作重点，看看目前所进行的项目是否能符合以下几个大方向。

（1）重新建立市场增长引擎，增强工作弹性，以应对复杂多变的环境。CMO 需要从数字化转型的漩涡中挣脱出来，不要单纯地进行数字化转型，更重要的是在复杂多变的环境中，如何运用综合能力提升客户体验？复杂的客户体验的改善和提升需要跨部门的协同、形成新工作方式，所以，对 CMO 的强沟通、强协同能力要求成为他们要面对的主要压力。

（2）树立把营销部门作为数字化先锋的定位，避免进一步丧失话语权。CMO 的角色绝不仅仅是将自己定位在市场营销的位置上，他们需要扮演更大的角色，那就是带动整个组织的商业模式发展和组织创新。他们需要对数字化的未来具有高度灵敏的嗅觉和洞察，他们的工作重点将包括承担与技术、创新、转型相关的项目，这个职能不只存在于市场营销范围内，也是企业层面的领导职能。

（3）执行具有高适应能力的市场策略，证明部门对企业的核心价值。CMO 证明其对企业的价值已经成为不得不做的事情，虽然很困难，但是这是正确的事情。他们需要以一种更加灵活的方式适应快速变化的商业环境，同时要积极参与到跨部门的工作中。从市场部制订预算计划开始，制定市场 KPI、监测并优化营销表现，这个过程需要 CMO 和各个部门充分沟通、协同，上传下达。创造企业价值始终是摆在第一位的。

基于以上分析，接下来，CMO 具体应采取什么策略呢？

（1）未来的营销方向是多元化的、有趣的，绝对没有单一的市场营销策略可以决胜千里。CMO 要做好充分准备，将预算全部转移到数字化项目上或坚持传统渠道营销都不是好的选择。鉴于客户路径的复杂性，未来的营销一定是多元化的、复杂的，这就要求 CMO 研究并带领团队执行线上线下营销整合的多渠道营销策略，发掘整合营销的价值。消除传统和数字化的边界，突破传统但又不过于强调数字化，采取在传统和数字化之间充分平衡的规划和市场激活手段对 CMO 来说至关重要。

（2）CMO 的职能一定是有独一无二的价值的，他们是连接客户、品牌、产品的桥梁，为企业创造着独特的价值。他们是各个渠道的整合者，是大数据和客户洞察的挖掘者，是客户体验、客户需求、客户价值的创造者，是品牌的守护者。

（3）在证明 CMO 的价值方面，要搭建完整的效果衡量指标和监测体系，用数据说话。在大型企业内部，由于职能交叉、职责重复等问题普遍存在，CMO 用数据证明其价值无疑是很有挑战性的事，进行数据洞察和得出结论需要组织间的充分协同、沟通、合作。CMO 需要投入大量的时间和他们的核心利益相关者沟通目标、期望结果、行为和营销活动产出。

6.3 DTC 营销模式：助力品牌突围

2021 年，阿里巴巴官宣了天猫下一阶段的战略是成为 DTC 数字化服务平台，从电商营销走向面向企业全域直接服务客户，从人群运营走向全域的客户与产品生命周期管理。头部互联网企业开始加入 DTC 赛道，展现出通过赋能品牌更好服务客户的意愿，以期望从庞大的市场中分一杯羹。

DTC 毫无争议地成为这两年营销界的热门词。那么什么是 DTC？DTC 的英文全称为 Direct to Customer，意思是直面客户的营销模式，这意味着将渠道的影响力交还给客户，用通俗易懂的话解释就是"跳过中间商，去差价，让客户受益"。DTC 正以前所未有的速度颠覆整个营销行业，目前已有许多成功的实践案例。

DTC 包含私域，体现的是"以客户为中心"的价值回归，而做私域的也并不都属于 DTC。DTC 涵盖了完整意义上的各个商业环节，被赋予了更大的商业意义，更像全新的商业模式的颠覆。一方面，品牌直达客户，获得客户的青睐。另一方面，品牌根据客户的反馈来实现产品和品牌的升级，所以是双向传导的过程。

6.3.1　新能源赛道的成功实践

DTC 是成功的全域营销的必经之路，无论是对于 B2B 商业模式，还是对于 B2C 商业模式来说，DTC 都已成为全域营销人员必须了解、掌握并熟练应用的营销模式。

我以新能源汽车行业来举例。新能源汽车大概是近几年 DTC 商业模式做得比较透彻并且能够看到实际效果的具有代表性的创新行业之一。

一位传统汽车品牌 4S 店的总经理表示，他最大的感悟是：为什么这几年新能源汽车发展迅猛？它们取得阶段性成功的秘籍是什么？新能源汽车的商业模式如何？它们彻底取代传统车企的业务模式了吗？

他感慨道，在两年前，他不是很看好新能源汽车的商业模式，觉得是炒作噱头，资本热炒的产物多于用心造车，而汽车行业应该属于服务行业，用心服务好车主是最重要的。两年过去了，他现在的感悟是：新能源汽车真的比较贴合市场、懂得客户需要什么、什么诉求是品牌可以满足的。

以特斯拉为代表的新能源汽车企业的商业模式相比传统车企的商业模式，可以说经历了翻天覆地的变化，它重塑了整个行业，说它是颠覆式的创新毫不为过。

从客户的角度出发，特斯拉了解客户需求、将客户需求快速地反馈到生产端、供应链端，并对产品及时调整以贴合市场需求，以达到最高的客户满意度。在整个过程中，特斯拉在不断地创造真正的显性价值和隐性价值，显性价值体现在客户可以按需定制，比如对颜色、轮毂、选配套件先提出需求，特斯拉再生产。隐性价值体现在品牌精神、情绪价值、直营店提供的服务、塑造的车主圈氛围等方面。

我经常会被新能源汽车带给人们的美好体验所惊呆。客户体验这个词是所有的营销人员应该特别重视的，是营销内核。能够长期发展得好的品牌，其产品都会带给客户绝佳的体验。

2020年年末，阿里巴巴和上汽集团合资成立了一家让人们有所期待的新能源汽车——智己汽车。

走进智己汽车的直营店，挂在墙上的品牌故事和精神阐释及它的艺术氛围的打造吸引了我，现场有亲子活动，走近现场，小朋友立即会被吸引，并参与到剪纸活动中。直营店还赠送相框，上面可以署上小朋友的姓名，很好的体验感让我们一家人足足在里面待了半个小时。

直营店的人员并不知道我会买东西，全程没有工作人员过来推销汽车，也就是说，他们没有判定我是他们的潜在客户，但是以品牌所呈现的品质来打动客户，以全面照顾客户感受的方式让客户愿意自觉推广他们的品牌，从而产生好的口碑，引发客户自愿进行传播。

再如蔚来汽车，它不再将汽车作为交通工具，而是将其作为家庭生活的一部分融入生活中，致力于成为一家以服务客户为使命的企业。

蔚来汽车的DTC商业模式的落地体现在以下两个方面。

首先，其采取直营模式将车直接卖给客户，节省了中间的渠道成本，让客户受益。这是目前几乎所有的新能源品牌都采用的销售模式。

其次，打造以车为起点的客户社区，一个让蔚来汽车的客户分享欢乐、共同成长的社区。

无论是从降低企业销售成本，提升利润的维度，还是从直面客户构建深度、有黏性的关系，带给客户更高价值的维度来看，DTC在数字经济时代都有很广泛的意义和重要的实践价值。

6.3.2　未来以打造品牌力为核心

我们在看到许多品牌在践行DTC模式并获得成功的同时，有一些品牌面临着不小的挑战，虽然 DTC 模式可以最大限度地去掉中间商来获得效率的提升，但是节省下来的费用是用在改良产品和提升用户体验这些核心环节了，还是作为刷屏广告费被白白浪费了？这是需要思考的问题。

DTC 绝对不是狂轰滥炸地投广告，未来 DTC 是要构建以打造品牌核心竞争力为核心的商业模式。无论你的身份是创业公司的老板，还是打工者，都清楚企业的品牌想要表达什么吗？

试着回答这 3 个问题：我们是谁？我们做什么？怎么做？

"我们是谁"是品牌的定位，"我们做什么"体现了品牌满足客户需求的能力，"怎么做"体现了企业的核心竞争力、差异化优势。这 3 个元素构成了企业营销传播的起点和需要每个人遵守的方向性法则。

我在我的第一本书《增长法则：巧用数字营销，突破企业困局》中提到什么是真正的品牌力，品牌力由客户意愿三大指标和品牌建设五大基石组成。

第一个指标是客户是否愿意为品牌溢价额外付费。

第二个指标是客户自发传播的意愿。

第三个指标是客户多次购买的意愿。

品牌建设的关键因素主要有以下 5 个方面，又称为品牌建设五大基石，即优质产品、优势渠道、品牌定位、客户体验和品牌文化。

（1）优质产品。企业有没有质量过硬的产品？和竞品相比自己的产品优势是什么？是否有独特的卖点？吸引客户的注意力是首要条件。

（2）优势渠道。产品被研发和生产出来后，企业有没有强有力的渠道可以将产品传递给有需要的人？

（3）品牌定位。在广告宣传层面，产品的价格应该定在什么水平？是高端产品、中端产品还是低端产品？主要切入市场的哪一个领域？

（4）客户体验。应以什么样的触点、什么样的方式和什么样的内容同客户进行有效沟通？

（5）品牌文化。品牌文化建设非常重要。你的品牌要传递什么样的故事？它的来源是什么？品牌精神是什么？这是产品文化是否可以长期影响客户心智的重要因素。

在竞争激烈的商业世界，品牌力是企业进行差异化竞争的重要因素。而正因为 DTC 的营销模式从客户的角度出发，贴合市场，重点挖掘客户需求，在客户体验、产品、品牌文化等方面下足了功夫，这就使它的营销价值具有延展性、规模化、可持续性。

DTC 模式的本质是什么？它比传统的电视、广播、传统互联网广告更加贴近客户。如何能够更加贴近客户呢？不是天天约客户出来吃饭，与客户进行社交，而是你为客户创造了什么价值，所以在此基础上，贴近客户就是让企业的产品、技术与客户产生深度交流、进行价值共创。这就是"道"，也是你对客户产生的除产品以外的核心价值。而"术"更加流于形式，比如今天做什么直播、用什么营销工具、营销流程如何管理，这些都在"术"的层面，"术"必须建立在"道"的战略指导下。

所以，DTC 的营销模式不仅是关于以何种信息形式传播品牌、建立品牌，还是关于商业模式的创新，放弃传统以渠道为导向、以销售为导向的管理模式。企业要以产品和品牌为出发点，在深入了解客户痛点的基础上，将价值以高效的方式获得客户的认可，建立自己在某个领域的话语权，树立领导者地位。

DTC 的开展应以巩固品牌力为核心，在没有良好的品牌力支撑时，产品不但没有溢价能力，而且围绕客户开展的活动的许多营销费用可能会被浪费，这很可惜。构建以品牌力为核心的 DTC 营销模式对品牌有正面的促进作用，能带动品牌可持续发展。

6.4　全域营销的可持续发展

可持续发展体现在企业的战略、品牌活动上，同时，体现在以可持续发展的产品带动品牌心智的塑造。在垂直行业，企业通过可持续发展的相关宣传，可以带动品牌建设并提升销售量。

我们在前面提到，世界上伟大的企业都是长期主义的追随者，注重可持续性增长。无论是对于 B2B 企业还是对于 B2C 企业来说，营销可持续发展的重要性都是不言而喻的。

对于很多以 B2C 商业模式为主的消费品牌而言，品牌营销和数字营销是企业的生命线，产品同质化竞争激烈、技术壁垒低，这些因素都让品牌力成为企业追逐利润的核心竞争力和差异化的来源。

营销对于数字化发展程度比较滞后的 B2B 企业来说，重要吗？到底多么重要？"营销部门在 B2B 企业中是支持部门，而非利润创造部门"这个观点一直以来都是营销人员的痛点，因为公司高管不够重视营销部门，所以争取资源支持、预算支持困扰了很多营销人员。

与许多 500 强企业高管深入交流之后，我了解到他们要负责整个业务的利润和亏损，对他们而言，照顾好当下的生意，保持营业收入、健康的现金流及一定的利润增长是当务之急，至于数字营销、品牌营销，虽然是热门，但是它们是很新的概念，在当下，是可做可不做的，至少现阶段不投入、不去做不会影响眼前的业务。我觉得企业高管们的困惑主要分为两类：第一类，管理层认为渠道和销售是王道。第二类，营销没有什么用，产品好自然就好卖。

在 B2B 企业中，不可否认的事实是，许多高管是产品、技术、销售出身的，真正有营销背景的高管是很少的，所以，他们认为产品、渠道、销售是保证业务能力的关键。

我遇到过对数字营销很感兴趣的高管，他们想要通过营销去推动整个组织的转型，很难得，也真的很稀少。因为能下定决心尝试采用数字化营销举措，并且有勇气进行资源投入，就很厉害了。

变革比想象中来得更快、更猛烈，就像一场场暴风雨席卷而来，而个人甚至企业的能力在剧烈变革的环境中都是极其渺小的，比个人能力更重要的是选择，要选择正确的赛道。

自新型冠状病毒感染疫情发生以来，曾经耳熟能详的品牌门店接连倒闭，让人猝不及防。在现阶段，如果不先于竞争对手去做一些事情，那么未来的市场增长空间就会被敢于超前去进行变革的竞争对手抢占。而在这么多需要变革的举措中，数字营销是企业现阶段必须开始行动的领域，因为它直面客户，而客户是上帝。

全域营销策略的规划和执行是贯彻长期主义商业思维的体现。营销绝对不是在短时间内快速创造流量、变现。在短期内收割流量是"割韭菜"。营销人员可以理直气壮地告诉高管，如果做营销活动，就要在短期内创造多少销售收入和利润，这是不现实的。但在长期内，持之以恒地塑造品牌形象和提升客户体验，一定会驱动业务增长，所以，这就要求所有人都抱着长期主义的心态去做营销，追求可持续发展。

我比较反对直播电商等短期营销行为，尤其对于 B2B 企业来说，如果这么做就没有成功的案例，充其量只是将其他渠道的销售量转移到电商平台，但并没有带来真正的销售增量。

全域营销的可持续发展体现在以下几个方面。

1. 用户数据资产积累

现在及未来是大数据驱动的世界，用户关系管理都是以用户数据为基础的，用户数据将是企业的核心资产，通过数字营销可以积累大量的除用户销售数据以外的行为数据、品牌和用户的交互数据。

2. 数字化组织带来敏捷性价值

未来的组织一定是更加扁平化、数字化的组织。各个领域的专家要各司其职，相互协作。组织需要更快、更高效地去响应快速变化的市场需求。营销的转型会带来组织的变化，促进工作方式的变化、文化的创新、思维模式的迭代、认知的升级和新的决策方式的产生。这一系列的变化会让企业在变革的浪潮中完成商业模式的变化和组织的转型，长期受益。

3. 用户关系的长期维护

"私域用户"运营是全域营销的一部分。私域运营绝非追求短时间内流量的收割，所有成功的私域运营都是把用户当成真正有感情的人，重视用户需求，用心对待用户，尊重用户，用各种手段满足用户的合理需求，并注重与用户长期关系的建立和维护。

全域营销是"道"和"术"的结合。管理层一般都是非常注重结果的，你说营销是长期主义，但是在短时间内又看不到收入的直接增长，也很难说是因为管理层投入的资源有限，他们一般不太关注"术"，"术"就是怎么做。只关注"术"便止于"术"，至于"道"是关于高层战略的指导方针。管理层希望"道"的方向是正确的，并且实际结果可以证明它是能够产生效益的，几乎所有的管理层都是有结果导向的。

这里有个建议就是，做一个全域营销试点项目，切入一块业务领域中，定位一种新产品，运用渠道去做小范围的推广，但是必须做精准推广，建立数据看板直观展示数字化技术如何赋能需求和挖掘线索，经过 3 个月至 6 个月的试验，再延展和规模化。这种方式极其有效，可以保证前期以较少的投入产生实际的效果。

我们要在实践案例的基础上进行适合业务的营销底层逻辑的凝练，上升到系统化"道"的高度。我们要对案例进行提炼，先总结出营销方法论，再讲什么是全域营销、为什么要做全域营销。

更重要的是，前期的"道"和"术"可以为将来的规模化生产服务，并产生规模效应，即将相同的"道"复制到与其他商业模式类似的业务单元中，通过对"术"的调整和定制化产生规模效应，带来规模经济。这不只是大企业需要的，未来快速成长中的中小企业在做出海业务、扩展业务和产品线时同样需要。

6.5 世界 500 强企业：全域营销案例解析

项目背景：中国提出"2030 & 2060 碳达峰和碳中和"目标，即在 2030 年前实现碳达峰，2060 年前实现碳中和。

基于此，该世界 500 强外资企业将"可持续发展"定为当年该企业在全球范围内的品牌宣传主题。该企业在工业制造业领域是市场的领导者，其产品横跨各个领域和行业，产品组合是非常多元化的。

在营销目标的设定上，要解决的问题是保证深化可持续发展的战略理念、强调品牌可持续发展的形象，完成 2022 年度的转化目标，确保有效市场认可的线索比去年增长 10%。

该品牌在这个活动中遇到的挑战有以下 4 个方面。

（1）预算非常有限，有别于一些大型 500 强企业，它们通常会在企业层面的品牌活动中斥资投入，毫不吝啬，这家企业的风格比较务实，在营销推广上不愿意进行过多的投入。

（2）作为企业的中央市场部在领导本次活动时，涉及各个事业部之间的沟通。企业中央市场部和事业部之间并没有直接的汇报关系，事业部相对比较独立。可持续发展作为企业层面的核心战略。企业中央市场部需要主导完成本次活动的规划、落地及产出结果。

（3）全球总部要求在战略层面保持绝对的一致性，但是鉴于中国市场的特殊性、数字化渠道的特殊性和复杂性，如何因地制宜地制定符合跨国企业的战略，同时完全适合中国市场的执行方案是首先需要考虑的问题。

（4）各大竞品都在宣传可持续发展，在这种情况下，如何脱颖而出，做出自己的特点？

我们先来思考一个问题：大型企业做这样的品牌活动一般会怎么做？通常情况下，跨国公司在主导这样的大型品牌活动时，会先找一家 4A 广告公司自上而下制定策略、划定目标，进行客户和竞品调研，制定整合营销策略，进行创意生产。然后，执行、定期检验结果，完成整个营销流程，中间涉及 4A 广告创意公司和其他的执行广告公司的协同，比如媒介公司、数字营销代理公司、营销技术公司等。

但是在预算极其有限的情况下，在中国市场想这么做不可能实现，这样会消耗巨资，创意费用、项目管理费用加上媒介投放费用少则 1000 万元，多则 1 亿元。在受新型冠状病毒感染疫情影响的背景下，不能按照常规预算的做法去完成这项艰巨的任务。那么，究竟应该怎么做呢？

这个问题困扰了市场团队很久，巧妇难为无米之炊，预算多自然好做，预算多意味着你可以利用多方面的优质资源帮你完成，但是当下没有让生意成功的核心要素，有的是内部市场营销团队、事业部的同事，以及现有的 Martec 公司的常规运营资源。

这个项目在中国市场产生了巨大的影响力，大到管理层，小到每一位员工，不仅了解了这个项目，还积极投身到可持续发展的宣传中，最终产生了非常不错的结果，这个结果究竟是怎么实现的呢？

1. 借力使力

借力使力是什么意思呢？就是该项目在全球总部非常受重视，而在企业总部有非常多的资源，无论是内部的营销人员，还是广告公司，中国市场部和全球总部都保持着非常密切的沟通，把全球总部的可持续发展营销策略充分本土化，以此作为指导制定执行方案的方向。

2. 独一无二的定位

企业在可持续发展的传播中，究竟应该如何做到差异化，建立其核心竞争力呢？

它的方法是"以效带品"，这是什么意思呢？就是可持续发展听着像是企业实施可持续发展的战略，是一个品牌宣传活动，很难将它与效果挂钩，而该品牌做到了"以效带品"，所有的可持续发展的宣传都基于它的产品。

它的优点体现在两个方面：首先，不仅仅是一个、两个产品，它是非常具有广度的产品组合，以多元化的产品解决方案的宽度去解决人类面临的环境挑战。其次，与其他竞品相比，当其他竞品仅仅处在产品研发阶段时，该企业的产品已经完全准备好面向市场并且已通过市场的检验，有切实的客户案例和证据可以说明产品的优势。

3．系统化的全域营销策略

在策略上，制定以客户为中心的全域营销策略，需要贯彻落实以下几点。

（1）梳理立足本土市场的与可持续发展技术相关的产品和解决方案。

（2）充分运用全域渠道，整合线上线下资源，形成品牌影响力。

（3）建立在各目标行业（如工业、生命科学、建筑、航空等领域）可持续发展的相关产品、解决方案与客户利益的相关性。

（4）挖掘客户需求，以可持续发展产品带动客户需求的转化和留存，产生业务机会。

所有的营销项目都切实按照以上的策略贯彻执行。

4．高效的执行力

我们前面说到了营销流程管理，整个营销流程管理琐碎且活动的战线很长，通常活动的时间为一整年甚至更长的时间，在这个过程中，团队成员很容易迷失方向。保证团队成员对这个项目的关注、投入，牢记目标，以结果为导向，矢志不渝地执行项目是成功的关键。

确定上半年度可落地的子项目，子项目包括以下这些。

（1）官网可持续板块的内容曝光和线索收集。

（2）微信公众号、微网站可持续板块的内容曝光和线索收集。

（3）一个季度设定一个可持续发展的主题，如数字化转型、低碳环境等，微信内容设置可持续发展专栏，按一个月一次的频率输出可持续发展的推文内容，以推文内容带动留资。

（4）将收集的线索进行分类，根据是否要立即主动联系，把客户分成一级客户、二级客户、三级客户，并且根据其所在行业和需求下发到各个事业部，事业部跟进后，在企业的 CRM 系统 Salesforce 立项，完成转化后把数据返回到企业的营销管理系统中。

（5）事业部设立可持续发展产品部门，主导可持续发展产品的研发、上市和宣传。

（6）事业部参与线下展会，如与碳博会等相关的展会，组织客户对总部办公室的参观，在进行品牌宣传时，带动线索的收集和商机转化。同时，将线下展会的流量引导到微信私域进行培育。

（7）充分运用企业培养的 IP 推出可持续发展大咖系列课程，通过网络直播的形式整合各个事业部的力量，邀请事业部可持续发展研究方面的相关专家进行系列直播，直面客户进行充分的交流与互动，同时，带动留资转化和对私域用户的培育。

随着以上这些子项目的进行，项目本身在不断地发生变化，整个团队在执行项目的过程中，按双周的频率定期对项目结果进行复盘，请求所有员工的支持，取得了非常不错的效果。

5. 充分利用员工的力量，充分应用"公域—私域—公域"闭环思维

员工的力量不可小觑，该企业在中国有数千名员工。他们是企业的"头号私域流量"，不仅是产品的购买者、使用者，还是品牌的忠实支持者。所以，在全体员工层面，不仅所有人都知道这个项目的重要性和进展，而且都可以参与到此项目中进行积极宣传，这是免费获得市场销量和效果的重要方式。

首先，在企业层面，在企业的大会上，中国区总裁在进行项目宣传时，定期组织员工分享其所在的事业部、工厂如何践行可持续发展的举措或宣传活动的优秀实践案例，增加员工参与活动的积极性。

其次，企业中央市场部发起"招募可持续发展品牌大使"的活动，邀请员工分享其在日常工作和生活中践行可持续发展、环保等理念的视频，并邀请员工为可持续发展的主题活动献计献策，给予积分奖励。同时，员工在参与活动的过程中，收获了荣誉感和自豪感，为社会的可持续发展贡献着自己的力量。

在一年的营销宣传活动中，加上媒体的配套免费传播活动，最终该项目获得了成功，超额完成市场合格线索增长10%的目标。

该企业是一家 B2B 企业，与 B2C 企业相比，做的是流量的生意，B2B面向的受众是企业群体。许多 B2B 企业的 CEO 认为，市场营销并不那么重要，因为它不需要做流量，比如把钱花在产品研发、政府关系、搞定客户方面是更重要的，但是该品牌同时在品牌宣传和品效协同上付出了很大的努力，最终取得了很好的效果，值得每一位营销人员学习。我总结以下 3 句话供大家学习。

花钱没做好的营销是不及格的营销。

花钱做好的营销是优秀的营销。

不花钱做好的营销是卓越的营销。

每一位营销人员都应该朝卓越的营销方向努力。

其中，至关重要的是什么？是营销要素的高效配置和资源的高效整合。

想想如何在资源极其有限的情况下充分利用已有的资源，运用自己的专业能力和影响力去完成你需要完成的营销目标？

6.6　提升执行力

全域营销的关键不是战略，不是战术，而是执行。有了顶层设计，但是无法执行是让很多营销人员感到苦恼的事，找到同时具备战略思维和执行能力的人才并不容易。

一个优秀的营销人员必定是一个实干者。在大型企业内部，许多管理层人才通常在战略层面很优秀。在项目启动之初，看到战略框架时，大家都雄心勃勃，感到非常有前途。但是做着做着，就会发现项目推进不下去了，或结果不尽如人意，和当初设定的预期相差甚远。归根结底不是战略、战术有问题，而是执行有问题！认真实施一个好的战略远比有 1000 个好想法更加重要。再伟大的计划，没有强大的执行团队和执行力，一切都是空谈。

阿里巴巴创始人马云说过，我宁愿要三流的战略加一流的执行，也不一定要一流的战略加三流的执行。

美国 ABB 公司董事长巴尼维克曾说："一个企业的成功 5% 在战略，95% 在执行。"

《财富周刊》刊登过的一篇文章中提到，70% 失败的企业，原因不是在于战略制定错误，而是糟糕的战略实施，有效的策划得到有效执行的不到 10%，72% 的 CEO 认为实施战略比制定战略更难。由此可见执行力的重要性。

什么是执行力？

执行力=以终为始+团队合作+行动的勇气+效率为先

执行力是指执行者的能力，其要求团队领导者有极强的领导力。团队领导者不仅要拥有极强的个人能力和较高的工作水平，还需要为下属提供切实的指导，帮助下属提高工作水平，对于下属的工作成就给予充分的肯定和鼓励。做到既信任下属，又能对其执行过程进行有效的控制。

第一，以终为始。以终为始是《高效能人士的七个习惯》中的第二个习惯，在做任何事之前，都要先认清方向，把你的人生目标作为衡量一切的标准，你的一言一行由个人的价值观来决定。在你的头脑中，要时刻牢记：每天希望自己成为什么样的人，你的当务之急是什么，若不明方向，你的每一次行动都是在加快失败的步伐。

在现代社会中，每个人每天都很忙，会被很多琐事所困扰，忙于各种各样的事务，忙于各个部门、各个层级的会议，事情总是做不完的。假如把所有的事情都做完了你就会觉得自己的执行力很强，真的是这样吗？其实未必，先看看你做的事情真的是目标导向的吗？你是不是在"有意义"地忙碌？不然速度再快、做再多，也不能说明你的执行力很强。

有效的方法是在每天开始工作时你就列出需要完成的营销清单，先检查一下这些清单上的大小事务是否与要达成的短期目标和长期目标相符，然后再一项一项地完成。

第二，团队合作。社会属性是人的本质属性，团队的执行力和个人的执行力是分不开的。个人的执行力再强，如果没有与团队成员形成优势互补，那么能发挥的作用是极其有限的。

如何让团队发挥 1+1>2 的组织效能呢？

团队合作的首要前提是找到价值观相同的队员，即塑造团队文化。团队文化需要和所处的组织环境、企业文化接近。团队合作需要呈现的是，当任何一个成员的执行力发生问题的时候，其他成员可以伸出援手。团队领导者的任务是，和团队成员一起工作，确保每一个成员的执行力能够发挥到最佳。领导者要履行快速决策，带领团队往前冲并勇于承担后果的职责。

第三，行动的勇气。一位人力资源专家说："在大企业里面，有自己的想法，并有勇气敢于行动的人要比能够快速适应大公司环境变化的人少很多。"可见勇气的重要性，许多人能产生很多天马行空的想法，伟大的想法真的需要行动，他们在实践的时候，中间总是隔着一堵墙，难以逾越。

想法可以随时改变，但如果用行动去加持你的想法，也许会失败，会付出很大的代价，但至少可以让你与你想要的生活更近一些。在现实生活中，大部分人都过着波澜不惊的生活，而人生的意义是由一少部分事件决定的，而做这一少部分事恰恰是需要很大的勇气的。

如果一个营销人员一年能做一个优秀的具有代表性的项目，并且能将大部分精力都集中在这个项目上，把前面提到的闭环思维应用于项目中，快速行动，检验结果，迭代升维，那么他的收益将会比同时做很多个项目，但是却没有一个做得出彩的项目强很多。

第四，效率为先。乔治·伯纳·萧曾说过，世界上只有两种物质：高效率和低效率；世界上只有两种人：高效率的人和低效率的人。高效率包括高效率沟通和高效率做事。高效率是讲究工作方法的，高效率的人不仅要快速行动，还要积极思考，要复盘并评估已经完成的工作。评估哪些事情做得好、哪些事情做得不好、哪些事情不值得做、哪些事情可以改进，这样可以帮助你设定下一步的工作目标。

你要制订计划并对计划的事项分出轻重缓急。在一天中，计划完成的事情是什么？优先要完成的事情是什么？在时间、资源有限的情况下，你要思考如何平衡目标和资源的问题。

"效率为先"对于有拖延症的人特别不适用，因为他们总是喜欢拖到最后一刻完成任务，结果事情越积越多，感觉什么都很重要，但是什么都没做，于是越来越焦虑。

"效率为先"对"很多看起来很努力的人"很不适用，这些人大部分都是用战术上的勤奋掩盖战略上的懒惰，忽略了忙碌背后的目标是什么。

"效率为先"要求你首先要思考自己想要什么。在现实中，可以完成的目标是什么？其次要进行有目的性的行动，在行动之前要有计划，高人都是制订计划的高手。他们乐于制订计划，善于制订计划。

制订计划的好处是让你完全掌控对时间的利用，不会让一些无意义的会议或闲聊浪费时间。

执行力其实考验的是设定目标、制订计划、团队合作、积极思考和行动的能力，执行力不是一朝一夕练成的，其在于平时的深度思考，在于积极的人生态度。

6.7　全域营销是企业的终局战之一

全域营销是企业的终局之战。看上去，全域营销是营销问题，实则是企业的战略问题，是企业的结构化增长问题。无论是面向 C 端消费者的零售业务，还是面向企业客户的 B 端企业业务，都应该抱着全域营销的思维，以终为始地设计自己的增长版图。

不同类型的企业拥有不同的商业模式，面临着不一样的挑战，所处的行业和产品各有差异，但是本书中所介绍的全域营销增长体系构建的方法论适用于各行各业及 B2B、B2C 等不同的商业模式。

对企业而言，未来是否有能力根据企业独有的商业模式和客户属性，整合资源制定合适的全域营销增长体系，将成为企业是否能形成核心竞争优势的关键。它考验的不仅是企业的重视程度、CEO 的眼光、人事部门是否能够找到合适的人员来从事本领域的工作，还反映在企业的整个组织体系、企业文化和运营机制上。

对个人而言，全域营销要求每一个在职场打拼的营销人员跳出自己所在的职能部门，系统性地看待营销的本质和未来的发展，拥有长远的眼光。无论你面对的是职场的晋升，还是渴望在营销领域做出一番贡献，都要学习全域营销知识，并且进行密切、深入观察，思考营销行业的动态发展及各种类型的企业在全域营销领域的实践。

历史的车轮滚滚向前，同样，营销不会因为时代的变化而停止发展的脚步，本书中提出的"1+2+3+4"全域营销增长体系，不会随着时代的变迁而被淘汰，无论营销战术如何变化，经典的方法论都不会过时。

希望本书的读者们能够从中汲取有用的知识并用于实践，积极思考，提出宝贵意见。